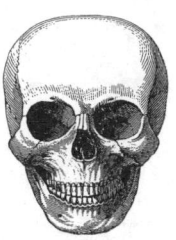

MEU APETITE POR DESTRUIÇÃO
SEXO, DROGAS E
GUNS N' ROSES

STEVEN ADLER
COM LAWRENCE J. SPAGNOLA

Título original: *My Appetite for Destruction – Sex, and Drugs, and Guns N' Roses*
Copyright do texto © 2010, Steven Adler com Lawrence J. Spagnola
Copyright desta edição © 2015, Edições Ideal

Todos os incidentes neste livro são reais, nenhum foi inventado. Na ausência de transcrições, alguns diálogos foram interpolados. Alguns nomes foram alterados para manter a privacidade.

Todos os direitos reservados. Nenhuma parte desta publicação pode ser reproduzida, armazenada em sistema de recuperação ou transmitida, em qualquer forma ou por quaisquer meios (eletrônico, mecânico, fotocópia, gravação ou outros), sem a permissão por escrito da editora.

Editor: **Marcelo Viegas**
Capa, projeto gráfico e diagramação: **Guilherme Theodoro**
Tradução: **Alexandre Saldanha e Déia Marinho**
Revisão: **Luís Maurício Bôa Nova**
Diretor de Marketing: **Felipe Gasnier**
Conselho Editorial: **Maria Maier**
Assessoria de imprensa: **Laura D. Macoriello**

CATALOGAÇÃO NA PUBLICAÇÃO
Bibliotecária: Fernanda Pinheiro de S. Landin CRB-7: 6304

A237m

Adler, Steven, 1965-
Meu apetite por destruição: sexo, drogas e Guns N' Roses / Steven Adler, com Lawrence J. Spagnola; tradução: Alexandre Saldanha e Déia Marinho.
ão Paulo : Edições Ideal, 2015. 300 p. ; 23 cm

Tradução de: My appetite for destruction: sex, and drugs, and Guns N' Roses.
ISBN 978-85-62885-39-6

1. Adler, Steven, 1965-. 2. Guns N' Roses (Conjunto musical). 3. Músicos de rock - Estados Unidos - Biografia. I. Spagnola, Lawrence J. II. Título.

CDD: 927.8166

11.06.2015

EDIÇÕES IDEAL

Caixa Postal 78237

São Bernardo do Campo/SP

CEP: 09720-970

Tel: 11 2374-0374

Site: www.edicoesideal.com

ID-29

Para minha avó Big Lilly, meu avô Stormin' Norman, e para minha amada esposa, Carolina, que com seu amor e apoio ajudou este livro a se tornar realidade.

Para os milhares de fãs fiéis do Guns N' Roses ao redor do mundo, eu agradeço pela sua eterna devoção.

Agradecimentos especiais: Família Adler, Família Ferreira, Família Hudson, Família Canter, Steve Sprite, Dr. Drew Pinsky, Dr. Charles Sophy, Bob Forrest, Ronald "Ronnie My Boy" Schneider, Chris Green, Robert Espinoza, James Vanderwailen e Brad Server.

E, finalmente, aos meus cachorros Shadow, Midnight e Chichi que, através de seu amor incondicional, trouxeram-me até aqui.

SUMÁRIO

Considerações do autor _____ 13

Prefácio para os camaradas _____ 17

Capítulo 1 – Problemas desde o início _____ 21

Capítulo 2 – Indo para a Califórnia _____ 27

Capítulo 3 – Crescendo _____ 41

Capítulo 4 – Aprendendo do jeito mais difícil _____ 49

Capítulo 5 – Bateria detonada, cara detonada, preso _____ 59

Capítulo 6 – O nascimento do Guns N' Roses _____ 73

Capítulo 7 – A formação original _____ 85

Capítulo 8 – Dores do crescimento _____ 95

Capítulo 9 – Reinando na Sunset Strip _____ 104

Capítulo 10 – Entrando de cabeça _____ 116

Capítulo 11 – Criando um apetite _____ 129

Capítulo 12 – Rasgando tudo na estrada _____ 141

Capítulo 13 – Diversão com o Mötley Crüe _____ 150

Capítulo 14 – Overdose para todo mundo hoje! _____ 161

Capítulo 15 – Tragédia e polêmica _____ 175

Capítulo 16 – Filmando e injetando heroína _____ 187

Capítulo 17 – Casamento e divórcio _____ 201

Capítulo 18 – Chapado ou morto _____ 217

Capítulo 19 – De novo no fundo do poço _____ 227

Capítulo 20 – Até onde dá para afundar? _____ 240

Capítulo 21 – Nova banda e novo amor _____ 251

Capítulo 22 – Amor bandido _____ 260

Capítulo 23 – De volta do abismo _____ 271

Agradecimentos _____ 285

CONSIDERAÇÕES DO AUTOR

Meu Deus, este é o nível mais alto que cheguei em toda a minha vida. Mal posso me segurar. O suor está escorrendo, meus olhos ardem como o inferno e meu estômago está pulando. Estou completamente encharcado, meus braços e pernas se agitam, minha cabeça treme e meu coração está pulando para fora. Estou voando e amo isso. Eu quero, desesperadamente, que esse sentimento dure para sempre. Eu sou Steven Adler, baterista do Guns N' Roses e esta noite abrimos para os Rolling Stones. Hoje é 18 de outubro de 1989 e, depois de uma jornada brutal, mas ao mesmo tempo maravilhosa, este deveria ser o momento mais feliz da minha vida. Mas, no momento em que tocamos nossa última música, "Paradise City", já estou com medo de deixar o palco e perder essa incrível adrenalina. Assim como os novos viciados ficam depois que acabam de usar a droga, e antes de usar também, estou vivendo uma "pré-colisão" e estou odiando isso. Se ao menos pudesse encontrar um jeito de manter esse momento intenso e natural, eu nunca precisaria de drogas e nunca as usaria de novo.

O público aplaude o Guns N' Roses de pé, mas assim que os Stones entram no palco e tocam "Start Me Up", já estou sozinho, escondido no meu trailer, na área do *backstage*, com a porta bem trancada. Por quê? Porque eu sou o controverso, o alcoólatra, o viciado em pílulas, em drogas, destruído num nível furacão Katrina. Por toda a minha vida miserável, não há um amigo, um membro da família ou uma oportunidade fantástica que eu não tenha colocado em um liquidificador e mutilado.

Mas as pessoas amam acidentes. Elas não conseguem ficar longe das overdoses, das ações judiciais, das penas de prisão, das casas de reabilitação, dos *reality shows* e de mais overdoses. Então, antes que aconteça alguma das coisas citadas acima, ou todas elas, quero colocar os pingos nos "is". E, finalmente, estou sóbrio e bravo o suficiente para fazer isso do jeito certo.

FALANDO CLARAMENTE

Embora parte disso venha de um desejo profundo de falar claramente com meus parentes, amigos e fãs, uma outra parte é impulsionada por uma raiva interna de representar. De Chuck Berry a Janis Joplin, de Hendrix a Cobain, muitos músicos amados e talentosos tiveram muita merda e coisas totalmente falsas escritas a seu respeito. Isso os transformou em artistas amargurados e reclusos e pode até tê-los levado ao túmulo precocemente. Mas não preciso que a mídia me enterre; farei isso sozinho.

Os desgraçados que escrevem mentiras sobre nós fazem isso porque pensam que os fãs de rock são famintos por fofoca, idiotas treinados pelos tabloides e que vão engolir qualquer coisa. Eles pensam que quanto mais besteiras acumularem, mais fãs vão enrolar para cair nessa. E eles estão sempre certos de que podem se safar das mentiras mais ultrajantes, porque sabem que se contratarmos um monte de advogados para ir atrás deles, vão conseguir mais publicidade e arrecadar mais dinheiro. É preciso admirar Carol Burnett, Kate Hudson e outros que processaram, aguentaram firmes e venceram ações judiciais contra esses sanguessugas.

A verdade é que estou mais saudável e feliz do que vinha sendo em 20 anos e me recuso a ser destruído por todas essas notícias negativas sobre Steven Adler. Já facilitei demais para que esses idiotas escrevessem sobre mim como se eu fosse mais um ex-viciado cretino.

Ei, eu admito isso. Eu sou um ex-viciado cretino. Mas tem muito mais coisa sobre este baterista aqui. Com a ajuda do dr. Drew e de muitos outros profissionais dedicados, comecei a viver novamente e a amar a minha família, os meus amigos, a música. Eu sei que os decepcionei, mas isso não vai me impedir de tentar voltar ao topo e fazer as coisas certas.

MEUS IRMÃOS DO GNR

Axl, Duff, Izzy e Slash, eu rezo para que vocês respeitem meu direito de deixar registrado e contar para todos o que realmente aconteceu. Meu objetivo aqui é cavar fundo e, com o máximo do meu conhecimento, contar toda a verdade e nada além disso.

Agora, isso não quer dizer que esses caras não lembrem de coisas diferentes ou de maneiras diferentes. Mas no que diz respeito a escrever sobre a minha vida como um músico de rock, Axl, Duff, Izzy e Slash serão os primeiros a dizer que eu fui meu pior inimigo. E eu serei o primeiro a concordar. Isso não tem a ver com procurar um culpado, é sobre aceitar a culpa. E, apesar de todas as vezes que eu fodi com tudo, o amor continua lá. *Muito amor*. Eu ainda amo cada um daqueles caras e espero que eles saibam disso.

Uma das coisas que Slash escreveu nas últimas páginas de seu livro de memórias *Slash* é que ele está realmente feliz que "Steven Adler está melhorando". Fiquei muito emocionado quando li aquilo. Slash e eu passamos por *muita coisa* juntos. Desde que tínhamos 13 anos! O fato é que Slash teve muito a ver com eu ter procurado ajuda e ter deixado a luz entrar de novo na minha vida. Obrigado, Slash!

Há muito afeto ali, muita dor e alegria compartilhadas. Nunca vou conseguir esquecer disso. Não entre mim e Slash. E não entre mim e Duff, Izzy ou Axl. A única maneira de fazer com que essas páginas tenham importância para mim, para você e para todos que me amaram ou me odiaram nos últimos 40 anos é fazer com que a verdade seja o preço do ingresso – e Adler está aceitando tudo.

PREFÁCIO PARA OS CAMARADAS

*"Agora tem um enorme caminho para o rock'n'roll
Quanto mais seu nome esquenta, mais seu coração esfria..."*
- *"All the way from Memphis", Mott The Hoople*

Essa letra é de Ian Hunter, vocalista de uma das minhas bandas preferidas, o Mott The Hoople. E isso meio que resume o que passamos no GNR. Quanto maior ficávamos, nos tornávamos mais travados e inalcançáveis. Hunter também escreveu um dos melhores livros de todos os tempos sobre a vida na estrada, chamado *Diary of a Rock'n'Roll Star*. Ele retira todo o brilho da imagem glamourosa de rock star e coloca de volta a sua devida luz sem filtro. É um relato franco e, muitas vezes, sem alegria de como o rock'n'roll é, visto de dentro para fora.

Hunter estava determinado a mostrar toda sua perspectiva pessoal da turnê americana do Mott em novembro e dezembro de 1972. Deveria ser leitura obrigatória para todos os garotos antes de começarem a fumar cigarros, matar aula e fazer um som em garagens. Hunter fala sobre ter o equipamento do Mott roubado, shows sendo cancelados e fãs sendo abusivos. Confie em mim: 15 anos depois, quando o GNR excursionou pelo mundo durante 18 meses consecutivos, pouca coisa tinha mudado.

Ian não deixa nada escapar, porque sabe que esse é o único jeito de contar uma história. Se vai contar, conte tudo. Gostaria de agradecer a Ian, Mick, Overend, Phally e Buffin por me inspirarem a dar aos meus leitores o mais verdadeiro e inabalável relato do rock'n'roll desde que Ian escreveu sua obra-prima. Se conseguir chegar próximo da honestidade e coragem daquelas páginas, então este será um grande livro. E deverei tudo a vocês, caras. Vocês são e sempre serão os Caras, a formação original, a primeira e a melhor.

ARRUMANDO A BAGUNÇA

O rock de qualidade, seja do Mott, seja do Mötley, me ajudou a engatinhar para fora do buraco onde eu vivia em pesadelo constante. Durante duas décadas, fui aterrorizado pela sombra de um passado de vício em drogas que sugou de mim qualquer desejo de encarar a vida. Mas, no último ano, até novembro de 2009, quando fiz um show lotado com Slash, Duff e David Navarro no Palace, em Los Angeles, a música me inspirou como nunca. Ela elevou meu espírito e me fez querer viver novamente para que eu possa compor músicas com minha banda, o Adler's Appetite. Quero me reconciliar com uma companheira fiel que nunca me abandonou, a bateria.

Agora, eu entendo que muitas das entrevistas que dei durante e depois do Guns N' Roses são uma grande besteira. Eu as tratava como um jogo, variando o que dizia para zoar com a pessoa que estava me entrevistando e enchendo a cara antes e durante as entrevistas, porque elas costumavam ser tediosas e repetitivas.

Estar sóbrio muda tudo. As luzes são duras no início, e tem muito mais coisas que preferia esquecer do que lembrar. Mas lutei bravamente pela oportunidade de ficar sóbrio e isso significa tudo para mim. Apesar de ser assustador relembrar como as coisas ficaram tão bagunçadas, é também a única maneira real de ter minha vida de volta. Então vamos começar essa jornada pelo início, para que possamos entender como as coisas começaram a se desenrolar até ficarem *tão fodidas*.

MEU APETITE POR DESTRUIÇÃO
SEXO, DROGAS E
GUNS N' ROSES

Capítulo 1
PROBLEMAS DESDE O INÍCIO

OS COLETTI, DE CLEVELAND

Nasci em Cleveland, em 1965, durante um período em que meu pai começou a ameaçar fisicamente e bater em minha mãe. As coisas tinham realmente se deteriorado entre os dois nos seis meses antes do meu nascimento. Minha mãe já estava planejando sua fuga desse monstro quando nasci. Fui batizado Michael em homenagem ao meu pai biológico. Pobre Mamãe, provavelmente passava por uma batalha interna cada vez que dizia meu nome. Meu irmão, três anos mais velho, se chama Tommy, para honrar a tradição italiana de batizar o primogênito em homenagem ao avô paterno. O segundo recebe o nome do avô materno ou, como no meu caso, do pai.

Acho que isso também acontece em outras culturas, e é por isso que Bobby Kennedy deu o nome de Joe – como seu pai – ao seu primeiro filho e de Bobby Jr. ao segundo. Mas a tradição não é a mesma nas famílias judias, em que você *nunca* dá aos filhos o nome de alguém vivo. Tenho certeza de que minha mãe judia nunca confrontou meu pai católico com isso, porque ela provavelmente não estava ansiosa por outra surra.

Meu pai, Mike Coletti, era infelizmente só um italiano que queria ser gangster com um péssimo problema com apostas e um temperamento ainda pior. Ele e minha mãe, Deanna, casaram-se muito jovens, antes de conseguirem ter cérebros. Pouco depois do casamento, ele se tornou verbalmente violento contra ela, o que só piorou com o tempo. Na verdade, a última vez que meus pais estiveram juntos foi no dia em que ele desceu o cacete na minha mãe e a deixou sangrando e inconsciente no jardim em frente à casa da minha avó.

Hoje eu sei que era muito novo para me lembrar daquele dia. E a maioria dos médicos provavelmente concordaria que esse comportamento não deixaria cicatrizes psicológicas permanentes em um recém-nascido. Mas minha mãe disse que, ao contrário do meu irmão, eu costumava chorar o tempo todo – dia e noite. Até isso costumava emputecer o meu pai, que era muito mão de vaca e se recusava a pagar a pensão alimentícia de US$ 30 por semana imposta pelo juiz após a separação. Nunca vimos Papai de novo. Recentemente, meu irmão o procurou na internet e descobriu que ele morreu em 2004. Honestamente, acredito que eu sentia que não havia amor entre eles desde que eu estava no útero.

UM PASSO À FRENTE DE HITLER

Então minha mãe deixou meu pai e, aos 24 anos e com dois filhos, percebeu que não tinha para onde ir. Ela estava desesperada por ajuda. Não tinha um relacionamento com sua mãe, mas, sem absolutamente nenhuma alternativa, pediu ajuda aos pais.

Minha avó, "Big Lilly", como a conheci, veio de Varsóvia para os Estados Unidos em 1939. Ela chegou aqui só *três dias* antes de os exércitos de Hitler invadirem a Polônia. Big Lilly perdeu todos os seus parentes para os açougueiros nazistas durante o Holocausto. Essa experiência a transformou em uma mulher extremamente independente. Nossa herança judaica era sua razão de ser. Era a base de tudo o que era mais sagrado para ela. A fé de minha avó era tão profunda que virou a fundação de sua própria existência. E o judaísmo era o sólido alicerce em que minha avó e meu avô podiam se apoiar quando todo o resto estava ameaçado. Se ficassem sem dinheiro, se sua pequena padaria falisse, se ficassem doentes, com frio ou fome, ainda eram o Povo Escolhido com Deus ao seu lado. Eles tinham a fé judaica e isso os ajudava a encarar qualquer coisa.

Minha mãe basicamente estava pouco se lixando para toda essa crença. *Fodam-se os judeus, vou me casar com um porco católico italiano. Estou apaixonada por alguém fora da nossa fé e para o inferno com tudo que tentaram me obrigar nos últimos 20 anos.* Quando ela fez isso, o rabino da família interpretou essa atitude como o ataque mais violento contra tudo o que os judeus acreditavam e tudo o que eles sacrificaram durante o Holocausto. Big Lilly pensou que isso não poderia vir de sua filha, porque ninguém que ela havia criado poderia ser tão displicente e desrespeitosa. Imagine o quão humilhante foi encarar os outros judeus da vizinhança, principalmente na sinagoga.

Então Big Lilly acreditava não ter outra opção a não ser desonrar sua filha. Fico magoado porque minha mãe era muito jovem e se casou sem amor, e ele geralmente é cego. Mas acho que, se o amor é cego, então o casamento faz abrir os olhos.

CONFLITO DE CULTURAS

Depois de tal atrito, o que poderia levar minha mãe a rastejar de volta até minha avó? Simples: ela não tinha outra opção. Estávamos congelando e morrendo de fome. Precisávamos comer e que alguém nos vestisse e nos aquecesse.

Vovó não era totalmente sem coração, mas antes que ela concordasse em ajudar minha mãe, deixou claro que seria sob certas condições. Primeiro, meu irmão e eu deveríamos mudar nossos nomes para nos adequarmos ao estrito padrão judeu que mencionei, em que nenhum recém-nascido recebe o nome de alguém que ainda está vivo. Então, para agradar Big Lilly, minha mãe mudou nossos nomes. Agora eu era Steven e meu irmão, Kenny.

A segunda condição da Vovó Lilly era bem radical: Mamãe teria que abrir mão de mim. Eu moraria e seria criado por Big Lilly e meu avô "Stormin' Norman". Literalmente me tornei filho deles e passei a maior parte da minha infância sob seus cuidados. Minha mãe não podia acreditar que seu filho havia sido roubado dela pelos *seus pais*. Lembro-me de minha mãe soluçando durante o tempo em que ela era autorizada a me visitar. Com minha percepção inocente de criança, ficava pensando: "Mãe, o que aconteceu? Você não está feliz em me ver?".

Minha mãe ficava completamente arrasada. Não que eu fosse o preferido ou coisa do tipo, é que eu era simplesmente seu loirinho querido e isso era o bastante. Assim, não sei para vocês, mas, para mim, isso está na escala máxima de todos os "vai se foder". Era hora da retaliação e Big Lilly queria mostrar para minha mãe que os italianos não são os únicos mestres da vingança.

GAROTO SELVAGEM

Neste ponto da minha vida, eu era muito parecido com o espírito livre daquela música do The Doors, "Wild Child".

Filho nem da sua mãe nem do seu pai
Você é nosso filho, gritando selvagem

Eu era a criança selvagem, louca e ferrada. Um rebento do contra. Qualquer coisa que me mandassem fazer, e digo *qualquer coisa mesmo*, eu faria exatamente o contrário ou ignorava completamente.

Minhas primeiras recordações são de me envolver em problemas. Fui expulso da escola na primeira semana. Juntei e arremessei blocos de madeira em janelas com toda a força que tinha. Ainda me lembro do barulho que fez. Os vidros poderiam ter espatifado a qualquer momento. Ainda dou risada do jeito que as outras crianças se encolhiam com aquele barulho. Que se fodam.

Assim que o professor me fez parar com aquilo, enganei um outro garoto para me ajudar a pegar algo de um armário cheio de jogos de tabuleiro e brinquedos. Assim que ele ficou à minha frente, fui para trás e bati a porta, trancando-o.

Ele imediatamente teve uma crise séria de claustrofobia. Começou a gritar a plenos pulmões e a bater na porta. Para completar, a professora não conseguiu achar a chave para abrir logo o armário, deixando a sala inteira assustada ao escutar o menino perder o controle.

Quando a professora tentou me dar uma bronca eu fiquei tão nervoso que a empurrei o mais forte que pude. Parecia que eu estava trancado em outro mundo, e toda vez que algum professor me mandava fazer alguma coisa, eles ameaçavam esse universo em que eu vivia. Tinha que lutar contra eles com todas as minhas forças para defender o meu mundo. Como eles ousavam ser uma ameaça para as galáxias que eu comandava?

Para o crédito deles, o diretor e os professores acreditavam que eu tinha um lado bom, mas também tinha problemas de controle. Eles aguentaram muita coisa por um tempo e depois me expulsaram da pré-escola.

OVO ESTRAGADO

Independentemente do meu comportamento, Big Lilly estava determinada a me mimar. Ela realmente dava tudo para o seu pequeno, pentelho e impulsivo neto. Mas às vezes eu exagerava mesmo com ela, que me mandava para o andar de baixo para ficar com o Kenny e com a minha mãe. Isso aconteceu quando a família inteira morava junta em um claustrofóbico complexo em Cleveland. Mas é claro que demorou apenas um dia até que eu deixasse a minha mãe nervosa e ela me colocasse de castigo. Agora isso não vai mais funcionar, Mãe.

Eu apenas abria a janela e gritava: "Vovó! Vovó!". Morávamos no quinto andar e a minha avó no nono. Ela descia, já esquecendo todo o terror que eu tinha feito no dia anterior, correndo em minha defesa. Ela sempre ficou do meu lado. Parecia que ela tinha prazer em mandar na minha mãe e exigir que ela não me deixasse de castigo porque eu era um "bom menino".

Ela amava ver minha mãe humilhada. Mamãe ficou furiosa com o jeito que Vovó Lilly e eu nos juntávamos contra ela, e não havia nada que ela pudesse fazer a respeito. Quando eu subia as escadas, não poderia fazer nada errado até encarnar a Big Lilly de novo.

PARA O OESTE, HO!

Uma das irmãs mais velhas da minha mãe morava na Califórnia. Elas mantinham contato por telefone pelo menos duas vezes na semana. Quando se falavam, minha tia costumava dizer para a minha mãe como era ótimo viver no sul da Califórnia. Ela costumava se mostrar e falar sobre o tempo, as praias maravilhosas, o oceano, as montanhas. Você podia fazer qualquer coisa sempre que quisesse, porque sempre estava ensolarado e quente, mesmo no inverno.

Minha mãe acabou pensando em dar o fora de Cleveland, onde, com toda a sinceridade, as coisas não poderiam ter ficado pior para ela. Um dia ela começou a perguntar a sua irmã sobre oportunidades de empregos, e minha tia estava preparada. Ela pegou o jornal e começou a falar de cor os empregos que tinha marcado nos anúncios classificados do dia.

Minha mãe costumava contar sobre a conversa quando desligava o telefone. Quando ela estava em uma ligação com a irmã, sua voz ficava mais doce e subia uma oitava. Ela até falava mais rápido e a gente percebia que ela estava ficando cada vez mais empolgada a cada ligação.

Finalmente a chance de um novo começo e uma nova vida venceram qualquer medo ou limitação que ela tivesse. Mudar de lugar era algo que ela já pensava há meses e, um dia, quando eu estava jantando na sua casa, ela sentou com a gente.

Nunca vou esquecer o olhar no seu rosto. Ela pegou seus dois filhos pelas mãos e disse que estávamos indo em uma aventura. A gente ia visitar a sua irmã na Califórnia, e talvez até ficar lá se tudo desse certo.

O fato de ela ter escolhido um dos dias mais frios, mais úmidos e com mais vento do inverno para nos contar isso certamente fez com que ganhasse a nossa aprovação. Kenny e eu estávamos empolgados por isso. Nunca vi minha mãe tão elétrica. Ela falava da nossa mudança sem parar. Talvez para esconder como ela estava assustada durante todo esse tempo. Ela fazia listas e mais listas, depois rasgava, fazia algumas ligações e fazia uma nova lista.

Ela leu folhetos de viagem sobre o sudeste da Califórnia. Depois empacotou tudo o que tínhamos, desde o seu kit de costura até a tigela de salada, e marcou tudo com caneta. O tempo todo ela mantinha esse olhar, como um trem desgovernado. Deus tenha piedade de qualquer um que entrasse em seu caminho. Essa deve ser a razão por Big Lilly não ter comprado uma briga por mim quando chegou a hora de partir.

Eu podia sentir o entusiasmo enquanto a data se aproximava. Essa oportunidade de ouro de deixar um passado ruim para trás e poder recomeçar com uma nova casa deu a minha mãe energia de sobra. Ela poderia ter corrido até Los Angeles. Então, no auge dos meus 7 anos, fomos para a Califórnia ter um novo começo de vida.

Capítulo 2
INDO PARA A CALIFÓRNIA

Mudei de ideia para começar de novo
Indo para a Califórnia com o coração em chamas
- "Going to California", Led Zeppelin

Mamãe encontrou um apartamento pequeno no norte de Hollywood. Isso levou a uma nova série de longas conversas por telefone, mas agora era com seu namorado de Cleveland, Melvin Adler. Um mês depois, Mel apareceu com uma mala grande e um sorriso enorme. Mel e a mala nunca foram embora. Apesar de estarmos literalmente vivendo um em cima do outro, as coisas deram tão certo que, em 1973, minha mãe e Mel se juntaram.

NOVA CHEGADA

Em 1975, Mel e minha mãe se tornaram os orgulhosos pais de um menino chamado Jamie. Pouco antes de ter o Jamie, Mel achava que era o momento de nos tornarmos oficialmente uma grande família feliz. Ele conversou com a minha mãe, então perguntou a Kenny e a mim se poderia nos adotar. Ficamos animados e mudamos nossos sobrenomes, legalmente, para Adler.

Jamie iluminou nosso mundo. Eu amava tanto meu irmão que decidi que ia protegê-lo. Próximo ao seu berço havia um sofá onde eu dormia todas as noites com um canivete nas mãos.

Ninguém nunca ia causar nenhum mal para meu irmãozinho. Mataria para impedir isso. Nunca vou me esquecer do olhar alarmado da minha mãe quando viu o canivete. Mas, quando estava prestes a explodir, ela se conteve e se abaixou para me beijar carinhosamente na cabeça.

De alguma maneira, meus pais sabiam que era só uma fase e nunca surtaram por causa da faca. Muito depois que parei de fazer guarda para Jamie, continuei cuidando dele e até troquei suas fraldas (bem, só algumas vezes...).

Com Mel e minha mãe trabalhando, pudemos nos mudar para uma casa maior em Canoga Park. Mel conseguiu um emprego fixo, no qual permaneceu até ficar muito doente, em 1991, como chefe de pessoal da Southern Pacific Railroad. Minha mãe trabalhava como garçonete em um restaurante chamado Two Guys from Italy (qual o problema dela com os italianos?). Como a maior parte da família dela – suas três irmãs e um irmão – havia se estabelecido na Califórnia, meus avós não demoraram para fazer as malas e se mudar para Hollywood.

BRIGA MORTAL DE IRMÃOS

Como não poderia ficar ainda mais próximo de Jamie, tinha que dividir o quarto com meu irmão Kenny e nós não nos dávamos bem. Realmente nos odiávamos. Brigávamos o tempo todo. Ele ficava sempre me provocando. Poderia ter sido só uma rivalidade comum entre irmãos, mas rapidamente saiu do controle. Ele me provocava como o demônio e me levava além dos meus limites. Eu aguentava até onde conseguia e então brigava com toda a ferocidade possível.

Ele era bem maior que eu, então era comum que eu me visse como o perdedor das nossas disputas. E nem sempre eram brigas físicas: muitas vezes, eram torturas mentais também.

Como na época em que Kenny trabalhava entregando jornal. Ele economizou dinheiro o bastante para comprar uma TV usada barata. À noite, ele colocava o volume no máximo e virava a televisão de um jeito que eu não conseguia ver do meu lado do quarto. Ele ficava rindo do *The Tonight Show* ou coisa do tipo enquanto eu ficava deitado sem poder ver o que estava passando, e tampouco conseguia dormir.

Um dia, fiquei tão bravo que bati na parte de trás da cabeça dele com uma raquete de tênis, usando toda a minha força. Ele caiu de frente, como se tivesse sido baleado. Sorte que ele caiu na cama. Kenny ficou imóvel por uns cinco minutos. Ele teve uma concussão e levei uma bronca dos infernos da minha mãe, que gritou comigo durante uma hora.

OPOSTOS SE REPELEM

Éramos completamente opostos em todos os sentidos. Kenny se parecia com nosso pai – pele morena, cabelos escuros e corpulento. Eu era magro e de pele clara, como minha mãe. Nunca frequentamos a mesma escola ao mesmo tempo. Sempre acontecia de eu entrar no Segundo Grau, ou coisa assim, e ele se formar. Nas aulas, ele era tímido e introvertido. Eu, por outro lado, era bem descontraído. Eu fazia a turma rir e tinha facilidade em ter amigos, geralmente ficando com os garotos mais velhos, que eram quase da idade do meu irmão. Kenny preferia se esconder no nosso quarto, lendo gibis e assistindo TV. Ele ficava feliz de fazer isso o tempo todo.

As coisas não tinham mudado muito desde a minha época no jardim de infância. Me metia em problema quase todos os dias. Eu continuava me envolvendo em brigas e discutindo com professores. Minha mãe recebia ligações da escola. Professores, treinadores, colegas de classe, funcionários – eu não aceitava besteira de ninguém.

TRISTEZA DE VERÃO

Minha mãe e Mel ficavam constantemente buscando maneiras de fazer meu irmão solitário Kenny fazer novas amizades. Uma vez, no verão, eles mandaram Kenny e eu para um daqueles acampamentos de verão hebreus. Acho que o nome era Clear Creek. Cheguei lá e pirei. Fuçava bastante, fazia novos amigos rapidamente – e inimigos também. Fiquei tão entediado no fim da primeira semana que achei que estava ficando maluco. E fiquei.

Sempre tive uma imaginação fértil. Consigo me visualizar fazendo ou sendo algo antes de haver uma pista de que isso vá acontecer. Às vezes, isso dá certo, como na vez em que disse para Slash que seríamos grandes astros do rock. Mas, na maioria das vezes, é simplesmente uma previsão do apocalipse. Meu apocalipse. Um grande apocalipse.

No fim da segunda semana, quando aconteceu o "Dia da Família", meus pais foram nos visitar, cheios de orgulho. Eles esperavam ouvir histórias divertidas sobre os ótimos momentos que estávamos passando. Esperavam que os monitores falassem que éramos crianças incríveis. Eles achavam que teríamos um dia adorável na natureza.

Não foi bem assim. Mamãe e Mel ficaram em choque quando os monitores disseram que eu estava correndo como um louco pelo acampamento e que, provavelmente, era eu quem tinha roubado US$ 300 de uma das monitoras enquanto ela tomava banho.

Dá para imaginar a expressão de choque da minha mãe? Em um momento, ela está andando por esse idílico caminho cercado de árvores com Mel. Ela nos encontrou em frente ao lago, numa cena adorável, com barquinhos a vela de fundo. Ela se sentou e ouviu o monitor dizer que sou um ladrão e um mentiroso.

Já tinha negado tudo – eles não tinham provas – e, além disso, eu sabia quem era o culpado.

Eles fizeram uma revista geral no acampamento. Como eu sempre era o suspeito, quando a coisa ficou feia eles vieram me interrogar sobre o dinheiro desaparecido. Três monitores adolescentes me seguraram de cabeça para baixo e me revistaram à força. Desnecessário dizer que uma situação dessas facilmente resultaria em um processo judicial nos dias de hoje. Eu não tinha nem 10 anos.

Eles não encontraram o dinheiro e eu fiquei tentado a agir como se estivesse ultrajado e exigir que meus pais buscassem algum tipo de compensação. Mas, no fim, o demoniozinho que vive na minha cabeça recebeu um grande fardo de culpa. Aquela monitora parecia um morto-vivo. Aquilo poderia ser as economias da vida dela.

É, eu sei quem foi. Fui eu. Mas, honestamente, foi só de brincadeira. Estava entediado pra caralho na segunda semana, queria animar as coisas um pouco. Então comprei um monte de doces com parte do dinheiro que roubei, mas em vez de me empanturrar com aquilo, distribuí para todo mundo. Eu sei, brilhante.

Justamente quando estávamos ficando meio titubeantes com as acusações, eu confessei e devolvi o dinheiro por conta própria – menos a parte que torrei com doces. Ao perceber que poderia livrar minha cara, logo me senti livre para confessar. De qualquer forma, entrei nessa mais pelo puro perigo.

Então, no "Dia da Família", meus pais – para sua decepção – receberam o pedido para me levarem para casa. Deixaram que meu irmão ficasse mais duas semanas. Eles gostaram do Kenny. Ele nunca questionava nada e se mantinha sempre na dele: o perfeito zumbi sem problemas de acampamento.

DE VOLTA À CIVILIZAÇÃO

Durante o caminho de volta, ficamos em silêncio. Eu não ligava a mínima. Acampar não era ideia minha. Aquilo não era acampar. Acampar é ir para Yosemite fazer trilhas por lugares onde ninguém possa te encontrar, carregando apenas uma barrinha de cereal, uma cafeteira e um saco de dormir.

Você dorme sob as estrelas por uma semana. Come raízes e frutas vermelhas. Fica observando a vida selvagem e fede pra cacete até sair para a próxima trilha. Isso é acampar, o que eu também não tinha interesse nenhum em fazer.

A única coisa que eu tinha vontade de fazer durante aquele silêncio interminável na volta tensa para Canoga Park era me juntar com meus dois melhores amigos, Ricardo e Jackie. Eles moravam na mesma rua que eu. Ricardo era um hispânico alegre. A mãe dele fazia a melhor salsa do mundo. Jackie era asiático, a pessoa mais amável e prestativa que você gostaria de conhecer.

Jackie foi para uma escola primária local e Ricardo e eu fomos para a Limerick Elementary. Também jogamos na liga júnior de futebol americano, mas em times diferentes. Éramos muito competitivos, e cada um construiu uma reputação por ser rápido e forte. A temporada resultou em um jogo entre os nossos respectivos times.

O meu time perdeu. Para ser honesto, com exceção de alguns jogadores dedicados, a gente era muito ruim. Acho que perdemos todos os jogos que participamos naquele ano.

Eu costumava achar que sempre éramos colocados contra todas as chances. Todos os outros times tinham crianças mais velhas, que eram muito maiores do que nós. Desenvolvemos uma reputação humilhante com a liga. Ao invés de Eagles, as crianças nos chamavam de Bad News Birds.

No meu time de futebol, eu era *running back* e *kick returner*. Eu até ganhei um prêmio no meu terceiro ano do colégio como "Jogador Mais Valioso". O técnico costumava me colocar e me manter o jogo inteiro. Ele disse aos meus pais que eu era o melhor jogador do time, mas isso não importava. Eu não podia fazer nada para impedir a nossa série de derrotas.

SEXO E ESPORTE

Nunca vou esquecer essa vez durante o treino. Tinha uma animadora de torcida maravilhosa que estava passando pelas laterais. Não pude deixar de notá-la. Eu tinha apenas 11 anos, mas já estava desenvolvendo um apetite sexual pelo sexo oposto. Mas quando conversava com meus amigos sobre como algumas bundas eram bonitas, eles olhavam para mim como se eu fosse um louco. "Bundas são nojentas!", "Uma bunda é uma bunda". É como se os seus pintos ainda estivessem pra dentro.

De qualquer forma, ela era muita areia para o meu caminhão: tinha 16 anos, longos cabelos loiros e lábios carnudos, como um botão de rosa esmagado, completos, redondos e macios, implorando para serem beijados. Eu tinha que chamar a sua atenção de qualquer jeito.

A gente ia jogar uma partida e quando me juntei ao grupo estava tão empolgado para impressionar a gata que ameacei o *quarterback*. Eu disse que era melhor ele me dar a bola ou então esmagaria a sua cara quando chegássemos ao vestiário. Juro que alguma coisa estalou dentro de mim e tudo o que eu queria fazer era impressionar essa animadora de torcida. Toda vez que eu conseguia uma jogada, corria como um demônio possuído para conseguir o *touchdown*. Os técnicos estavam impressionados. Pontuei cinco *touchdowns* em uma rodada.

Não sei por que estou empolgado desse jeito, mas existem poucas coisas na vida que realmente me acendem. E nada me faz focar ou insistir mais do que caçar um rabo de saia. Dinheiro, fama, status, poder... Nada se compara a perseguir uma xoxota. Isso me dá uma intensidade que traz o lado mais feroz do meu espírito competitivo.

Quando eu estava na banda, tinha que pegar a melhor garota depois do show. Eu amava rodar pelo *backstage* e nas festas depois dos shows com a escolhida da ninhada. Então não importa se estiver tentando pontuar com *touchdowns* ou tocando com a banda, eu amo as garotas.

MOVIMENTOS RUINS

Com um grande sorriso no rosto, fui atrás da garota depois do treino e disse algo que eu achava legal para ganhar um beijo, mas ela me deu uma olhada. Ai! Depois ela apenas se virou enquanto murmurava algo sobre estar esperando o seu namorado *linebacker* chegar após o treino. Fiquei muito arrasado.

Enquanto os outros meninos saíam me olhando chateados por eu ter sido tão exibido, me lembro de balançar a cabeça e deixar escapar um grande suspiro. Eu não podia acreditar no quão idiota eu tinha sido, e tudo pra nada.

Assim que comecei a me afastar da arquibancada, ela se virou para mim, me deu um sorriso e perguntou: "Qual é o seu nome?". Eu engasguei e falei baixo: "Steven". Ela repetiu baixo e suavemente o meu nome e, acredite, isso fez com que tudo tivesse valido a pena. Até hoje consigo ouvir o jeito como ela falou o meu nome.

SAINDO COM OS MEUS PARCEIROS

Fora dos esportes da escola, Jackie, Ricardo e eu passávamos cada minuto juntos. Ricardo estava saindo com uma linda menina loira naquela época, mas ele sempre nos colocava em primeiro lugar. Nada era mais importante do que o vínculo entre nós. Pelo menos é o que eu acreditava até receber a primeira lição na política da amizade.

Ricardo e eu achamos algumas laranjas em uma lancheira abandonada no playground, e começamos a jogá-las um para o outro. Uma das laranjas começou a abrir por ficar batendo muito no chão. Lembro-me de jogar novamente para o Ricardo, que estava a uns nove metros. De repente, sua garota loira começou a ir em sua direção e BUM! A laranja caiu e *explodiu* bem na cabeça dela.

Ela ficou gritando toda suja de laranja. Ricardo perdeu a cabeça e começou a me perseguir por todo o campo. "Você está morto!", ele gritou. Tentei correr para longe, mas ele me pegou e ficou em cima de mim. Eu estava indefeso. Ele mantinha os meus braços presos com os seus joelhos. Pensei que ele fosse começar a me socar no rosto, ou pelo menos cuspir em mim, mas ele não fez nada. Acho que percebeu que ela já tinha corrido pra casa e que isso foi realmente um acidente. Mas ele ficou muito nervoso comigo. Por causa de uma garota... *uma garota*!

OS ANOS 1970

Os anos 1970 foram um período mágico, principalmente para um garoto da minha idade. Foi a década perfeita para se crescer. Lembro-me de ver os discos do Kiss nas lojas, antes mesmo de ouvir suas músicas. Achava que eles tinham um visual muito legal. E eu adorava *As Panteras*. Jaclyn Smith era a minha preferida. Claro, *Happy Days* era um programa incrível. Eu queria ser como o Fonzie.

Eu colecionava minicapacetes de futebol americano dos postos Stop N Go, que você só conseguia se comprasse a versão piorada de Slurpee[1] do Stop N Go. Precisava ter todos eles e o mais rápido possível, o que significava muitos cérebros congelados!

Eu usava calças justas da Sassoon, veludo cotelê ou Levi's. Calças boca de sino estavam no auge de sua popularidade e *todo mundo* precisava ter tênis Vans. O *legal* era ter um tênis customizado. Você precisava esperar algumas semanas, mas valia a pena. Na verdade, só de *ter* um Vans era legal. Mas eles custavam uns US$ 40... Ei, Vovó!

Mocassins brancos eram outra coisa bacana para se usar. Eles só estavam disponíveis nas lojas de couro do mercado de fazendeiros. Meus avós me levavam para comprá-los. Os funcionários nos viam chegando e os traziam para mim, já que sabiam exatamente por que eu tinha ido até lá. Eles custavam umas trinta pratas, mas minha avó nunca teve problema em comprar um novo quando o antigo tinha acabado.

Eu também adorava brincar com ioiô quando tinha uns 10 anos. Ele não é tão popular hoje, mas naquela época era bem comum entre os garotos – um item obrigatório que era anunciado na TV o tempo todo. Eu me tornei um profissional. Todas as semanas, tínhamos esses concursos na loja local da 7-Eleven, patrocinados pelos ioiôs Duncan, bem no estacionamento. Ricardo e Jackie não se envolveram tanto, mas eles ainda iam comigo em suas bicicletas. Eu sabia fazer todos os truques populares e até inventei alguns. Sempre estava na disputa para vencer.

Como prêmio, eles me deram um ioiô, dos que brilhavam no escuro. Ganhei pelo menos dez deles. Eu detonava e sempre voltava animado para casa. Na

---

1 N. de T.: Um tipo de refrigerante frozen da rede de lojas de conveniência 7-Eleven.

minha cabeça, eu era um garanhão que poderia ser o melhor em qualquer coisa que decidisse fazer, principalmente se as garotas achassem legal.

O COMEÇO DA CENA DAS DROGAS

Quando ficamos mais velhos, Ricardo, Jackie e eu ficamos cientes da cultura das drogas com a qual tantos outros garotos estavam se envolvendo. Isso foi em 1977, e uma frase da música de Ian Dury and the Blockheads, chamada "Sex and Drugs and Rock and Roll", simbolizou a atitude da época e varreu a nação. Isso estava no ar e na minha cabeça. Meus amigos e eu estávamos muito curiosos com relação às drogas, e não demorou para que o fatídico dia chegasse. Jackie e Ricardo devem ter experimentado antes de mim porque tudo começou assim: um dia, estávamos todos juntos e Jackie perguntou se eu queria ficar chapado. Exatamente assim, do nada. Sabia precisamente o que ele queria dizer. Ricardo tinha um cachimbo improvisado feito de papel alumínio. Andamos pelo Winnetka Park e mandamos bala.

Estávamos sentados nesse abrigo deserto e me lembro da primeira onda de *cannabis* atingindo minha medula. A princípio foi sutil, mas, de repente, *uau*! Foram os sons que mais me fizeram viajar. A voz do Ricardo soava tão diferente e as cores atrás dele, os diferentes tons de verde nas árvores, as sombras entrando e saindo de trás. Não conseguia deixar de sentir que aquele era o melhor e mais profundo maldito momento. Naquele dia, descobri o que achava que era o paraíso na Terra. Pensei que havia achado uma conexão com Deus. Aí comecei a rachar de rir. Tinha um Taco Bell do outro lado da rua do parque, mas não conseguia pedir nada porque não parava de rir.

No auge dos meus 11 anos, meus amigos e eu entramos em um novo capítulo de nossas vidas, e nossas atividades diárias mudaram completamente. Enquanto antes costumávamos andar de bicicleta, brincar de pega-pega ou coisa assim, agora quase exclusivamente só fumávamos erva. Nunca bebíamos. Jackie começou a vender erva, então sempre tínhamos estoque. Depois da escola, íamos para a casa de um de nós e só assistíamos TV e ficávamos chapados. Nossos pais trabalhavam, então tínhamos um período sem preocupações. Aquilo era demais: era verão, não tinha escola, só curtíamos juntos. Bons momentos com bons amigos.

Também foi nessa época que tivemos uma conversa que considero o momento mais profético da minha vida. Estávamos no quintal de Ricardo, sentados no trator do pai dele. Era outro belo dia de sol em Southland e tínhamos acabado de queimar um. Do nada, Ricardo falou: "Quero trabalhar com construção, como o meu pai". Jackie disse: "Quero ser um mecânico, como meu pai". Olhei para os dois e a única coisa que consegui pensar foi em Steven Tyler quebrando tudo e gritando "Dream on! Dream on!", então eu mandei: "Quero ser um astro do rock".

O CERNE DA QUESTÃO

Deixe-me divagar por um momento, porque isso é importante. E mesmo não sendo tão sensacional quanto os casos de Axl ou Izzy se injetando, ou Slash comendo strippers, isso é muito mais importante para mim. É revelador e vem do coração.

Se você quer ser um astro do rock, jogar o Super Bowl ou estudar em Harvard, diga isso em voz alta e acredite nisso. É isso. Mas você tem que ter uma fé 100% inabalável no que está dizendo. É simples assim. Eu fiz isso, o cara que está me ajudando a escrever esse livro fez isso e nós dois conhecemos pessoas que também fizeram. Astro do rock, Harvard, Super Bowl – acredite e você chega lá.

PRIMEIRO TRABALHO

Quando tinha 12 anos, consegui meu primeiro emprego de meio período no restaurante fast-food Pioneer Chicken, que era bem ao lado de onde minha mãe trabalhava, na Brent's Delicatessen. Eu cozinhava o frango e limpava o chão, qualquer coisa que eles quisessem que eu fizesse. Estava naquele ponto em que preferia ganhar algum dinheiro a ir para a escola. Agora, eu estava na sétima série do Sutter Junior High School. Odiava aquilo e queria sair. Na primeira vez que fugi, lembro de sair da escola tremendo de tanto medo que estava de ser pego. Passei pelo portão, atravessei a rua e esperei pelo inevitável grito do professor, mas não aconteceu nada. A total falta de supervisão escolar me encorajou a fugir da escola todos os dias.

Todas as manhãs, eu pegava o ônibus, que custava só 45 centavos naquela época, comprava uma passagem de transferência, que era uns 35 centavos, e ia até Winnetka, onde ficava a escola. Mas eu não descia no ponto da escola. O ônibus seguia pela Ventura Boulevard e eu descia na montanha em frente ao Universal Studios.

Eu costumava ficar onde o pessoal vinha e fazia compras depois de descer do bondinho. Tinha o Frankenstein andando por ali, e pessoas vestidas como índios e caubóis fazendo shows de acrobacias. Uma vez cheguei cedo e conheci o vilão de uma dessas performances ao vivo. Ele tinha um bigode fino e sinistro, uma roupa toda preta e um chicote. O nome dele era Lance Reamer, um homem na casa dos 50 anos. Ele costumava frequentar o restaurante onde minha mãe trabalhava, então me apresentei como filho dela e disse que ela havia me falado dele.

Lance me deixava ficar no *backstage* e eu adorava. Tinha uma atmosfera muito legal. Ele nunca perguntou por que eu não estava na escola e, na verdade, nos tornamos bons amigos. Foi quando percebi que queria ser um dublê. Isso durou um mês.

MATANDO AULA E FATURANDO

Eu deveria estar na escola, e enquanto matava aula um dia, encontrei um garoto de outra escola local fazendo o mesmo. Ele se chamava Josh. Tinha um cabelo loiro desgrenhado e sujo e usava uma jaqueta marrom de couro com franjas. Estávamos andando pelo bairro durante uma tarde excepcionalmente chuvosa e fria, quando nos encontramos com duas garotas de 12 anos, aparentemente matando aula também.

Josh tinha um maço de cigarros e dividiu com a gente. Fumamos muito rápido. Uma das garotas se parecia com a Marcia Brady: cabelo comprido loiro e liso. A outra tinha a franja comprida, enrolada para trás, como a Farrah Fawcett tornou tão popular naquela época. Enquanto conversávamos e ríamos, caminhamos ao longo de um canteiro de obras. Entramos em uma das casas ainda em construção e olhamos em volta. Havia apenas a estrutura para apoiar as paredes de gesso e toneladas de enchimento de espumas multicoloridas que você vê quando rasga os carpetes.

O lugar tinha um aspecto "de casa" e era óbvio que outras pessoas já tinham passado por lá. Alguém deve ter virado um desses grandes carretéis de madeira para fazer uma mesa improvisada e arrastou um monte de blocos de concreto para se sentar. Tinha até um mural do Led Zeppelin pichado em uma das paredes. Eram os quatro símbolos de Page, Plant, Bonham e Jones, incluídos no encarte do quarto álbum. Em outra parede tinham pichado uma versão muito ruim do logo do Blue Öyster Cult. Quando estávamos lá dentro, andávamos casualmente ao redor como se estivéssemos pensando em comprar o lugar. Depois nos separávamos em duplas em áreas diferentes. Josh sumiu primeiro com a Farrah, me deixando com a Marcia Marcia Marcia.

A Marcia era a coisa mais jovem e linda. O batom e a sombra azul-clara a faziam parecer uma boneca de corda, e eu comecei a fantasiar o que mais estava por vir. Enquanto ela se mandou comigo para procurarmos um lugar mais tranquilo, pude escutar a sua respiração ficar inquieta e ansiosa. De repente eu estava perfeitamente consciente da doce e leve fragrância que saía do seu corpo. Cheirei profundamente, alimentando o buquê sedutor. Isso preencheu cada poro do meu corpo e me deu tesão. Corado pela excitação, entrei abaixado no menor quarto e me virei para o rosto dela. Sem hesitar, ela colidiu comigo, se rendendo completamente. O seu movimento fez com que o seu longo cabelo loiro caísse no meu rosto e nos meus ombros. Achei que fosse perder o controle naquele momento.

Em menos de um segundo estávamos deitados em uma parte onde o tapete tinha desenrolado do estofamento, em uma casa em construção, gemendo, juntos, nos beijando, e rezando para que isso nunca acabasse. Me movi para ficar mais perto de Marcia e ela ansiosamente me abraçou. Eu a beijei de novo, e de novo e ela retribuiu cada um deles com intensidade. Sem pensar, parecia que eu sabia os próximos passos. Era estritamente a glória da física. Depois de muitos beijos, respiramos fundo e eu me sentei, completamente confiante, enquanto tirava o seu cinto. Quando eu puxava o seu jeans, ouvi a fatídica palavra: "Espere"...

"Merda!" Mas ela sorriu e me pediu para não puxar com tanta força. Ela só queria me ajudar a tirar as calças dela. Ela tirou os tênis e mostrou as suas meias coloridas com arco-íris – lindas! Agora os seus beijos eram mais ousados, mais urgentes. Depois que as suas pernas finas e brancas envolveram as minhas, o cheiro completo do seu corpo me rodeou e eu me senti pronto para a explosão.

Daí para frente tudo acelerou. Ela estava tão ansiosa, tão molhada, que instantaneamente éramos um. O gosto da sua pele era ao mesmo tempo salgado e doce. No começo foi meio desajeitado, mas depois foi em um ritmo primitivo que não poderia ter durado mais que 12 segundos, porque eu explodi. Fiz um barulho de latido estranho que não soava como humano.

Essa foi a minha primeira vez, e acho que foi a dela também. Depois de tudo, ela parecia estar tanto nervosa quanto excitada, mas tudo o que me lembro é desse enorme alívio em não ver sangue e, com um pouco menos de clareza, que fiz minha performance. Sim, foi "missão cumprida" (apesar de não ter um mensageiro aéreo para enviar o meu comunicado). Honestamente, em nenhum momento fiquei nervoso. Talvez tenha sido esse o motivo de tudo acabar em um minuto mágico. Perdi a virgindade com a minha Marcia, a garota que eu nunca saberei o verdadeiro nome. Até hoje em dia, tardes frias e úmidas me remetem à minha primeira vez.

COMPARTILHANDO OS MEUS AMIGOS

Em casa, meu irmão mais velho estava se retraindo ainda mais, tornando-se um perfeito recluso. Minha mãe conversava com os amigos que eu tinha, que normalmente eram meninos mais velhos. Ela pedia para eles não saírem muito comigo e passarem um tempo com o meu irmão. Afinal, eles tinham a idade dele e frequentavam a mesma escola. Não sei o motivo, mas isso não me incomodava nada. Nunca tive problemas em fazer amizades, e Kenny poderia ter todas elas. Eu apenas saía e fazia mais.

Eles realmente fizeram esse favor para a minha mãe e começaram a sair com ele. Isso funcionou, porque o meu irmão tinha alguns novos amigos e eu ainda podia sair com eles. Minha mãe não se importava que eu ficasse até tarde nas aulas à noite, porque eu estava com Kenny. Na verdade, o fato de que eu não era possessivo com meus amigos acabou gerando grandes dividendos: algumas ruas abaixo, alguns deles estavam em uma banda de garagem.

Quando eu e Kenny chegamos lá, meus olhos saltaram. Eu achava que eles eram as pessoas mais legais do mundo. Eles estavam ajustando seus instrumentos, tocando com seus amplificadores e todos tinham cabelos compridos. Eu realmente olhava para esses caras com outros olhos e os tratava como se fossem deuses.

Eles tocavam Rush, Frampton, REO Speedwagon, Humble Pie, todas as grandes músicas de rock da época. Que inferno! Eu sabia todas; eu era um roqueiro.

O baterista tinha uma bateria na cor azul translúcido, e lembro que ele enrolava maconha nos tambores. O som era alto pra cacete. Era a primeira vez que eu sentia realmente a paixão física pelo rock ao vivo. Eu me apaixonei instantaneamente.

Durante um de seus ensaios, encarei um *beer bong* com eles. Foi a minha primeira vez. Para alguns de vocês que cresceram em um convento, o *beer bong* é um funil ligado a um tubo. Você põe o tubo na boca e colocam uma cerveja inteira no funil. Isso te força a engolir em uma golada.

Eu era um cara selvagem determinado a impressionar todos eles. Virei seis cervejas em uma rodada. Ainda posso me lembrar deles torcendo por mim: Ad-ler! Ad-ler! Ad-ler! Eu senti como se ali fosse o meu lugar. Sorri e dei risada, orgulhoso porque eu conseguia entreter esses caras que eu tanto admirava. Quando chegou a hora de ir embora para casa jantar, peguei minha bicicleta. Eu tinha uma amarela com dez velocidades naquela época. Pulei nela e a empurrava olhando com horror como meu pé não acertava o pedal, e caí de cabeça no gramado. Eu estava muito louco.

Dois dos meninos me ouviram caindo e correram em minha direção. "Cadê o seu irmão?" Kenny tinha, sabiamente, ido embora, provavelmente depois da minha primeira cerveja. Então esses caras me ajudaram e andaram comigo e com a minha bicicleta até a porta da minha casa. Quando chegamos, deixaram a minha bicicleta, tocaram a campainha e deram o fora. Até hoje eu desejo ter ido embora com eles.

Capítulo 3
CRESCENDO

O INCIDENTE DE *O EXORCISTA*

Cerca de um mês depois, minha mãe fez uma festa em casa. Cheguei com cara de bosta, fora de mim, e disse, bem casualmente: "Oi, mãe". Havia cerca de uma dúzia de velhinhas ali na sala de jantar. Eu sorri e elas retribuíram. Achei que tinha sido muito malandro, enganando todo mundo.

Mas aí comecei a me sentir meio abalado. Segurei no encosto do sofá para evitar uma queda. De repente, dei uma vomitada monstra que se espalhou por toda parte, bem na frente delas. Botei as tripas para fora, devolvi o almoço. É impressionante o quanto você ainda consegue vomitar quando acha que já terminou. Vi um teco de uma salsicha que tinha certeza que eu havia comido dois dias antes.

Essas mulheres começaram a se mexer em seus assentos, querendo cair fora logo dali. Elas estavam com medo de eu vomitar até encher o cômodo e elas se afogarem. Certamente, elas tinham o direito de entrar em pânico, porque parecia que eu estava vomitando há uma meia hora.

Julgando pela expressão congelada de horror em suas faces, eu era a garota de *O Exorcista*. Porra, eu poderia ser o próprio demônio. Então Mel veio até o cômodo. Ele começou a falar palavrões a torto e a direito, gritando como um sargento, dizendo que eu estava de castigo para o resto da vida.

Então eu estava ali, doente como um cão. Eles me mandaram direto para a cama. Nessa época, eu estava matando aula todos os dias e, com a sorte que eu tinha, a escola ligou para minha casa um dia depois de eu estragar a festa (e o sofá) da minha mãe.

Foi quando meu pai, Mel, que ainda estava irritado por causa do vômito, explodiu e gritou com a minha mãe: "Chega! Ou ele ou eu". Soube da decisão dela no dia seguinte, quando voltei do 7-Eleven, onde tinha tomado um Slurpee. Era a única coisa que eu conseguiria engolir naquela hora; eu estava muito desidratado e de ressaca.

Virei a esquina para chegar em casa e... Que porra é essa? Mel pegou todas as minhas coisas e colocou na calçada. Minhas roupas, uma bola de futebol americano, algumas fitas de oito canais e tudo mais que eu tinha, estava tudo na calçada. Entrei para perguntar o que estava acontecendo e só me lembro de meu pai e eu começando uma grande briga e ele me perseguindo pela casa.

Mas, apesar de estar gritando de volta com o Mel e falando o quanto ele era um idiota insensato e sem coração, no fundo eu sabia que esse dia chegaria. E embora tenha ganhado simpatia ao longo dos anos ao dizer para as pessoas que meus pais me expulsaram de casa quando eu tinha só 11 anos, eu provavelmente ultrapassei os limites com mais frequência que um delinquente juvenil comum.

Então acho que era a minha hora de ir embora. E foi isso. Eles pagavam as contas e tomavam as decisões, então eu saí. Vovô Stormin' Norman veio e me buscou. Ele me ajudou a colocar minhas tralhas no carro.

TOMANDO CONTA DO PRÓPRIO RABO

Meus avós tinham um pequeno apartamento de dois quartos em Hollywood, a pouco mais de 30 quilômetros da casa dos meus pais em Canoga Park. Depois que os filhos deles cresceram, eles preferiram ter cada um seu próprio quarto. Mantive minhas coisas e um pequeno despertador lá, e era isso. O toca-discos ficava no quarto do meu avô, então meio que o adotei para mim. Vovô trabalhava na padaria e saía para trabalhar bem cedo, então eu sempre ficava no quarto do Stormin' Norman ouvindo meus discos.

Era hilário. Meu avô de 70 anos dormia nesse quarto que eu havia coberto de fotos tiradas de revistas adolescentes, a maioria de astros do rock como Aerosmith, Boston, muito Kiss, Bay City Rollers e até Shaun Cassidy e Leif Garrett. Eu sonhava em ser um ídolo adolescente. Vovô nunca reclamou da decoração e Big Lilly nunca reclamou do barulho. Eu dormia no sofá-cama na sala de estar.

Vovô voltava da padaria às cinco da manhã e tomava uma dose de uísque. Eu sempre estava meio grogue e perguntava: "Ei, Vovô, como vai?".

"Bem. Muito bem. Ei, Stevie, quer cheirar?" Ele chamava a dose de "cheirada".

Eu recusava educadamente. "Não, Vovô." Ele sempre me oferecia uma dose, tomava uma e ia para seu quarto. Fechava a porta e ia dormir. Cheirada.

MEU PRIMEIRO SHOW

Em junho de 1978, eu vi meu primeiro show. Minha prima Karen ganhou ingressos em uma promoção por telefone da rádio 93 KHJ. Ela me ligou perguntando: "Stevie, quer ir ver o Kiss no Magic Mountain?". Fiquei de queixo caído. Ela sabia que o Kiss era a minha banda preferida. Falei o quanto gostaria de ir, No dia seguinte, ela me buscou e fomos ao parque de diversões. Estávamos totalmente à vontade, quando percebemos que havia equipes de filmagem se preparando. Eles estavam gravando o que se tornaria seu clássico filme cult *Kiss Meets the Phantom of the Park*. Eu fazia parte da história do Kiss!

Naquela noite, vi muitas coisas e aprendi muito sobre o rock. A coisa mais importante que levei do show foi o quanto a versão de estúdio de uma música ganha vida própria quando tocada ao vivo. Era a mesma música, a mesma letra, a mesma progressão de acordes, mas era totalmente diferente, ganhando uma energia única e, muitas vezes, superior.

Quando voltei para casa, não havia dúvidas. Depois da experiência da banda de garagem e, agora, vendo o Kiss com toda a sua glória, o rock'n'roll era para mim! Implorei para Big Lilly me dar uma guitarra. Surpreendentemente, ela fez algum alarde mas, dentro de uma semana, eu tinha uma guitarra e um amplificador da loja de departamentos Sears. Infelizmente, não passei muito do meu tempo livre praticando com minha guitarra nova.

Agora que eu estava de volta a Hollywood, Big Lilly insistiu que eu me inscrevesse na Bancroft Junior High. Depois das aulas, eu me juntava com os adolescentes locais e andávamos de bicicleta e skate na Laurel Elementary School, onde havia essas rampas maneiras, transições e caminhos onde a galera ficava andando.

Um dia, andei de skate nessa rampa, decolando com uma velocidade legal. Enquanto estava no ar, tentei dar um 180º e me ferrei feio. Minha cabeça se *espatifou* contra o chão – naquela época nem existiam os capacetes de skate – e parecia que uma bomba tinha explodido na minha cabeça. Estava doendo tanto que eu quase desmaiei. Dois garotos estavam passando e me viram cair no chão. Eles chegaram perto para ver se eu estava bem. Um deles perguntou: "Cara, está tudo bem com você?". Lembro-me de olhar meio para cima para enxergá-los, segurando a cabeça, e dizer: "Sim...".

"Bem, tente ser um pouco mais cuidadoso da próxima vez." Eles meio que riram, enquanto iam embora. Voltei para casa com um galo enorme na cabeça. Provavelmente foi aí que começou meu dano cerebral.

SLASH E EU NOS CONHECEMOS

Alguns dias depois, eu estava criando meu próprio inferno durante as aulas. Aconteceu de a minha professora de História morar em um apartamento no mesmo prédio em que eu vivia com Big Lilly. Eu torturava sem dó essa pobre mulher. Veja bem, eu sabia que ela não queria irritar meu avô falando coisas ruins sobre mim, então eu me aproveitava da situação e fodia com ela o tempo todo.

Um dia, ela me perseguiu pela sala de aula. Eu estava louco, correndo entre as carteiras e tudo mais. Ela me perseguiu até uma sala anexa e a professora desta classe estava gritando e apontando para a cara de outro aluno. "Você é um perdedor, um vagabundo, é só isso que você vai ser!" Achei aquilo divertido. "Olha só, outro garoto que faz os professores perderem a cabeça." Olhamos um para o outro e meio que sorrimos.

Quando o horário da escola acabou, nós nos procuramos. Ele disse que havia me reconhecido de alguns dias antes. Não fiz a conexão imediatamente, mas ele era o garoto que havia me perguntado se eu estava bem quando arrebentei a cabeça.

Seu nome era Saul Hudson e nos demos muito bem, desde o primeiro peido. Começamos a curtir juntos desde o primeiro dia, subindo no corrimão do terceiro andar na ala sul da escola. Ficávamos a uns 15 centímetros um do outro, se equilibrando em um pé só e cantando "King Tut", uma música do Steve Martin que rolava na época. Estávamos rindo e nos divertindo até que uma professora apareceu gritando: "Jesus Cristo! Deem o fora daí!". Então pulamos e saímos correndo. Acho que ainda nos demos ao trabalho de ir à escola por mais uma semana depois disso, mas em seguida passamos a matar aula todos os dias.

Tínhamos uma rotina. Primeiro, íamos à escola a tempo da chamada na sala principal. Depois de ganharmos presença, íamos embora. Às vezes, voltávamos para o almoço. Sentávamos à mesa com um garoto legal que tinha uma cabeça enorme e cabelo loiro cacheado.

Seu nome era Michael Balzary, também chamado de "Mike B the Flea" ou "Flea". Ele tocava trompete na banda da escola e, mais tarde, formou o Red Hot Chili Peppers. Acontece que ele morava na mesma rua que eu. Na maioria das noites de outono, Saul, eu e um grande grupo de garotos íamos jogar futebol americano na rua da minha avó. Ela sentava na varanda em frente à casa e ficava observando tudo. Na maioria das vezes, Flea tirava o trompete e tocava para ela. Ela achava que ele era um "anjinho".

SAUL ERA LEGAL

Saul era o cara mais legal e malandro. Ele já conquistava umas gatas e tinha um ar de confiança. Saul tinha muitos talentos. Voltávamos para o pátio da escola onde nos conhecemos e andávamos de bicicleta. Ele era incrível com a bike, o melhor em BMX, e até entrava em competições. Eu tinha uma bicicleta Huffy que odiava. Elas eram uma piada para os garotos que levavam bicicleta a sério.

Saul morava com a avó na esquina da Sweetzer com a Santa Monica. Eu morava com a minha avó na Hayworth com a Santa Monica, a cinco quarteirões de distância. Na primeira vez que ele veio até a casa da minha avó, mostrei a guitarra e o amplificador que havia ganhado. Eu sabia dois acordes e duas escalas.

Algum garoto havia me ensinado essas coisas tocando "25 or 6 to 4", do Chicago, e "Tie Your Mother Down", do Queen. Eu amava o Kiss, então coloquei *Alive!* no toca-discos, aumentei o volume no máximo e começamos a agitar, fazendo minha melhor imitação de Ace Frehley. Imediatamente, ele se apaixonou pelo barulho que saía borbulhando do amplificador.

Era só isso mesmo, barulho. Na mesma semana, dei a guitarra para ele tocar um pouco e decidi que seria vocalista. Comprei um pedestal e um microfone baratos. Sentávamos nas escadas da avó dele, e ele tocava guitarra e escrevia letras.

Steven Tyler, do Aerosmith, tinha vários lenços pendurados no seu microfone, então comprei algumas bandanas em uma loja militar na esquina da Vine com a Santa Monica, e comecei a usá-las. Algumas crianças que moravam perto de mim achavam que eu era Leif Garret. Meu cabelo era igual ao dele. Quando eu encontrava com a garotada do lado de fora, elas me pediam autógrafo. Infelizmente foi uma carreira curta, porque por mais que eu tentasse cantar, não conseguia. Sempre cantei com o rádio, e acabei percebendo que eu não era bom mesmo. Também cheguei à conclusão de que a guitarra não era pra mim. A bateria meu deu uma adrenalina primordial que a guitarra nunca poderia alcançar. E eu já vinha batucando em Tupperwares desde quando tinha 2 anos, então a bateria era para mim.

Eu achava a bateria muito legal. Minha primeira bateria era composta por livros empilhados e, quanto às minhas baquetas, eu usava a parte de baixo dos cabides de madeira. Na mesma época, a avó do Saul comprou para ele uma guitarra melhor do que a que eu tinha dado.

E novamente sentávamos na escadaria da avó dele e tocávamos juntos por horas. Logo nos tornamos inseparáveis, como quatro pessoas envolvidas em uma conversa animada: Saul, sua guitarra, eu e minha bateria. Lembro-me de ler que quando Clapton conheceu Duane Allman depois de um show do Allman Brothers, na Flórida, suas guitarras conversaram uma com a outra por horas. Isso era e sempre vai ser música. A música nos conectou para a vida inteira.

A PRIMEIRA JAM

Na primeira vez que realmente tocamos uma música, estávamos na casa de um cara negro que conhecemos numa loja de música. Ele tocava bateria, seu irmão guitarra e eles interpretavam a música "Day Tripper", dos Beatles, para a gente. Atenciosamente eu o via tocar, meio que aprendendo com os seus movimentos.

Eles deixaram eu e Saul tocarmos um pouco. Pela primeira vez toquei em uma bateria de verdade. Após observar os garotos tocarem, imitamos o que eles fizeram e tocamos do melhor jeito que pudemos. Fizemos um som meio louco. Mas, para jovens que não tinham ideia do que estavam fazendo, plantamos sementes ali. Nós nascemos roqueiros.

Embora Saul tivesse acabado de começar a tocar guitarra, ele era muito bom desde o início. Saul também mandava bem em escrever músicas originais, umas bem legais, com ganchos muito bons. Em comparação, eu não era muito bom na bateria, mas isso não ia nos deter. Depois de tocarmos juntos, Saul e eu estávamos empolgados para escolher o nome da nossa banda. Depois de chutarmos alguns nomes, um de nós soltou: "Road Crew". Foi como quando Robert Plant escreveu as letras de "Stairway to Heaven", e disse que dois terços da música saíram dele em 20 minutos. Ele sentiu que estava mais canalizando do que escrevendo, e foi como nos sentimos com Road Crew. Foi como se estivéssemos sentados em um reino cósmico, esperando que alguém arrancasse isso da gente.

Meu Deus, a gente amou o nome. Ele resumia a atitude guerreira em trazer o bom rock'n'roll para o povo. Esse seria o nosso lance. Levar música das ruas para as ruas. E quando você pensa no nosso sucesso com o GNR, foi isso que fez com que nos conectássemos com nossos fãs. Eles imediatamente reconheciam que essa era a música deles, a própria marca de rua do rock'n'roll.

IRMÃOS DE SANGUE

Eu tinha um skate e Saul uma bicicleta; eu ia para a sua casa, ou ele para a minha. Passava bastante tempo com Saul nessa época, o tempo inteiro. A música era o nosso vínculo sagrado, e esse foi o motivo por eu ter me afastado de Ricardo e Jackie. Eu ainda amava esses caras, mas amava muito mais o rock'n'roll. Saul e eu éramos escravos da batida, passávamos o tempo na escadaria do prédio do apartamento de sua avó escrevendo músicas e letras. Éramos bons amigos, muito próximos, às vezes até formávamos duplas para pegar garotas.

Quando tínhamos 14 anos, ele disse: "Vamos fazer aquele lance de irmãos de sangue". Pegamos uma faca, fizemos um corte em nossas mãos e dissemos: "Vamos fazer essa banda de rock e vamos ser grandiosos". Essa promessa formou um vínculo inquebrável entre a gente. Depois disso, sentimos que selamos nosso sucesso como uma equipe.

GAROTA CHAPADA

Saul e eu acreditávamos em dividir. Tudo o que eu tinha, ele queria. Ah! Uma vez eu estava correndo até sua casa, quando passei por um cara e uma garota que estavam sentados em sua varanda. O cara enrolava um baseado e a garota perguntou se eu queria fumar com eles.

A garota se apresentou como Kerry. Ela era tão linda. Tinha cabelo escuro, lábios grandes, olhos azuis e era muito bonita, muito exótica. Eu nem me lembro do nome do cara, mas era colega de quarto. Essa garota tinha 23 anos, e a gente começou a andar juntos todos os dias enquanto eu ia para a casa do Saul. Eu tinha apenas 14 anos, mas isso não importava. Depois de duas semanas encontrando com essa garota todos os dias, decidi que ia tentar trepar com ela.

Uma noite começamos a dar uns amassos, e eu estava muito a fim dela. Quero dizer, bem quando meu pinto ia encostar na sua boceta quente e molhada, eu gozava. Foram três vezes desse jeito. Eu não conseguia segurar. Só tinha fodido a minha linda Marcia até então, e essa mulher mais velha balançou o meu mundo. Na verdade, as minhas bolas doíam. E eu ficava de pau duro de novo em dez minutos. Depois de tudo isso, fui para a casa do Saul e contei o ocorrido, todos os fatos nos mínimos detalhes. Saul ficou com uma cara estranha e um olhar desconfortável, e depois desapareceu durante 15 minutos.

Quando ele voltou, perguntei onde estava. Ele disse que se esqueceu de tirar um monte de lixo para a mãe dele. Comecei a rir. "Ah, sim! Claro! Você teve que descarregar umas coisas, está certo." Saul ficou bravo. Ele jogou sua palheta em mim. Coisas assim o deixavam muito bravo. Depois, no outro dia, apenas para fazer as pazes, eu o apresentei a Kerry. Com algumas visitas, ele conseguiu marcar ponto com ela também. Só que, diferentemente de mim, ele sabia o que estava fazendo.

Capítulo 4
APRENDENDO DO JEITO MAIS DIFÍCIL

ENROLANDO

A gatinha principal de Saul nessa época era uma bela garota loira que vamos chamar de Melissa. Costumávamos ir à casa dela o tempo todo. Eu podia simplesmente sair pelos fundos da casa da Vovó e já estava na rua de Melissa.

Aprendi a enrolar baseados com a mãe de Melissa, Carrie, que tinha uma tigela enorme de fumo e seda prontas para quando eu visitasse. Uma tarde, éramos as únicas pessoas na casa. Ela era uma mulher muito bonita, com uns 36 anos. Ela era 22 anos mais velha que eu mas, enquanto ficávamos chapados, pensei: "Tô com tesão, sabe? Que se foda". Fui para cima. Comecei a dar uns amassos com a Carrie e ela começou a gemer baixinho. Dei um sorriso malvado, tirei o meu pinto para fora e o coloquei na cara dela. Ela começou a chupá-lo e foi incrível. Um boquete de verdade, de uma amante experiente. Apesar de ainda estar aprendendo, me sentia como o rei máximo da oitava série. Queria subir no telhado e gritar para todo o mundo. "Sou Steven Adler, o comedor máster de todas as escolas do mundo! Se ajoelhem para mim!"

Sem nem discutirmos sobre isso, concordamos que seria o nosso segredinho, uma vez e pronto. Não houve estranhamento entre nós e a prova disso é que continuamos amigos depois do nosso tango horizontal. Foi natural, fantástico e não nos arrependemos.

NÓS TRÊS

M as, quando era para passar o tempo, era sempre Melissa, Saul e eu. Nós três fomos inseparáveis durante uns quatro anos. Se você visse um de nós, os outros dois estavam por perto. Às vezes, ficava dias sem voltar para casa. Às vezes, dormia na casa da avó de Saul e também na casa da mãe dele, Ola. Ela era uma artista negra incrivelmente talentosa e amável, que morava perto da Olympic e da Crescent Heights.

Melissa tinha uma amiga, Michelle Young, que passou a fazer parte do nosso grupo fechado. Ela era morena e magra, cheia de atitude. Michelle seria imortalizada na música "My Michelle", anos depois.

Lembro-me da primeira vez que fui até seu canto e fiquei surpreso com as pilhas de filmes pornográficos. Ela disse que seu pai ganhava a vida como produtor na indústria pornô e perguntou se eu queria assistir a um deles.

Nunca tinha visto um, então por que não? O filme se passava em uma cela de prisão, o que era realmente uma locação muito ruim. Os pintos dos caras eram chupados através das barras da cela de uma mulher. Eu era um jovem cheio de tesão e tive dificuldades de esconder minha ereção. Mas era tão podre que eu tive de rir.

De vez em quando, íamos visitar o pai de Saul, Tony Hudson. O pai dele saía com um monte de gente do rock'n'roll. Ele era um conhecido designer de capas de discos que fez artes para cantores folk dos anos 1960, como Joni Mitchell. Lembro-me dele nos levando a festas em Laurel Canyon. Era muito legal, uma bela casa hippie, todos fumando maconha, mastigando cogumelos, e foi a primeira vez que experimentei espumante. Esses espumantes eram muito fracos para nós. Mas todo o resto era perfeito. Era simplesmente sexo ininterrupto, drogas e rock'n'roll.

MACONHA *VERSUS* VINHO

Saul não gostava tanto de fumar maconha como eu, então geralmente bebíamos quando estávamos juntos. Numa semana, tomávamos schnapps de hortelã-pimenta. Na outra, mudávamos para Jack Daniel's e, na seguinte, vodca. A cada semana era algo diferente, dependendo do que desse vontade (ou do que encontrássemos no armário).

Meu avô sempre tinha algumas garrafas na adega, então pegávamos um pouco de lá ou tínhamos que achar alguém que comprasse para nós. Tenho certeza de que a mãe de Melissa teria dado bebida para nós se realmente precisássemos.

Não fumava cigarro nessa época, mas Saul adorava seus caubóis matadores, os maços de Marlboro vermelhos. Ele sempre ficava falando: "Qual é, fuma comigo. Não tenho ninguém para me acompanhar". Então, sem pensar muito, comecei a fumar.

Rodávamos por todo e qualquer lugar. No começo, ele ia na sua bicicleta e eu ia de skate atrás dele. Aí percebemos que como todas as pessoas com quem nos relacionávamos eram mais velhas, estava na hora de largarmos a bicicleta e o skate e começarmos a andar a pé. Passávamos por todos os clubes populares em Hollywood: o Starwood, o Whisky, o Gazzarri's, o Roxy e o nosso preferido, o Rainbow Bar and Grill. *Todo mundo* acabava no Rainbow depois das diárias peregrinações pelos bares. Saul e eu nos divertíamos muito lá.

Antes de entrar, fazíamos um "esquenta" bebendo no estacionamento de um banco nas redondezas. Uma noite, estávamos servindo Bacardi 151 na tampinha, ateando fogo e tomando esses minishots. Depois de um tempo, estávamos bem chapados, e quando Saul tomou seu enésimo trago, ele errou completamente a boca e derramou uma bola de fogo azul nas bochechas e no queixo. Do nada, todo o lado esquerdo de seu rosto ficou em chamas e ele se tornou o Tocha Humana. Saul não percebeu imediatamente o que tinha feito e apenas ficou olhando para mim, confuso. Fiquei paralisado de medo, mas instintivamente tentei abafar o fogo com as mãos, antes que causasse algum dano real. Definitivamente, a bebida teve sua parcela de estragos em nós ao longo da próxima década, mas não naquela noite. Saul saiu dessa com um brilho saudável no rosto e eu não percebi nenhuma queimadura em minhas mãos. Tenho certeza de que já tínhamos esquecido tudo isso quando pedimos nossa primeira rodada no Rainbow.

Nossos passeios à tarde eram basicamente pelos mesmos lugares. Também íamos ao Santa Monica Boulevard, depois nos mandávamos para o norte, passando pelo Barney's Beanery, um ótimo bar para jogar sinuca, pebolim e pedir um yakisoba muito bom. Lá também era onde Jim Morrison escreveu músicas para os Doors e Janis Joplin frequentava quando estava em L.A. Na verdade, o artista Robert Crumb imortalizou o Barney's quando desenhou a capa do álbum *Cheap Thrills* para Janis e sua banda, a Big Brother and the Holding Company.

Saul e eu íamos então para a Tower Records para dar uma olhada na cena de lá, depois ficávamos vagando pelo Hollywood Boulevard. A Tower não está mais lá e fico triste toda vez que passo dirigindo pelo velho prédio de tijolos. Algumas coisas, principalmente lojas de discos, não deveriam mudar nunca.

Vasculhando pelas estantes da Tower Records, de Aerosmith ao The Who, sempre ficava sonhando em ter uma banda de rock, ficar com as nossas groupies e viajar pelo mundo. Saul e eu só conversávamos sobre isso. Ele sempre andava com seu violão e estava sempre dedilhando com certa preguiça.

Lembro-me de sair da loja bem quando Benjamin Orr, o baixista do The Cars, chegou dirigindo o seu Rolls-Royce. Ele era o cara mais legal e estiloso do mundo naquela época. Ele era o melhor, sua música era demais e tinha uma linda garota com ele. Ele apenas se parecia como um rock star. Você podia perceber quando via um rock star naquela época, eles se destacavam. E eu sabia do fundo do meu coração e da minha alma que, um dia, eu seria um cara assim.

APRENDENDO A TOCAR BATERIA NO STARWOOD

O Starwood era um famoso clube de rock que ficava na esquina da Santa Monica com a Crescent Heights Boulevard. Van Halen e Quiet Riot tocavam lá direto, assim como bandas menores, como o Y&T e o Quick. Na nossa primeira vez lá, entramos de fininho pela porta. Quando estávamos dentro, demos uma olhada no lugar e fomos direto para a sala VIP, puxamos a cortina e vimos uma banda tocando, chamada London. Lembro-me vividamente de ver Nikki Sixx no palco; seu cabelo era bem espetado mesmo. Ele vestia couro preto e tocava um baixo listrado preto e branco. Era a coisa mais foda que eu já tinha visto, além da aparição de Orr.

Aquela experiência foi tão incrível, tão inovadora, que comecei a ir ao lugar todos os dias, às duas ou três da tarde. Quando as bandas começavam a se ajeitar, eu ajudava a pegar os equipamentos. Comecei a frequentar e logo já era uma pessoa comum ali. Saul não gostava tanto disso como eu, então se tornou uma coisa íntima para mim. Quando as bandas tocavam, eu subia a escadaria que levava ao backstage que as bandas usavam.

Nessa área, entre a parede dos fundos e onde a bateria estava montada, tinha um pequeno espaço, cerca de trinta centímetros. Por ser magrelo, eu conseguia me espremer bem ali. Tinha uma pequena rachadura na parede e, daquele ponto, dava para olhar diretamente para os bateristas. Eu estudava todos os seus movimentos, e foi assim que comecei a aprender as técnicas para tocar bateria, observando os profissionais. Eu estava a trinta centímetros de distância e podia ver tudo. Às vezes o meu pé formigava, ou tinha câimbra nas costas e no pescoço. Não me importava, porque essa era a melhor oportunidade possível. Honestamente, eu acreditava que era abençoado por achar esse lugar secreto, onde parecia que o tempo tinha parado.

CONHECENDO AS BANDAS

Eu saía e conversava com todo mundo. Lembro-me das Go-Go's tocando no final de 1978. Belinda Carlisle tinha a cabeça raspada e era uma garota bochechuda feliz. Ela definitivamente evoluiu nos anos seguintes. Conheci muitos músicos, mas o encontro que tenho mais lembranças é quando conheci Danny Bonaduce. Eu estava viajando com ácido – que era um novo passatempo para mim, mas Saul não gostava muito – e entrei no escritório de administração. Ele estava sentado ali com um monte de cocaína na mesa. Eu estava em um ponto na minha viagem com ácido em que não existia nenhuma barreira entre o que você pensava e o que você dizia, então soltei logo de cara: "Cara, você é o Danny Partridge!".

"Isso mesmo", ele respondeu totalmente sem expressão. Fiquei tão feliz em ver essa pessoa que eu assistia na TV o tempo todo que apenas sorri para ele como um perfeito idiota. Pode ter havido um longo e estranho período de silêncio, mas não me lembro. Sei que uma hora eu já estava do lado de fora de novo, provavelmente para deixar Danny fazer suas coisas.

Depois de frequentar aquele lugar todos os dias, os donos passaram a me conhecer e eu tinha passe livre ali. Esses foram os anos 1970, e eu não podia fazer nada a não ser ver todo mundo despreocupado, curtindo e se divertindo. Mas nem sempre foi assim. Na verdade, algumas coisas ruins e traumáticas aconteceram comigo nesse tempo.

O FIM DA INOCÊNCIA

Os gerentes do Starwood eram homens nos seus 20 e poucos anos. Tudo o que eles queriam eram drogas, transas e festas. Eles eram uns caras hippies brancos e extremamente inteligentes. Todos eram gays e eu era essa presa loirinha e bonitinha. Eles me amavam. Eu não curtia muito isso, mas era jovem e ingênuo.

Eles me davam quaaludes e conseguiam o que queriam comigo. Eu só queria sair para curtir, ficar com as pessoas e aproveitar a vida. Mas quando você é jovem, fazendo suas próprias coisas enquanto vaga pela cidade, muita merda e coisas doidas acontecem. Acabei fazendo muitas coisas que eu nem entendia ou não tinha controle. Olhando em retrospectiva, muitas coisas que aconteceram mexeram com a minha cabeça e pairaram sobre mim por anos, particularmente quando descobri que esses jovens homens morreram de Aids.

Ao andar por Santa Monica a caminho do Starwood, ou indo para a casa de Saul, as pessoas paravam seus carros ao meu lado e me perguntavam se eu queria fumar maconha. Eu respondia: "Porra, claro!". A próxima coisa que se sabe é que você está chapado e estão te tocando em todos os lugares, e você não entende a merda que está acontecendo. Tudo o que você sabe é que um orgasmo é muito bom. Qualquer um pode fazer você gozar e, naquele estado, eu não tinha presença de espírito para me importar com isso. Eu fui usado, abusado, que seja. Vamos ficar loucos. Vamos nos divertir.

Uma vez eu estava andando pelo Boulevard de Santa Monica e topei com dois caras que tinham um visual certinho e com 20 e poucos anos. Começamos a conversar e eles falaram que tinham maconha em casa, então fui fumar com eles.

Chegamos nesse apartamentinho lixo e tinha outro cara lá, só que ele tinha 40 e poucos anos, um perdedor sujo. Na hora fiquei inquieto. Alguma coisa estava errada. Esse cara se levantou e trancou a porta atrás de mim. "Você quer erva, garoto? Bem, eu também quero uma coisa..."

Os caras mais novos já não eram mais tão amigáveis. Eles foram para trás de mim enquanto o perdedor andou na minha direção e passou a mão pelos meus cabelos. Vou poupá-los dos detalhes horríveis, mas eles me machucaram feio. Parte da minha mente apenas desligou e, naquele dia, minha realidade se tornou um pesadelo. Eles não me bateram, mas tudo mais o que fizeram foi devastador.

Eu tinha só 14 anos naquela época. Fui para casa, tirei a roupa e entrei no chuveiro. Só ali percebi que eu estava tremendo muito. Depois de tomar banho, saí e fiquei chapado de verdade. Festa, risadas, seguir em frente... E nunca contar para uma alma sobre o que aconteceu, até agora.

ORGIAS E ORGASMOS

Teve uma época em Hollywood em que a atitude primordial em relação ao sexo e às drogas era ser livre e exposto. Não havia pânico com herpes ou Aids, sem preocupações. Saul e eu frequentávamos a Osco's Disco, em La Cinega, atravessando a rua do Beverly Center.

Claro que não era normal para garotos de 14 anos irem à discoteca, mas a gente parecia mais velho. E mesmo quando pediam a nossa identificação, Saul, que era um artista expert, pegou nossas identidades e alterou as datas para fingir que tínhamos idade válida. A gente nunca tinha dificuldades em conseguir álcool ou em entrar no lugar. Íamos lá quase toda semana entre 1977 e 1978. Tinha uns dez quartos com temas diferentes no local. A maioria era sexo na natureza, com cenários dos banhos públicos da Roma antiga, desertos abertos com dunas ondulantes, uma câmara de dominatrix totalmente equipada, as merdas mais selvagens.

No andar de cima e no de baixo, todo mundo usava cocaína e uma coisa chamada "rush", a droga da moda naquela época. Vinha em uma garrafa e você tinha que remover a tampa e inalar o vapor do líquido enquanto fazia sexo. Aumentando a batida do coração a níveis insanos, o rush deveria aumentar sua experiência durante o orgasmo. Ao longo da noite, fomos em todos os quartos. Foi uma experiência surpreendente. Nunca ficávamos de saco cheio, e se as coisas começassem a ficar mais paradas, pulávamos para o próximo quarto. Não importava, todos estavam cheios de bebidas alcoólicas, drogas e globos de discoteca.

Parecia que quanto mais loucos fossem os espetáculos a que assistíamos, maior era a fome que tínhamos por algo mais selvagem e emoções mais perversas. Nada nos chocava mais. Nossos nervos estavam amortecidos a um ponto em que ficávamos ali assistindo um *ménage à trois* com uma garota atendendo todos os caprichos doentes, só para ser maltratada ao ponto de ser quase um estupro, e a gente pensava: "Tanto faz. Próximo".

CENA GAY

Todos os bares gays ficavam ao longo do Santa Monica Boulevard, e a maioria da vizinhança também era predominantemente gay. Lembro-me de ouvir "Another One Bites the Dust", do Queen, dezenas de vezes durante o dia. O Boulevard era a principal área gay.

E o Starwood era a parada número um para se reunir. A gente vivia lá. Víamos muitas coisas que não veríamos em Cleveland – caras fazendo sexo anal a qualquer custo nos becos, boquetes em outros caras em banheiros públicos. Tudo era feito abertamente e as pessoas adoravam isso. Saul e eu testemunhávamos o clímax cru e desenfreado de uma época muito narcisista, aventureira e cheia de experimentações.

Mas acabei me cansando. Não por causa de nenhum evento em especial, foi apenas a culminação de muitas noites doentias, que ultrapassavam os limites. Eu precisava segurar o ritmo. Tinha enfrentado muitas manhãs acordando no quintal de alguém sem saber como cheguei ali ou o que me levou até lá. Eu fiz o que qualquer judeu fodido faria quando percebe o quão vazio e sem sentido o mundo se tornou. Voltei a morar com a minha mãe para dar uma nova chance à vida.

Liguei para minha mãe e disse que estava com saudades de casa e que queria voltar. As coisas ficaram bem emotivas. No começo ela mal reconheceu minha voz, mas quando ouvi a dela, foi como se um maravilhoso oásis tivesse voltado para a minha vida. Ela falou muito pouco, acredito que não queria que eu a ouvisse desmoronar. Ela me disse para voltar para casa, e isso era tudo o que tinha a me dizer.

MÃE ADLER

Quero falar agora sobre a minha mãe. Nunca odiei e amei tanto uma pessoa como odeio e amo minha mãe. Nunca coloquei outro ser humano sob a tortura e o abuso que já amontoei sobre ela. Nunca magoei ou frustrei outra pessoa tanto quanto arruinei Deanna Adler.

E, ainda assim, nunca conheci ninguém com o coração maior ou com uma capacidade tão grande de perdoar do que minha mãe. Ainda hoje temos nossos conflitos, e continuo a abrigar um ódio por ela que não há proporção com a razão. Ainda assim, nunca dependi ou amei alguém tão profundamente. Deanna Adler esteve lá por mim todas as vezes.

Minha mãe disse: "Eu amo o Steven, mas não gosto dele". E acredito que não dei muita opção nessa questão. Não sou um bom filho e nem sempre sou um bom irmão, mas isso não significa que eu não possa tentar de novo.

No dia em que liguei, minha mãe me deu a maior chance de todas que já havia dado. Com certeza ela não precisava ter feito aquilo. Ela tinha paz na sua casa. Tinha Mel, um marido amável, e Jamie, um filho alegre e doce. Ela tinha uma casa com ambiente feliz e estável, uma vida decente. E, ainda assim, ela arrsicou tudo por mim. Mesmo sabendo que isso o deixaria triste e levaria a uma discussão amarga, ela conversou com Mel sobre mim. Havia anos que eu tinha sido expulso de casa, e eu esperava que o tempo tivesse amaciado algumas das memórias mais duras. Usando as únicas coisas que eu podia imaginar – muito suplício e amor –, ela convenceu meu pai de que eu merecia mais uma chance para voltar à casa deles.

O GRANDE DIA

Saul tinha encontrado uma calça de couro em um lixão perto do prédio de sua avó. Limpamos a calça e ele a me emprestou. Eu era o único garoto usando calça de couro naquela época. Achava que ficava muito legal, principalmente com o meu cabelo loiro e comprido.

Mesmo assim, era um visual que não poderia ser menos popular com os meus pais. Tentei ser otimista sobre a minha volta para casa, e eles também. Jamie estava feliz demais por eu ter voltado e, no primeiro dia, na primeira refeição juntos, eu soube o quanto significava o amor de uma família.

Suas exigências eram mínimas e, em retrospectiva, bem razoáveis. Eles só queriam que eu fosse um filho normal. Pediam para eu chegar em casa às seis horas para o jantar e para ficar em casa à noite durante a semana. Pediam para manter meu quarto arrumado e deixar a cozinha e o banheiro limpos depois que eu usasse.

Quase em seguida houve alguns sinais ameaçadores. Eu me atrasei 45 minutos para o segundo jantar juntos. Culpei o Saul: disse que eu não tinha relógio e pedi para ele me avisar quando fossem cinco e meia, mas ele vacilou e, quando me dei conta do que tinha me falado, já eram seis e trinta.

Droga, eu estava acostumado a nem voltar para casa. Quando cheguei, estava um clima bem desconfortável na mesa. Minha mãe insistiu que me esperassem para comer, e tentou deixar o jantar quentinho no forno, mas o frango acabou ficando muito seco. Tinha gosto de serragem e só servia para aumentar a tensão que ficou no ar.

Minha mãe continuou dizendo: "Por que você não consegue chegar em casa na hora? É tudo o que pedimos. Por que não chega em casa na hora certa?". E Mel também dizia: "Pare de nos magoar. Pare de magoar a sua mãe. Olhe o que você está fazendo com ela. Isso tem que acabar".

Capítulo 5

BATERIA DETONADA, CARA DETONADA, PRESO

MEU PRIMEIRO CONJUNTO DE PELES

Tinha 15 anos e, apesar de irritar meus pais por chegar tarde para o jantar, eu queria que as coisas se acertassem em casa. Então, quando minha mãe disse que havia me matriculado na Chatsworth High School, depois de me ajeitar, fiz o meu melhor para ser um aluno modelo. Isso se resumia à minha habilidade de me dar bem com as pessoas, independentemente de elas estarem na sala de jantar ou na sala de aula.

Durante minha fase em Chatsworth, conheci Dan Scheib. Ele era neto de Earl Scheib, um famoso pintor de automóveis. Dan era um cara legal que tocava guitarra, mas, como ele tinha dinheiro, tinha todos os outros instrumentos possíveis espalhados pela casa. Então, falei com ele sobre me vender sua bateria. Até tentei tocar com ele quando fui ver a bateria. Foi a minha primeira vez atrás dos tambores e realmente não me saí bem.

Dan disse que me venderia a bateria por cem pratas. Mas, quando cheguei para pagar, seu pai apareceu na sala e disse que eu não levaria os pratos a não ser que desse mais 25 dólares a ele. Olhei para o Dan, mas ele estava com os olhos grudados no chão. Não podia acreditar naquilo. O pai dele estava montado na grana, mas não queria saber. Que babaca! Os ricos preferem matar os filhos a dividir um centavo, e o velho Scheib simplesmente olhava para mim como se eu fosse um merdinha de nada, um refugiado do mercado de pulgas para ser forçado a dar a ele mais do que eu havia concordado em pagar.

O que eu poderia fazer? Eu queria um bateria de verdade mais do que qualquer coisa na vida. Então juntei mais uns trocados, levei tudo para casa e a montei no meu quarto. Dar os 25 dólares a mais para o Scheib acabou sendo um completo desperdício de dinheiro. Os pratos quebraram na primeira vez em que toquei. Eram uma porcaria e nem tinham o nome da marca escrito neles.

Sobre a bateria, eu não tinha ideia do que estava fazendo. Eu era ótimo com livros e almofadas, mas agora que tinha um set de verdade, era preciso coordenar um pedal com o outro e as duas mãos. Fiquei pensando: "Meu Deus, o que eu faço agora?". Então, criei essa imagem na minha cabeça: eu estava no Starwood, no mesmo lugar abençoado onde eu havia visto todos os bateristas tocando. Coloquei fitas de oito canais dos Doobie Brothers e do Boston, fechei os olhos e simplesmente escutei. Depois de um tempo, tentei tocar junto direito, porque não queria decepcionar meus fãs.

Ou eu deveria dizer "fã", porque Jamie era a única pessoa ali. Ele era minha plateia. Aos olhos dele, eu não poderia fazer nada errado, e aquilo deve ter ajudado, pois peguei o jeito rapidamente. E, assim como com o seu primeiro carro, você nunca esquece o seu primeiro instrumento. Toquei pra caralho naquela bateria, espancando-a com tanta ferocidade que eu a destruía durante cada treino. Então recolhia tudo e montava de novo. Algumas semanas depois, toquei de novo com Dan Scheib, e quer saber? Os olhos deles saltaram. Dava para ver que ele achava que eu havia melhorado muito.

DETONADO

Na minha primeira semana na Chatsworth High, conheci uma garota chamada Lisa. Ela era uma veterana gostosa e bonita com longos cabelos castanhos, um sorriso enorme, pernas finas e peitinhos lindos. Eu precisava convidá-la para sair. Ela tinha um carro e um emprego, o que significava que era a presa perfeita para um cara como eu. Claro que as regras de minha mãe e Mel ainda valiam, então eu saía escondido do meu quarto depois do jantar e ia encontrar Lisa. Meu coração batia tão forte, uma sensação incrível. Sinto falta disso mais do que de qualquer coisa – os grandes baratos que eu tinha com as pequenas coisas.

Antes que você perceba, a bebida e as drogas cavam seu lugar e substituem o barato natural. Nesse ponto, elas tornam impossível curtir qualquer tipo de alegria, porque você está todo destruído, morto por dentro. Você não tem ideia de como perdeu o contato com prazeres tão simples. Se os garotos conseguissem apenas manter o talento natural para capturar os baratos naturais da vida, as outras porcarias iam desanimá-los. As drogas iam simplesmente entendiá-los, quando comparadas ao barato verdadeiro.

Eu nunca saberia quanto tempo teria durado na Chatsworth, pois fui pego de surpresa apenas seis semanas depois de ter me matriculado. Bem, acho que essa é a minha resposta: seis semanas. A única coisa positiva foi que aconteceu de eu ter ficado lá o bastante para tirar minha carteira de motorista nas aulas de direção. Naquela época, era possível tirar a carteira com 15 anos e meio.

Não esperava por isso. Eu estava em sala de aula no dia em que dois policiais foram até a escola perguntando por mim. Algum cuzão havia me entregado por fumar maconha antes da aula. Que jeito legal de começar o dia: sendo levado de algemas na frente dos meus colegas de classe.

Você nunca esquece seu primeiro beijo, seu primeiro carro ou sua primeira vez no xadrez. Não fiquei puto – OK, talvez um pouco –, estava mesmo era atordoado. Os policiais deram uma de bacana comigo, fazendo parecer como se eu tivesse sido flagrado com 40 quilos de cocaína no meu armário. Depois de passar o que parecia ser um dia inteiro dentro de uma cela, comecei a ficar preocupado. Talvez esses caras estivessem realmente determinados a me usar de exemplo. Com a sorte que tenho, parecia possível que eu pegasse a pena máxima existente por ficar chapado antes da aula. Acabei ficando só umas três ou quatro horas no posto policial de Devonshire, antes de chamarem meus pais. Mas pareceu uma eternidade.

Quando minha mãe finalmente foi me buscar, o capitão da polícia disse que não haveria registro da minha prisão e que eles estavam só querendo me assustar, que era o que eles faziam com novatos, eu acho. Eu, claro, não sabia disso e, quando entrei no carro, exagerei um pouco com o teatro de "por favor, me perdoa, nunca mais vou fazer isso de novo, fui tão idiota". Mas isso não fez tanta diferença, porque Mel já tinha dado sua decisão antes de minha mãe ir me buscar.

Mel disse que de jeito nenhum eu seria bem-vindo em casa novamente, então fui levado para um reformatório em Pasadena. Lá havia todos esses garotos malucos correndo e gritando o mais alto que conseguiam. Nunca tive pena de mim, era só: "Isso é um saco. Vou embora daqui". Então liguei para Lisa e disse: "Mulher, você tem que vir me salvar". Dentro de uma hora, ela estava lá para me buscar, esperando do lado de fora. A mulher que cuidava do lugar surtou, gritando atrás de mim. "Você não tem permissão para sair. Volte aqui. Vou chamar a polícia!"

MEU DESTINO DEFINIDO

Éramos como Bonnie e Clyde. Rimos e rasgamos a estrada. Ainda me lembro da liberdade desenfreada que senti enquanto acelerávamos para longe dali. Naquela noite, percebi que, para mim, lar sempre seria onde eu era amado por aquilo que eu era, e não por aquilo que eu era moldado para ser. Disse para mim mesmo que lar era mesmo uma ilusão. Todos morremos sozinhos e as pessoas que aprendem a ser companheiras de si mesmas são as que têm mais chances de serem felizes.

Lisa era muito legal. Ela sempre topava tudo e eu adorava sair com ela. Dirigíamos para Malibu Beach e estacionávamos nas colinas. Curtíamos no carro, abaixávamos os bancos e os puxávamos para frente. Trepávamos no banco de trás e apagávamos.

Naquele verão, Lisa me levou ao U.S. Festival, em San Bernardino. Fomos no domingo, o dia do heavy metal. O show de abertura era do Mötley Crüe. Eles estavam indo bem em sua trajetória para se tornarem superstars. Lembro-me de estudar todos os movimentos que Tommy Lee fez naquele dia – a maneira como ele contava o tempo para a próxima música; como ele girava as baquetas, como ele as apontava para o público e para os outros integrantes da banda. Aquelas baquetas se tornaram extensões de suas mãos.

Mais importante que isso, estudei a maneira como Tommy sorria naquele dia. Ele estava sempre radiante, isso me deu arrepios. Eu seria daquele jeito. Não aguentava músicos que pareciam sérios demais em cima do palco, como se estivessem com prisão de ventre. Se você quiser ter essa aparência, vá fazer um tratamento de canal. Tocar música é um prazer e um privilégio. Tommy me mostrou o caminho e aquele seria o meu caminho. Obrigado por ser uma inspiração incrivelmente positiva, Tommy.

SEM INDULTO

Só me aceitariam de volta na escola se eu concordasse em conversar com o conselheiro. Ele queria saber sobre o recorrente problema em casa e por que eu estava matando aula. Apesar de Mel e minha mãe terem cedido e me aceitado de volta em casa depois do fiasco do reformatório e do meu fim de semana de férias com Lisa, aquilo não estava dando certo. Era simplesmente impossível e eu disse isso ao conselheiro. Falei: "Minha vida em casa é um saco. Não aguento isso e não consigo ficar aqui. Se você puder me pagar 35 pratas a hora, arrumo um lugar para morar e garanto uma nota seis".

Ele respondeu: "Não posso fazer isso". Então eu disse que não poderia continuar na escola; precisava trabalhar.

Fiquei em casa menos de três meses antes de ser chutado e ter todas as minhas coisas colocadas na calçada novamente. Devia ter pedido para Mel instalar uma porta giratória na casa. Pelo menos, não houve tiradas extras dessa vez. Foi apenas: "Cai fora, babaca".

Não aguentava olhar na cara da minha mãe. Não era como se eu nunca tivesse feito aquilo antes, só não queria vê-la mais. Era o fracasso, o fracasso total, o meu fracasso. Minha recorrente habilidade de foder com tudo abateu meus pais ao ponto de eles passarem pelas emoções sem nenhum sentimento.

Mel e minha mãe colocaram a maioria das minhas coisas no gramado da frente antes que eu chegasse em casa. O pior foi me despedir de novo de Jamie, com seus olhos mareados e as bochechas molhadas, tentando sorrir em meio a tudo isso. Não quero nem pensar nisso. Ele ficou parado no gramado e eu sabia que se eu fosse abraçá-lo, iria desabar. Foi outro *déjà vu*, encher o caminhão de Stormin' Norman para me levar de volta à casa de Big Lilly, com seu um metro e quarenta de altura.

Talvez tenha sido por eu ter acabado com minha última chance, queimado todas as pontes e fracassado com minha família pela última vez, mas essa expulsão foi a mais difícil de aguentar (mesmo eu fingindo que não era nada de mais). Pela primeira vez, senti um arrepio diferente percorrer meu coração, um vácuo emocional que me dizia que eu nunca seria bem-vindo novamente. Tempo nenhum curaria essa ferida; perdão não era mais uma opção.

COMO ESTÁ

Então ali estava eu, de volta à casa da Vovó. Era hora de bajulá-la com vontade, porque percebi que não havia outra rede de segurança. Ela era a única coisa entre mim e as ruas. Mas, quando olhei para seu sorriso sereno, percebi que ficaria bem. Não podia errar aos olhos de Big Lilly e, além disso, ela estava de coração aberto durante esse período. Acho que era porque ela não me via há algum tempo e, com seus escassos poderes de memória, havia esquecido o show de horrores que eu poderia me tornar.

Decidi que faria meu melhor para manter seu bom humor. Dentro de um mês, bajulando e fazendo servicinhos triviais pela casa, havia arrancado dinheiro suficiente dela para comprar meu primeiro carro. Era um Chevy Corvair. Custou US$ 200, "como está". Cara, aprendi o significado da expressão "como está" nos classificados do pior jeito. Comprei de um cara topetudo em North Hollywood. Parecia que ele realmente penteava o cabelo com graxa de motor.

Saí da garagem e peguei a estrada. Eu estava sorrindo, planejando passar pela casa de Saul e impressioná-lo com meu novo possante. Já estava planejando como conseguir dinheiro suficiente para colocar um sistema de som decente nele.

Andei cerca de um quarteirão e meio da casa do sujeito do topete e o carro pegou fogo. Fiquei tão puto que saí e fui embora. Simplesmente o deixei queimando na rua. Era a minha própria chama eterna, uma tocha em tributo a minha estupidez. Mas percebi que as pessoas na vizinhança sabiam a quem ele pertencia, então deixaram que o babaca cuidasse daquilo. Foram US$ 200 que sumiram em um instante.

Do fundo da bondade de seu coração, Big Lilly ficou com pena de mim e me deu seu carro antigo, um Gremlin 1975 azul. O Gremlin foi lançado pela American Motors e é um dos carros mais feios já feitos. Costumava achar que a American Motors só contratava cegos para o departamento de design. De outra forma, como você poderia explicar uma montadora responsável por aberrações como o Marlin, o Gremlin, o Matador e aquele aquário sobre rodas, o Pacer? Não havia como se esconder se a polícia passasse por você. Droga, eles poderiam ver uma ponta de maconha no cinzeiro.

Agora, não tenho ideia do motivo, mas o simples ato de generosidade de Big Lilly deixou toda a minha família alvoroçada. Todos eram contra ela me dar o carro. Mas eles se ressentiam mesmo era por eu ser o preferido dela. Um dia, o irmão de minha mãe, tio Artie, veio e arrebentou toda a fiação do Gremlin porque estava muito puto por ela ter me dado o carro. Ele deve ter feito isso à noite porque, quando fui ligá-lo no dia seguinte, ele não pegou.

O boato sobre quem era o culpado (herói) circulou rapidamente. E, mais tarde, quando o confrontei, ele admitiu friamente. Isso era o tipo de relação maluca típica da minha família. Então qual a maldita chance eu tinha de ser normal quando metade da minha família foi abatida pelos nazistas e a outra metade não aguenta ver alguém demonstrar amor?

Mas no fim ficou tudo bem, porque minha avó trocou toda a fiação do carro e ele passou a funcionar ainda melhor do que antes. E aquela porcaria conseguia correr. Tinha câmbio de chão e motor de seis cilindros que voava. Acho que isso deu à Vovó algum prazer de mostrar que ela não poderia ser vencida.

Mais tarde, Saul escreveu "Road Crew" com spray na lateral do carro. Ele usou o desenho que havia feito de uma garota prendendo uma rosa nos dentes, estilo *señorita*, com os peitos aparecendo livremente. Feito com tinta branca, o desenho ficou foda pra caralho. Mais tarde, ele tatuou aquele mesmo desenho no braço. Ele era um artista incrível. Batizamos aquele Gremlin como Road Crew-zer.

CONSEGUINDO MINHA BATERIA

Agora que tinha um possante, tudo o que eu precisava era de uma bateria profissional e o mundo seria meu. Encontrei uma bateria maravilhosa na loja de música. Mas ela me custaria US$ 1.100,00. Antes de pegar a bateria, eu teria que pagar por ela, então eu voltava na loja toda semana e deixava um pouco de dinheiro até que pagasse tudo.

Na verdade, a loja era uma casa na esquina da Farfaix com a Santa Monica. Saul tinha aula de guitarra todos os dias nesse lugar e eu ia para o espaço das baterias e brincava com algumas, me apegando a elas. O vendedor da loja me ensinou a introdução de "Over the Mountain", do Ozzy. Eu pensei: "Se eu posso aprender a tocar isso, posso tocar qualquer coisa".

Um dia estávamos na loja de música Fairfax, onde Saul estava de olho em uma BC Rich Warlock vermelha, que ele acabou comprando depois. Mike "Flea" Balzary entrou na loja, pegou um baixo da parede e começou a tocar como um profissional, inacreditável. A gente dizia: "Cara, quando você começou a tocar baixo?". Ele riu e disse: "Duas semanas atrás". Era uma merda muito louca. A gente ficou muito impressionado. Antes de formarem uma banda, a gente via os Chili Peppers, Flea e Anthony, saindo juntos pela cidade o tempo todo.

Eu queria tanto aquela bateria que comecei a aceitar qualquer tipo de emprego. Qualquer um. Logo eu estava me virando entre quatro empregos diferentes. De manhã, eu fazia a massa e preparava o molho em uma pizzaria. À noite, recolhia as mesas em um bar e grill country-western e também trabalhava em uma loja de conveniência entre dez horas da noite e seis da manhã, todo fim de semana. Tinha um lugar de burritos próximo à loja de conveniência em que, todos os dias, Saul e eu comíamos um burrito e um taco. Também trabalhava em um posto de gasolina no mesmo quarteirão, entre dez horas da noite e seis da manhã, durante a semana. Eu ficava tão cansado que achava que estava tendo alucinações. Mas apenas seguia em frente.

Eu continuava ouvindo aquela bateria e imaginando o quanto ela ia soar bem. Quero dizer, como eu ia ficar bem tocando a bateria. Finalmente, guardei dinheiro o suficiente para comprar a bateria, mas ainda precisava de mais US$ 700 para comprar os pratos que eu queria. Isso não seria fácil, porque eu estava para ser mandado embora de todos os trabalhos que tinha.

BATERIA NOVA

Minha segunda bateria era uma Tama Rockstar. Ela tinha um bumbo de 26 polegadas, e tons de 18 polegadas, um surdo e uma caixa de madeira. Agora, se eu apenas conseguisse comprar aquelas merdas de pratos... Quando sentei, olhei para a minha bateria como se fosse meu veículo particular para chegar ao topo. Eu sabia que seria bem-sucedido, nunca duvidei de que eu poderia fazer isso. Imaginei que se Van Halen conseguiu, bem... eles comem, cagam, bebem, fodem e batem punheta, assim como eu. Então imaginei que eu também poderia fazer isso.

O rock é como o blues, em que você tem de pagar suas dívidas. Concluí que se eu tivesse um emprego, pagaria minhas dívidas; se tivesse dois, mais ainda. Com quatro empregos, imaginei: "Deus, eu realmente paguei minhas dívidas acima do esperado, e isso quer dizer que vou conseguir isso de um jeito ou de outro".

Algumas vezes, Saul e eu trabalhamos juntos. Quando tínhamos 16 anos, fomos contratados pelo Business Card Clocks. Eles tiravam foto de um cartão de visitas, emolduravam e colocavam um relógio nele. Eu pintava e fazia a moldura e Saul plastificava os cartões depois que estivessem prontos. O fato é que nos contratavam como temporários para os pedidos a mais que eram feitos para os presentes de Natal. Não tem nada que diga "Feliz Natal" como um cartão-relógio de Natal!

Saul também tinha muitos empregos, trabalhando em um cinema em Fairfax, em uma banca de revistas na Farfaix com a Santa Monica e em uma loja de música. Saul nunca ficou muito tempo em um emprego, mas a diferença entre nós era que ele, e não seu chefe, é que decidia ir embora.

O MAIOR TREINO E O MAIS FÁCIL DO MUNDO

Quando finalmente consegui os pratos, eu tinha uma bateria profissional completa que me inspirava a praticar até que eu chegasse a um nível decente. A cada segundo eu não estava trabalhando, mas praticando. Horas e mais horas de exercícios misturados com imitações de baterias de cada parte de músicas que eu amava – de Ozzy a Aerosmith, dos Stones ao Crüe. Coloquei o padrão lá em cima para mim mesmo – queria que tudo ficasse perfeito. Finalmente tinha confiança o suficiente para ligar para Saul e dizer: "Eu consigo fazer isso". Marcamos um encontro, guardei a bateria no Gremlin e dirigi para o La Cienega Park, ao norte de Olympic. Parecia o lugar perfeito, tocar em uma área enorme, do tamanho dos nossos campos de futebol. Arrumei tudo antes de Saul chegar, por voltas das oito horas. Com Saul e alguns dos meus amigos ali, ficou parecido com uma audição. Porra, foi uma audição para os meus amigos, para Saul e para os deuses do rock. Todos estavam lá naquele dia.

Nunca fui tão feliz. Finalmente consegui reunir toda a minha tralha, e arrumei tudo para Saul me ver e tomar uma atitude a partir disso. Toquei algumas batidas, algumas levadas e depois entrei de cabeça, dando o meu melhor. Depois de 25 minutos, Saul estava impressionado o bastante para dizer "Legal!". Desse momento em diante, a gente realmente focou no "Sonho".

Comecei a procurar músicos bem-sucedidos, porque eu queria me cercar de artistas que não eram apenas inspirações, mas que tivessem talento e motivação. Conheci Robbin Crosby, guitarrista base do Ratt, no Rainbow. Depois de uma luta de oito anos contra a Aids, provocada pelo abuso das drogas, ele morreu em 2002. Um cara incrível. Descanse em paz, Robbin.

Robbin era enorme, tinha 1,98 m de altura e era bonito. Ele cuidava de mim e, uma noite, decidiu me levar na casa de Carlos Cavazo. Carlos era o guitarrista do Quiet Riot. QR era demais. Eles tiveram o maior número de vendas de todos os tempos de um álbum de heavy metal, até a minha banda ter essa honra alguns anos depois.

Carlos morava em Laurel Canyon, bem atrás da escola primária. O vocalista e o baterista do Ratt, Stephen Pearcy e Bobby Blotzer, também se encontravam lá. Foi uma noite foda. Ver todos os discos de platina nas paredes foi demais, e eu nunca duvidei de que em breve teria os meus. A gente bebeu e se divertiu a noite inteira. Sempre tinham novas carreiras em uma mesa lisa e brilhante de madeira que ficava na sala. Eu estava ficando louco. Essa era a famosa vida pervertida do estilo rock'n'roll, e era demais.

Depois de uma noite de farra, perdi totalmente a noção do tempo. Perguntei para os caras e Carlos riu e apontou para o relógio. Eram seis horas da manhã. "Merda! Tenho que ir trabalhar!" Naquela época eu trabalhava em uma loja de pôsteres, passando a cola nos versos para colarem os pôsteres em cima.

A caminho do trabalho passei pela garagem de um prédio. Eu estava bem cansado, precisava descansar um pouco. Desci até as fileiras de carros e, depois de uns dois ou três, encontrei um que estava aberto. Entrei no banco de trás e dormi bem rápido. Muito bom... Ah.... Até que... "Que merda você está fazendo?" Era o dono do carro batendo na janela e gritando comigo. Ele estava indo trabalhar de terno e gravata. Acordei assustado e perguntei que horas eram. Ele olhou no relógio e gritou de novo: "Sete e cinquenta!"

Se eu não estivesse tão cansado, teria dado risada; era uma cena muito engraçada: o Sr. Ressaca encontra o Sr. Terno. "Merda, estou atrasado para o trabalho." Saí do carro na frente do empresário assustado e corri para o meu trabalho, só para descobrir que ele não estava me esperando. Tentei explicar o que havia acontecido, que eu estava muito cansado, que sentia muito por ter atrasado tanto, mas eles olhavam para mim como se não me conhecessem. Eu tinha sido demitido.

PENSANDO BEM

Enquanto morava com Big Lilly, dificilmente via minha mãe. O jantar de Páscoa costumava ser na casa da minha tia Greta. Ela era irmã da minha mãe e oferecia uma das minhas poucas chances de estar com a família inteira uma vez por ano. Mas as visitas à minha família raramente duravam. Algum tio falava sobre o meu cabelo ou sobre a minha recente demissão, e eu respondia com algum comentário bem grosseiro. Eles se juntavam contra mim e logo me pediam para ir embora. Minha relação com a família caminhava com dificuldade porque eu não ficava quieto nem aceitava seus insultos. Acho que é por isso que abracei o GNR como a minha família; eles me aceitaram do jeito que eu era.

Se o GNR era a minha família, então Saul era meu irmão. Estávamos bem envolvidos com a nossa música, cada vez mais, ensaiando o tempo todo. Saíamos com um grande amigo do Saul, Matt Cassel. Ele morava na Sunset, pouco acima do Carny's Diner, a birosca de hot dog que parecia um trem. A casa do pai dele ficava ali em cima. Em seu terreno tinha uma enorme árvore que cresceu saindo da lateral da montanha, de frente para a Sunset. Tinha um balanço, duas cordas presas a uma cadeira de madeira. Eu ficava chapado e viajava muito longe. Era muito divertido.

O NASCIMENTO DE SLASH

O pai de Matt é um ator profissional chamado Seymour Cassel. Ele fez alguns filmes incríveis como *Colors – As Cores da Violência*, *Três é Demais* e *Os Excêntricos Tenenbaums*. Saul e Melissa passavam muito tempo com essas pessoas. Quando eu ia até lá, percebia que Seymour sempre chamava Saul de "Slash". Esse era o seu apelido pessoal para chamar Saul e, por algum motivo, aquilo mexeu comigo. Eu não conseguia esquecer isso, porque parecia se encaixar tão bem com Saul. O nome "Slash" deve ter soado familiar para muita gente, inclusive pra ele mesmo. Depois de um tempo, Saul deixou claro que começou a gostar do seu novo nome, e o resto é história. Ele dizia para todo mundo: "Me chame de Slash". E a gente falava: "Slash?... Tá bom". Daquele dia em diante, foi como eu, e logo o mundo, o reconheceria.

Nos anos 80, eu já tinha uma vida no estilo rock'n'roll havia muitos anos. Eu andava descontrolado pelas ruas de Hollywood, curtindo com rock stars, trepando com várias garotas loucas e gostosas. Entrava e saía de vários trabalhos estranhos durante essa época, e gastava todo o meu tempo livre praticando bateria ou indo ao maior número de shows em que eu conseguisse me enfiar.

A essa altura eu já tinha conhecido gente pra caralho. Eu continuava o networking, conhecenho personagens que tinham a vida que eu queria ter. Sempre tive a mente aberta para ver se eles podiam me ajudar com a minha música. Não é que eu estivesse tentando usá-los, mas se eles conhecessem o dono de algum clube, ou se conseguissem um acordo em um estúdio, ou se conhecessem uma casa de penhor onde eu conseguisse um desconto nos pratos, ou qualquer coisa, eu os colocava na minha lista.

Foi devagar, mas, com certeza, eu estava me movendo. Armado com o meu kit Tama, uma atitude positiva e um cabelo novo, cortado e espetado, as portas se abriam à direita e à esquerda para mim. Era por causa da presença que eu trazia a um lugar. Eu agia de acordo e ainda era o melhor baterista da cidade.

PRATICANDO COM A BATERIA

Em dezembro de 1982, encontrei um lugar para alugar na casa do meu amigo Brad Server. Ele era um desses caras surfistas que amavam o sul da Califórnia, o epítome do personagem de Jeff Spicoli, do filme *Picardias Estudantis*. Ele morava com a mãe na mesma rua da minha mãe. Ela tinha uma grande casa com três quartos. Eu ficava muito no quarto de hóspedes por apenas US$ 125 por mês. A mãe de Brad era filha de Curly, meu favorito dos *Três Patetas*. Só os dois moravam lá, e eu podia montar a minha bateria e tocar. Durante o dia, Brad ia para a escola, sua mãe ia trabalhar e eu tinha a casa toda para mim.

Então eu praticava o tempo todo. Lembro-me de tocar *Escape*, do Journey. Eu amava esse disco. Ele tinha o melhor som de bateria, e Steve Smith era bom pra caralho. A essa altura já tocava "Over the Mountain", do Ozzy. Essa foi a época em que tive alguns dos meus melhores avanços na bateria. Fiquei lá por alguns meses e agradeço ao Brad e à sua mãe pela hospitalidade até hoje. Um roqueiro nunca esquece das pessoas que o ajudaram quando ele não era ninguém.

Em janeiro de 83, levei Lisa ao Rainbow comigo. O Rainbow estava para se tornar nossa segunda casa. Não tinha discriminação entre cabelo comprido ou curto, rico ou pobre, famoso ou não famoso, infames, rock stars, roadies, traficantes, executivos de gravadora, posers, seguidores. O lugar aceitava todos nós.

Lisa era o mais próximo que já tive de uma namorada, mas, é claro, eu estava zoando pra caralho por aí. Eu já frequentava o Rainbow há anos, mas nunca tinha levado uma namorada. O Rainbow era um lugar para conseguir garotas, não para levar. Lisa e eu tínhamos uma mesinha, no canto direito ao fundo. Uma hora me levantei para ir ao banheiro e fui parando em cada mesa. Garotas que eu conhecia e que não conhecia me chamavam para me sentar com elas.

Eu estava me divertindo, mudando de uma mesa para outra. Literalmente, fiquei com uma garota diferente em cada mesinha. Então não voltei para a Lisa por um tempo. Quando finalmente voltei, Lisa surtou comigo: "Onde diabos você estava? Fiquei sentada aqui por uma hora!". Como eu expliquei, nunca tinha levado uma garota ao Rainbow e então entendi o porquê. Isso realmente acabou com o meu clima.

Fiquei pensando: "O quê? Eu estava com algumas garotas". Eu não entendia e nem compreendia a ideia de estar em um relacionamento sério. Ela ficou chateada e queria sair dali naquela hora. Enquanto estávamos indo embora, ela gritava a plenos pulmões. Estávamos saindo e ela gritava que eu era um imbecil. Eu estava muito bêbado e, de repente, fiquei muito irritado. Virei e gritei: "Cala a merda dessa boca!".

Estávamos na entrada principal, perto do caixa, quando de repente algum cara enorme me pega, me vira e me dá um soco no rosto. Eu não me lembro de nada depois disso. Mas, quando meus sentidos voltaram, evidentemente entrei no carro e fui para casa da minha mãe.

Canoga Park ficava a uns trinta e dois quilômetros do Rainbow, e eu não tinha absolutamente nenhuma recordação de ter dirigido. Na manhã seguinte, quando acordei, ainda estava no meu carro, que tinha estacionado em frente a casa de minha mãe.

Tinha sangue no banco inteiro, no meu rosto e nas minhas roupas. Foi a primeira vez em que quebraram meu nariz, e a sensação era horrível. Eu não conseguia respirar e, a princípio, tinha dificuldade em focar meus olhos em qualquer coisa que estivesse muito perto. Eu me parecia com Marcia Brady em *Família Sol-Lá-Si-Dó*, no episódio que acertam o nariz dela com uma bola de futebol.

Minha mãe sabia o que fazer. Ela murmurou algo sobre ter que arrumar isso o quanto antes e eu tinha sorte de ter menos de 18 anos, porque o seu seguro de saúde ainda me cobria. Ela me levou correndo para o hospital e fizeram os médicos me atenderem imediatamente. Em 24 horas eles me operaram e, em algum lugar, tem uma foto minha sorrindo na cama do hospital com o nariz todo enfaixado. Mamãe deve ter recebido sobretaxas, porque não muito tempo depois arrebentei meu narigão de novo e precisei de outra cirurgia. Essa foi apenas uma parte do meu corpo que foi esmagada e arrumada diversas vezes nos 20 anos seguintes. Gostaria de agradecer a todos os médicos, enfermeiras, família e amigos que me levaram para fora do campo de batalha e me trataram muito melhor do que eu um dia me tratei. É um milagre eu estar vivo, mas na adolescência eu acreditava que era indestrutível e, provavelmente, nem percebi o autoabuso até a minha primeira overdose.

Capítulo 6
O NASCIMENTO DO GUNS N' ROSES

DE VOLTA ÀS PELES

Gardner Park costumava ser um galpão de armazenamento vazio onde guardavam carros nos anos 1930. Encontrei ali um lugar para montar minha bateria e tocava por horas. A acústica criava uma sonoridade bem John Bonham e o efeito de eco era como o da introdução de "Misty Mountain Hop" – enorme, incrível. O lugar tinha ficado deserto durante anos e a grama brotava pelos frisos nas emendas do chão de cimento. Eu tocava, mas a bateria ficava balançando; era tão instável que o chimbau ficava indo para frente e para trás. Eu tinha dois gongos asiáticos enormes, com mais de 90 centímetros de diâmetro – uma ideia que roubei do Carmine Appice, que tinha a melhor configuração de bateria quando tocava no Beck, Bogert & Appice.

Uma tarde, enquanto praticava, um dos gongos deve ter balançado por causa do piso irregular e caiu. Me virei no pior momento possível e recebi 15 quilos de metal na cara. O impacto me arrancou do banquinho e caí no chão. Tirei minha camiseta e a amarrei no rosto, acima do nariz. Depois, fui direto para o hospital para reconstruir meu nariz.

Nessa época, estava trabalhando no depósito da loja de motos O'Neal, onde eu estampava o logo da O'Neal e números nas camisetas para os motoqueiros. O gerente de lá era um sujeito chamado Mark Marshall, um cara legal e um excelente guitarrista que se parecia com um dos Três Mosqueteiros, por causa do cavanhaque, dos cabelos escuros e longos e do nariz fino e comprido. Acabei sendo mandado embora da O'Neal por sempre chegar atrasado. Mas, quando isso aconteceu, Mark e eu já havíamos nos tornado bons amigos e concordamos em formar uma banda. Então, com um baixista, um cara que acho que era descendente de russos, fomos morar juntos em um apartamento. Mas apesar da vontade genuína de montar uma banda, nossos horários não permitiam que tivéssemos muito tempo juntos.

Consegui outro emprego, mas estávamos todos praticamente quebrados, vivendo sem dinheiro. Lembro-me de comer manteiga derretida sobre arroz cozido todos os dias, durante uma semana. Não tínhamos nem molho de soja. Ninguém sai para comprar molho de soja quando está economizando para ir a um show do Def Leppard.

Em abril de 1983, Mark e eu fomos ver o Def Leppard no L.A. Forum. Apesar de estarmos nos apertando e economizando há semanas, ainda não tínhamos dinheiro para os ingressos. Então fomos para a entrada dos fundos, por onde entravam os caminhões. Tenho uma lembrança incrível de escutar "Photograph" sendo tocada. Depois do show, começamos a ajudar os roadies a colocar as tralhas no caminhão e a banda veio e parou perto do primeiro caminhão. Eles estavam bem do meu lado.

Achei que eles iam nos chutar dali, então pensei: "É agora ou nunca. Tenho que fazer isso". Disse "oi" para Rick Allen e apertei sua mão. Na época, isso foi a maior emoção da minha vida. Não consegui ver o show, mas conheci o Rick. Contei essa história para ele durante um jantar, anos depois.

Mark e eu também vimos várias bandas legais no Chuck Landi's Country Club, em Reseda, que ficava bem próximo do nosso apartamento. Vimos a banda de metal cristão Stryper algumas vezes nesse clube. Eles eram demais, estavam afiadíssimos e levavam muito público. Peguei emprestado alguns dos movimentos do baterista deles, Robert Sweet, que tinha uma bateria enorme que era montada de lado, então eu podia vê-lo tocando.

"The Visual Timekeeper" [O Cronometrista Visual] era como ele se chamava. Ele era o filho da puta com o visual mais legal por lá. A música deles era tão alta e nítida que soava como uma gravação em estúdio; era perfeito. Oz Fox era incrível, tocando guitarra e fazendo vocais de apoio. Ele eram enormes, grandiosos como o Kiss, combinando roupas amarelas e pretas. Deve ter tido muita grana envolvida no show. Eu os vi três vezes e amava a banda. Ei, eu era um fã.

Vimos Joe Perry no Country Club também, durante o pequeno período em que ele não estava no Aerosmith. Coincidentemente lembro que, anos depois, Axl me disse que o primeiro show que ele viu foi do Aerosmith naquele mesmo ano, quando Jimmy Crespo era o guitarrista e Axl achava que os seus solos eram uns dos melhores que já tinha ouvido. A banda Rose Tattoo abriu o show, chamando a atenção de Axl e o inspirando mais tarde a tocar em nossa banda o clássico "Nice Boys".

CAVANDO BEM FUNDO

Depois de alguns meses morando naquela casinha, decidi voltar a morar com a Vovó. Era ótimo ir a todos os shows, mas a banda que eu tinha a intenção de fazer com Mark e o outro cara não estava indo a lugar nenhum. Então era Slash e eu, os dois de volta na casa das nossas avós, trabalhando em qualquer emprego estranho que a gente conseguisse. Esse era outro ponto ruim para mim emocionalmente, mas gerou um tipo de desespero latente bem lá no fundo, um desejo feroz e ardente de fazer essa porra acontecer. Slash e eu reunimos e aglomeramos músicos selvagens em busca da banda definitiva. Tinha um imediatismo tremendo na nossa música agora e, pela primeira vez, ensaiamos juntos regularmente. Começamos a tomar mais forma, e foi naqueles primeiros dias que nosso som e estilo começaram a se unir musicalmente. Tocávamos juntos sem parar, com volume e orgulho. Fazíamos os deuses nos ouvirem, se sentarem e tomarem conhecimento.

Um dia andávamos em frente ao Roxy, quando achei um flyer no chão. Tem um milhão de flyers de bandas pela Sunset, a qualquer hora, mas esse chamou minha atenção. Era de uma banda que eu nunca tinha ouvido, chamada Rose, e eles tinham um show no Gazzari's na próxima terça. No flyer tinha a foto de dois caras juntos. Eles definitivamente tinham o visual, a imagem certa, tão importantes para a cena de rock daquela época.

Mesmo que eu nunca tivesse ouvido falar deles antes, imediatamente tive um pressentimento de que eles tinham potencial de superstars. Mostrei o flyer para o Slash e logo depois disse: "Eu juro, se a gente pegar esses caras e um baixista bem legal, vamos ter uma banda de arrebentar!". Slash balançou a cabeça devagar, acho que só pra brincar, mas depois sorriu. Naquela hora acredito que ele soube que eu estava tramando algo.

Na terça seguinte, fomos ver o show do Rose. Chegamos por volta de seis horas. Havia muitas bandas tocando, então tinha entre cinquenta e setenta e cinco fiéis de cada banda durante cada set. O palco era dividido para que tivessem três bandas prontas em qualquer momento. Os cara do Rose estavam no palco, no canto direito.

Foi um evento longo, banda atrás de banda, umas doze. O Rose conseguiu tocar só três músicas. Fiquei sabendo que os caras que estavam no flyer que chamou a minha atenção eram o vocalista Axl Rose e o guitarrista Izzy Stradlin, dois amigos de infância de Indiana. Eu achava que eles tinham um visual legal e que até os nomes eram descolados. Eles tinham um cara chamado Rob Gardner tocando bateria, mas não fiquei tão impressionado com ele.

O nome do baixista era DJ. Acredito que ele ajudou a compor "Move to the City", uma das músicas que eles tocaram. Ele era magrelo e tinha o cabelo longo e preto, um cara bonito no estilo rock'n'roll. Mas ele só ficou na banda por poucos meses.

Alguns dias depois conheci Lizzy Gray. Eles moravam no mesmo prédio. Izzy e Lizzy tinham tocado juntos na banda London por um curto período. Claro que o London já era conhecido por lançar a carreira de Nikki Sixx.

Izzy parecia um jovem Ron Wood, com aquele rosto magro e com formato angular, perfeitamente moldado pelo cabelo liso preto que caía em seu queixo, fazendo o seu rosto parecer ainda mais fino e alongado. Ele curtia heroína, assim como Ron Wood e Keith Richards, seus heróis dos Rolling Stones (Woody entrou no lugar de Mick Taylor quando os Rolling Stones gravaram *Black and Blue*, em 1976). Ele tinha sapatos plataformas de solas grossas e sempre vestia calças pretas com um tipo de camiseta bem apertada. Parecia mais com a sua sombra do que com ele mesmo e, para mim, era a personificação do descolado. Izzy e eu nos demos bem desde o começo. Nós dois vimos algo um no outro. Talvez fosse só o jeito como a gente conversava sobre música. Ele era o guitarrista base consumado. Eu amava os acordes sólidos e poderosos que ele criou nas músicas do Rose.

O apartamento de Izzy ficava no final da Sunset com a Palm Avenue, perto da Tower Records. Era um quitinete com uma cozinha pequena e um banheiro minúsculo. Estávamos juntos lá pela primeira vez, quando pedi para nos reunirmos para tocar. Ele achou legal a ideia e me deu sua fita demo para ouvir lá mesmo. A capa tinha a mesma foto do flyer e o cassete tinha três músicas: "Shadow of Your Love", "Move to the City" e "Reckless Life". Não consegui ficar com a fita porque Izzy só tinha duas cópias.

Já que o Rose tinha acabado de mandar embora Rob Gardner, ou estava pensando em demiti-lo, combinamos de tocarmos juntos para eu aprender as músicas. Mais tarde, naquela noite, saí e fui para a casa da minha amiga Sue; por coincidência ela morava do outro lado da rua. Sue era uma garota muito doce, muito tranquila, e sua casa se tornou um conhecido pit stop para festas.

CONHECENDO AXL

Uma vez, quando estava indo embora da casa de Izzy, topei com um cara rock'n'roll magrelo, pálido como um fantasma e com o cabelo comprido e laranja. Ele estava vestindo uma camisa azul-clara desabotoada, mostrando suas costelas, que estavam pulando pra fora como as de um cachorro faminto. Nos conhecemos no meio da rua; não o reconheci de primeira, mas quando dissemos "oi" me dei conta de quem era. "Cara, você é aquele vocalista foda que vi tocar no Gazzarri's. Achei você demais."

Ele sorriu e disse: "Obrigado". Ele parecia humilde e agradável. Foi a primeira vez em que falei com Axl Rose. Aparentemente ele frequentava a casa de Sue e saía muito com Izzy.

O Rose estava ensaiando do outro lado da rua, no estúdio Selma, que tinha as salas mais baratas, tipo US$ 5 a hora. Era um ótimo negócio, mas o lugar era um buraco de merda. O prédio era velho, com maçanetas quebradas, janelas emperradas, banheiros fedidos, piso chiando e paredes rachadas, mas você tem o que paga. Fui analisar a situação com Slash, porque naquela época não achava que eles queriam outro guitarrista. Era só Izzy, DJ e eu. A primeira música que toquei com eles foi uma que Izzy compôs chamada "Shadow of Your Love".

Axl se movimentava enquanto passávamos a música. Sem perder uma batida, ele agarrou o microfone no meio da música e começou a correr de uma parede para a outra, gritando e gemendo como se alguém tivesse colocado fogo nas suas calças. Nunca tinha ouvido aquele som na minha vida. Era como se fosse uma pessoa de outro mundo. Fiquei amarrado. Lembro que meus olhos saltaram um pouco e meu coração disparou; fiquei pensando em como esse cara era insano e original.

Acredito que o ensaio foi bom, e depois, quando sentamos e ficamos conversando, eu disse: "Vocês precisam conhecer o Slash. Ele é foda!". E foi aí que tudo começou a tomar forma, como se estivéssemos destinados a conhecer um ao outro, da forma como tinha que ser.

Voltei para o apartamento e contei para o Slash: "Cara, eles são ótimos, são totalmente originais, muito legais e querem te conhecer". Slash fez um grunhido indiferente, que você tem que entender que, no modo de o Slash falar, era uma resposta positiva. Na noite seguinte, eu o levei para a casa do Izzy, só para sair e ver se a gente se daria bem. Ficamos bebendo cerveja, tomando várias, conversando mais sobre bandas que a gente amava. Axl estava mais falante do que da outra vez que saímos. Ele falava sobre como estava gostando do Dan McCafferty, o vocalista do Nazareth. Eu conhecia os álbuns *Razamanaz* e *Hair of the Dog*, que tinham algumas músicas fodas. Se você escutar McCafferty gemendo, vai entender por que Axl gosta dele. Ele conseguia rasgar uma música e colocar a sua marca distinta nela, como se a sua voz fosse mais um instrumento. Todos os melhores vocalistas conseguem isso; fazem com que suas vozes sejam uma parte única e indispensável do som geral da banda. Como você substitui Robert Plant, Freddie Mercury, Steve Tyler? Ou Axl, que estava para ser descoberto?

Izzy estava tocando sua guitarra e deixou Slash dar uma olhada. Slash apenas olhou para o braço por um segundo e depois rasgou uns solos legais, mas nada muito exibicionista, apenas brilhante. Sem dúvida era algo bem dele. Izzy e Axl ficaram impressionados o suficiente para mandar Slash ir pegar a sua guitarra. Foi legal ter visto isso, e todo mundo podia sentir que a temperatura ali estava subindo. Slash fez isso e logo estávamos tocando juntos por mais umas duas horas.

Naquela noite, o que aconteceu foi apenas um entrar na vida do outro, sem saber o que ainda tinha pela frente. Eu desejava poder dizer que era como um raio, mas a verdade é que era apenas um reunião para ver o que poderia germinar. Axl foi o que menos falou de todos nós naquela noite, mas Izzy sugeriu que nos reuníssemos novamente, e a liguagem corporal do Axl definitivamente indicava que ele aprovava.

No dia seguinte, voltamos ao estúdio. Izzy estava totalmente convencido da ideia de ter outro guitarrista. Ele podia se libertar mais tocando com alguém como o Slash. Izzy é muito rítmico, um artista amante das cordas, e Slash é um solista natural, então eles se conectavam de um jeito realmente benéfico e complementar, fortalecendo seus estilos ao permitir que cada um focasse no que amava.

Nós tocávamos basicamente aquelas mesmas três músicas: "Shadow of Your Love", "Move to the City" e "Reckless Life". Então brincávamos com umas do Aerosmith e dos Stones. Ficamos juntos durante alguns dias e, sempre que tínhamos dinheiro, nos encontrávamos para tocar em estúdio.

O Rose – ou Hollywood Rose, como éramos chamados na maioria dos flyers – tinha duas datas com as quais eles já haviam se comprometido, então Slash e eu nos juntamos a Izzy e Axl como o "novo" Hollywood Rose, sem muito alarde. O primeiro show foi no Madame Wong's East, em Los Angeles. Depois, tocamos no Troubadour em 10 de julho de 1984. Esse dia foi a primeira vez em que minha família me viu tocar.

NOSSOS PRIMEIROS SHOWS JUNTOS

Minha mãe, meu pai e meu irmão Jamie apareceram para a grande noite. Para mim, era ótimo que eles vissem que eu estava fazendo outra coisa além de ficar chapado. Ver a expressão em seus rostos foi uma experiência incrível para mim. Eles me disseram que adoraram e ficaram animados por mim, apesar de minha mãe dizer que ficou surda por três dias após o show. E pobre Mel, ele queria ir embora depois da primeira música, mas se esforçou e ficou durante todo o repertório. Quanto ao Jamie, ele disse que foi uma das melhores noites de sua vida.

Tocamos novamente no Troubadour em 29 de agosto de 1984. Também tocamos em algumas festas locais. Uma delas foi na verdade uma puta festa de estudantes em um apartamentinho em Highland. Todos estavam espremidos em um quartinho que era tão pequeno que Axl precisou cantar sentado no bumbo da bateria. Também tocamos em uma festa no Shamrock Studios, que ficava na esquina da Santa Monica com a Western. Eles faziam as festas mais insanas lá. O finado El Duce, da banda punk Mentors, aparecia lá de vez em quando. Slash e eu pirávamos nele. Ele era insanamente assustador.

Lembro-me de assistir a um show do Mentors em que uma mina estava fazendo um boquete nele em cima do palco. E ele nunca deixava de nos surpreender nas festas. El Duce era *o mais pirado*. Uma vez, ele tomou uma garrafa inteira de Jack Daniel's na nossa frente. Ele arrancou a tampa de uma garrafa lacrada e a secou, entornou aquilo como se fosse água. Havia poucas pessoas ao redor dele e dissemos "Sem chance. Ele não vai aguentar. Ele vai cair de cara no chão", mas ele aguentou firme. Em vez disso, depois de virar a garrafa, ele a quebrou na cabeça. Nunca tinha visto um filho da puta mais maluco, mas a bebida finalmente cobrou seu preço quando ele, bêbado, foi fatalmente atingido por um trem. Alguns acreditam que ele foi empurrado para os trilhos, mas nunca saberemos.

Por um curto período, Izzy saiu para o que virou uma rápida passagem por outra banda, o L.A. Guns. E o Hollywood Rose virou eu, Slash, Axl, um guitarrista chamado Jeff e um outro baixista, um cara francês. Slash fez um desenho da nova formação para o flyer de um dos nossos shows, que aparece no disco *Live Era*. Não houve drama quando Izzy saiu, porque estávamos numa fase inativa, festejando mais do que tocando. O desenvolvimento da banda foi bem lento, indo e vindo por meses.

Mais do que qualquer coisa, éramos bons amigos andando pela Strip atrás de garotas. A conversa era como a de qualquer outro grupo de rapazes. Onde estavam as garotas, as festas, os melhores lugares para descolar uma trepada? Quem tinha dinheiro, quem tinha bagulho (sempre tínhamos, mas nunca admitíamos) e o que faríamos depois? Havia algum papo sobre música, mas a maior parte desse diálogo acontecia quando estávamos realmente tocando.

Saíamos muito. Sempre estávamos na casa de alguém ou no estúdio. Mas o mais importante disso é que, independentemente de estarmos plugados ou não, de termos planejado ou não, sempre *estávamos juntos*. Quando não estávamos juntos era porque estávamos com garotas. Slash começou a namorar uma bela gata de cabelos escuros. Conheci essa mina chamada Loretta, que morava em frente ao Whisky. Consumamos nosso relacionamento imediatamente.

Loretta e eu estávamos juntos havia mais ou menos uma semana, quando, uma noite, ela disse que tinha uma surpresa para mim. Ela estava dirigindo pela Hollywood Hills em seu Dodge Pinto 76. "Conheço um cara divertido que mora por aqui."

Perguntei: "Quem?".

"Bob Welch."

"Bob Welch!", gritei de volta, excitado. Welch foi membro do Fleetwood Mac até 1974 e fez uma ótima carreira solo após *Heroes Are Hard to Find*, seu último disco com o Mac. Dois de seus maiores hits foram "Sentimental Lady" e "Ebony Eyes". Na verdade, "Sentimental Lady" foi uma música que ele gravou com o Fleetwood Mac no disco *Bare Trees*. São duas lindas canções de amor e, desnecessário dizer, eu estava doido para conhecer o cara.

Pobre Loretta, não fazia ideia de que Bob teve uma overdose de heroína alguns dias antes e estava no hospital naquela época. Seu amigo Ted estava ficando na casa dele e nos convidou para entrar. Bob tinha uma casa muito aconchegante e estilosa. Estávamos conversando na sala de estar quando Ted pegou um cachimbo de vidro que estava sobre a mesa. Parecia uma lâmpada elétrica com duas hastes saindo dele. Ele passou o cachimbo para mim. Eu o segurei em minhas mãos, olhei dentro dele e vi uma coisinha branca. Pensei: "Ah, cocaína". Acendi o cachimbo e inalei, sem medo. Me senti *incrível*, completo e em total euforia. Achei que era a melhor tragada que eu já tinha experimentado. Mas não era. Coca de alta qualidade teria sido uma bênção suave se comparada a essa viagem. Se aquele cachimbo fosse um revólver carregado, não poderia ter feito um estrago maior.

Eu tinha inalado crack e exalei minha – em breve – alma destruída. Foi a primeira vez que fumei aquela merda. Enquanto ficava sentado ali, uma urgência incrivelmente poderosa tomou conta de mim. Nunca tinha sentido uma necessidade tão extrema de ficar chapado de novo. Imediatamente. *Agora*. E isso foi só dez segundos depois daquela incrível tragada. Tudo que eu sabia e que me importava era que eu queria que aquela sensação durasse mais tempo. Então continuei a fumar o cachimbo. Não sabia disso na época, mas naquele exato momento eu provei o início do fim.

LENNON ODIAVA CHEIRAR

John Lennon uma vez disse que cocaína era uma droga idiota porque o único motivo para usá-la é usá-la de novo. Coca faz com que você se sinta um novo homem. Infelizmente, a primeira coisa que esse novo homem quer é cheirar mais. Lennon conseguiu se afastar da cocaína depois de seu famoso "fim de semana perdido" em L.A. com Harry Nilsson, em 1974. Ele voltou para Nova York, pediu perdão a Yoko e encontrou a felicidade no edifício Dakota. O amor de John e Yoko era mais forte que a coca. Sean Lennon nasceu no ano seguinte e a nova viagem de John era ser um "marido do lar", criando seu filho durante os cinco anos seguintes. Esse é um exemplo perfeito de achar sua viagem natural para substituir as drogas. Para mim, essa é uma das mais bonitas histórias sobre o poder do amor em toda a humanidade. Queria que o exemplo e a força de vontade de Lennon tivessem me inspirado a largar a cocaína naquele momento. Mas eu era fraco e faminto pela viagem dos sonhos.

Loretta uma hora disse que queria ir embora. Disse a ela que eu não ia a lugar nenhum. Eu estava fumando aquela merda e inalando aquilo sem parar com uma urgência suicida para manter o barato. Fomos para o quarto de Ted, onde ele tinha uma antiga garrafa de uísque. Ele tirou o lacre e serviu uma dose para cada um de nós. Loretta continuou me enchendo para irmos embora. Finalmente, eu disse: "Olha, estou me divertindo. Se quiser ir, vá". Ela foi e nunca mais a vi novamente. Ela sabia que era um caso perdido. Sabia que *eu* era um caso perdido.

Enquanto isso, eu estava pensando: "Isso é demais. Não estou gastando nem um centavo do meu dinheiro". Ted estava me viciando só para passar o tempo. E a tristeza adora companhia. Dois tristes viciados em droga alimentando os hábitos um do outro. Em algumas semanas, havia montado minha bateria sobre um carpete na garagem do Welch e me mudei para lá.

APRESENTANDO O MR. BROWNSTONE

Logo depois de ter montado minha bateria, Ted me levou ao estúdio particular de Bob. Era uma maravilha, com uma bela mesa de som e acústica perfeita. Ted apontou para um enorme monte preto e gelatinoso na mesa de mixagem. "Essa é a merda que levou o Bob para o hospital", disse.

Perguntei: "Que porra é essa?". Não fazia ideia.

Ele disse: "É heroína. Você pode injetar ou fumar".

Ted tirou um pedacinho dessa meleca preta do monte e a colocou num pedaço de papel alumínio. Ele tinha um canudo plástico na boca, segurou o papel alumínio e, com a outra mão, acendeu um isqueiro sob ele, aquecendo-o até que a substância preta borbulhasse. Uma fumaça espessa apareceu. Ele a inalou pelo canudo e me ofereceu.

Fiz o mesmo que tinha feito com a pedra de heroína e, claro, não tive medo. Dei um trago e exalei uma enorme quantidade de fumaça. Me deu um certo barato e me senti um pouco zonzo. Estava dando outro trago quando, de repente, meu estômago embrulhou. Joguei a heroína e corri para o banheiro. Eu podia ouvir a risada de Ted se afastando atrás de mim. Me ajoelhei em frente à privada e senti minha cabeça girando. Estava extremamente nauseado e fiquei tão enjoado que acabei vomitando a noite inteira. Aquela coisa não me atraiu nem um pouco.

Eu tinha conhecido uma garota uns dias antes e estávamos nos vendo de vez em quando. Liguei para ela, que veio e bancou a enfermeira. Ela realmente me ajudou, cuidou de mim pelo resto do dia em um dos quartos.

Contei para o Izzy no dia seguinte: "Cara, eu fumei essa merda ontem à noite e fiquei fodido". Ele perguntou onde estava e eu disse: "Sei lá, joguei perto da minha bateria". Antes que pudesse desligar o telefone, Izzy estava na porta da frente com uma garota. "Então, cadê o bagulho?", ele perguntou, e eu apontei para a garagem. Eles foram até lá e encontraram o negócio perto do estande de prato.

Alguns minutos depois, quando ia sair para buscar cigarros, vi Izzy levando a garota para fora. Parei o carro e baixei o vidro. "Qual o problema com ela?" Olha só, *eles tinham acabado de chegar*. Izzy disse: "Ela vai ficar bem, ela vai ficar bem". A garota estava um trapo, definitivamente não estava bem. Ela deve ter injetado e apagou, tipo, *bum*. Ele estava arrastando-a para fora da garagem para tomar um ar. Foi a primeira vez que Izzy me visitou na casa de Bob.

Oi. Cadê a heroína? Tchau.

Alguns dias depois, Izzy trouxe seus equipamentos e tocamos juntos. Eu adoro o Izzy. Ele é a definição de cara legal e éramos realmente bons amigos. Ele começou a ir com mais frequência e tocávamos juntos o tempo todo. Naquela época, ele não estava mexendo no cachimbo de crack, mas encararia esse demônio em breve. Fosse pela presença de drogas ou pelo novo lugar para tocar, não importava para mim. Izzy era um cara legal de ter por perto e eu estava feliz de dividir essa situação agradável com ele.

WELCH TEM ALTA

Algumas semanas depois de eu me acomodar, Bob Welch teve alta do hospital. Quando o conheci, ele era um cara magro, careca na parte de cima da cabeça. Ele havia deixado seus cabelos desgrenhados crescer e sem pentear. Na maior parte do tempo, ele usava um chapéu, meio de lado, como uma boina francesa. Acho que Ted tinha contado a ele sobre a minha estada em sua casa, porque Bob nunca teve problema com isso e me aceitou abertamente.

Ficávamos juntos, ele me mostrava vídeos de alguns de seus shows – minhas aulas particulares de rock'n'roll – e contava todas as suas histórias loucas. Assistimos a fitas dele tocando no Cal Jam Festival, em 1974, onde ele é simplesmente um gênio do caralho. Ele cantava e tocava guitarra brilhantemente. Ouça isso nos discos *Bare Trees* e *Mystery To Me*, do Fleetwood Mac. Isso era quando a banda ainda mantinha suas raízes do blues e Bob escrevia e cantava letras incríveis, como "Hypnotized" e a já mencionada "Sentimental Lady".

Apesar de ter acabado de receber alta do hospital por overdose, ele voltou a fumar coca e heroína imediatamente. Para evitar a tentação e limpar um pouco minha cabeça, saí por alguns dias e dormia em sofás na Sunset. Estava claro o que eu precisava fazer. Eu tinha chegado (de novo) ao ponto em que não reconhecia mais o cara no espelho. Quando isso aconteceu, soube que era hora de mudar o cenário. Isso foi um tipo de mecanismo interno de segurança que me ajudou naquela época, mas, um dia, ele falharia quando eu mais precisasse.

Decidi tirar minhas coisas da casa de Bob e ir embora. Percebi que estava lá havia dois meses, festejando, fumando coca todos os dias e fazendo pouca coisa diferente, mesmo com toda a estrutura de estúdio disponível. Quando me mudei, Izzy estava lá, queimando o papel alumínio para Bob. Ele só me deu uma olhadela dolorosa enquanto eu pegava minhas coisas, mas estava tudo bem entre nós.

Izzy não tinha nada a ver com a minha necessidade de ir embora dali, assim como eu não tinha nada a ver com a permanência dele. Também foi assim com Duff, Slash e Axl – todos tínhamos vidas completamente independentes. Nenhum de nós nunca tentou impor nada para os outros. Estávamos ocupados com nossos próprios universos, fazendo nossas coisas e, ocasionalmente, se fosse para acontecer, nossas órbitas se alinhavam novamente.

Capítulo 7
A FORMAÇÃO ORIGINAL

DE VOLTA À VOVÓ

Era hora de voltar à casa da minha avó. Lá sempre foi o lugar onde eu podia recuperar minha sanidade. Era meu refúgio, um lugar simples para tomar um banho e comer algo. Eu tinha uma mochila com algumas camisetas velhas e minha bateria. Só isso. Não usava cueca. Tinha três calças e algumas camisetas, a maioria de shows: Aerosmith, Kiss e Queen. Era muito fácil, para mim, fazer as malas e ir a qualquer lugar, a qualquer momento. Ainda continuo assim. Posses são correntes que, com o tempo, te prendem e te destroem. Minha bateria e camisetas; qualquer outra coisa só me atrasa.

Depois de alguns dias na casa da Vovó, descolei o melhor emprego na loja de bebidas na esquina da Sunset com a Doheney. Trabalhei lá por cinco meses, ganhando seis pratas por hora e ótimas gorjetas. O dono, Sid, era um cara engraçado. Ele era esquisito e sempre festejava bastante. Eu tinha o carro Road Crew-zer e entregava bebidas, comida e cigarros para os clientes dele, a maioria em grandes terrenos em Beverly Hills.

Várias vezes, eu entrava e agarrava as mulheres mais velhas. Frequentemente, eu acabava bebendo a birita que tinha ido entregar. Cheirávamos coca e fumávamos erva. Eu tinha só três ou quatro pedidos, o que um entregador comum faria com rapidez, mas eu não. Geralmente, voltava para a loja depois de algumas horas.

Fiz uma entrega para uma gostosa, Laurie, que trabalhou no Rainbow por uns 20 anos. Ela era uma mulher de classe, uma loira realmente bonita. Morava bem atrás da loja, e eu levava coisas para ela quase todas as noites. Ela era realmente um amor. Olhando para trás, fiquei amigo de quase todo mundo na minha rota de entregas.

Às vezes, eu ia à casa de Sid. Era uma casa grande e legal, coberta de fotos dele com grandes estrelas, como Frank Sinatra. Ele tinha um cofre embaixo da cama, coberto por carpete. Lembro-me que ele o abriu uma vez e vi um enorme frasco de quaaludes, um pacote do que parecia ser fumo do bom e um enorme maço de notas de dólar. Ele gostava de garotos, então sempre tinha um bando de seus amiguinhos andando por ali de sunga.

Ele me provocava sexualmente, com jeitinho, mas não tinha a menor chance de eu ser um de seus brinquedinhos. Nunca me senti ofendido por nada que ele tenha dito. Ele sabia que eu não gostava da mesma coisa que ele e pronto. Ele era uma figura e tanto: um cara mais velho, ficando careca, que lembrava o clássico ator de cinema Edward G. Robinson, um homem corpulento bem-sucedido que não dava a mínima para sua aparência desleixada e fora de forma. Ele trabalhou pesado na juventude e a loja significava tudo para ele.

DEMITIDO DE NOVO

Não pude acreditar quando fui demitido de lá. Em um domingo ensolarado, voltei de uma entrega, quando não estava muito cheio. Eu estava chapado e morrendo de sede. Entrei no refrigerador, porque além de entregador, também cuidava do estoque. Enquanto eu estava lá, coloquei um pouco de vinho em um copo plástico e bebi tudo. Aquilo fez eu me sentir melhor. Saí do refrigerador e fui para o caixa. "E aí, alguma ligação? Alguma coisa aconteceu?"

O caixa agarrou o copo da minha mão, deu uma fungada e disse: "Isso é álcool!".

Olhei para ele e falei: "Ah, é?". Pelo amor de Deus, não foi a primeira vez que eu estava com cheiro de álcool.

Ele olhou feio para mim, como se tivesse matado a minha mãe, pegou o telefone e ligou para Sid, que não tinha outra escolha a não ser me demitir. Estava claro que esse caixa-detetive e nerd estava determinado a fazer isso. Eu meio que entendia, o Sid não precisava desse aborrecimento. Fiquei bem desapontado em perder aquele emprego.

Entretanto, nos dias seguintes, a vida continuou. Saía pelas ruas com garotas engraçadas que conheci em clubes masculinos exóticos. Elas eram strippers, então tinham dinheiro e um teto. Eu sempre tinha um lugar para dormir, mas nunca me apeguei a nenhuma delas, elas eram legais para se divertir. Eu topava com Slash de vez em quando, mas, naquela época, ele estava em um relacionamento sério com uma gostosa de cabelo bem preto. Nesse tempo, a gente não estava tocando muito juntos, apenas amando a vida. Não sentíamos muita falta de tocar. Em breve chegaria a hora de tocarmos juntos novamente, e o tempo estava do nosso lado.

DUFF É O CARA

No outono de 1984, marquei outro show muito decente. Fui morar com um baixista e um guitarrista, Jeff e Todd. Jeff tocava guitarra e morava com o pai, que tinha uma casa muito bonita com quatro quartos em Granada Hills. Só de tocar com eles já era legal o suficiente, mas eu também tinha um quarto lá. A garagem foi transformada em um estúdio no qual eu tocava bateria com esses caras. Podíamos ensaiar todos os dias e eu tinha um lugar livre para viver. Eu não poderia estar mais feliz.

Eu tinha tudo de que precisava, mas a banda não conseguia nenhum show. Ninguém tinha iniciativa. Depois de dois ou três meses, era a hora de seguir em frente. Tudo o que eu queria fazer era sair e tocar junto o máximo que conseguisse com outros músicos. Comecei a me sentir frustrado e todos os dias sentia um desejo insano de tocar.

Se eu queria ser bom nisso, sabia o que tinha que fazer. Novamente me juntei com Slash e decidimos fazer nosso projeto – sempre discutido, mas ainda não materializado – Road Crew acontecer. Chamamos nosso velho amigo Ronnie Schneider para tocar baixo. Ele tinha um visual legal, tocava bem e era meu amigo de longa data. Tem uma foto do Ronnie no álbum *Live Era* em que ele está tocando perto do Slash. Ele é o loiro com o cabelo todo armado.

Logo Ronnie nos deixou para entrar em outra banda, então colocamos um anúncio no *Recycler* dizendo "Procuram-se músicos". Recebemos uma ligação de um cara falando que era de Seattle. Ele explicou que costumava tocar bateria em uma banda punk, mas como tinha muitos bateristas em L.A., ele fez aulas de baixo. Custava dinheiro para alugar um estúdio, então decidimos que deveríamos guardar nosso dinheiro e conhecê-lo primeiro para ver se ele era um cara legal e também qual era o seu estilo. A imagem era importante e, se achássemos que alguém era maneiro e que podia tocar decentemente, acertaríamos em cheio. Se ele não se encaixar... Próximo.

Decidimos conhecê-lo no lugar que eu pessoalmente considero ser um marco do Guns N' Roses: Canter's Deli, em Fairfax. Slash conhecia o filho do dono, Marc Canter. Ele tem a nossa idade e administra o lugar agora. Slash e eu íamos todos os dias à loja para comer *meat knishes* [um tipo de empanada] com molho de carne por um dólar, era muito gostoso. A foto na parte de trás da capa do disco *Live!? Like a Suicide!* foi tirada em um beco atrás do Canter's.

Marc acabou tirando fotos da banda em nossos shows. Ele era um cara esperto, artístico e compassivo. Nos sentíamos confortáveis em confiar nele para tirar fotos "por trás das câmeras" do GNR. Sabíamos que ele não comprometeria nossa confiança, não venderia para uma merda de tabloide ou deixaria vazar qualquer coisa que não aprovássemos. Marc e eu ainda somos próximos até hoje.

CONSTRUINDO A BANDA

Então, em uma tarde no inverno americano de 1984, estávamos no Canter's quando chega Duff McKagan. Na hora pensei: "Bom, ele com certeza tem um visual de rock star". Era alto, 1,93 m de altura, e tinha o cabelo loiro e armado com uma mecha preta do lado. Ele mesmo se chamava de Duff Rose e tinha um estilo bem roqueiro. Eu achei que ele era perfeito para o visual que estávamos procurando. Nos demos bem desde o começo, até nas bandas que gostávamos e, o mais importante, nas que não gostávamos.

Embora nos déssemos bem, não nos juntamos para tocar. Saímos algumas vezes e, durante essa época, apresentamos o Duff ao Izzy, mas as coisas não foram tão bem. Por um bom período parecia, mais uma vez, que a banda não ia para frente. Parecia apenas falta de dinamismo ou de propósito.

Depois de admitir para mim mesmo que a ideia do Road Crew tinha fracassado pela segunda vez, comecei a ter pensamentos depressivos sobre que merda eu iria fazer. Faculdade estava fora de questão e minha intuição dizia que estar em uma banda de rock'n'roll era a minha melhor aposta.

Eu estava tão triste porque nada acontecia que acabei indo até o recrutamento local da marinha. Pensei: dane-se, não tinha nada a perder mesmo. Vou ver o mundo sem pagar nada. Fiz o teste e o cara lá disse que entrariam em contato em alguns dias, me cumprimentou e sorriu. Saindo do lugar, senti que em breve eu estaria em uma completa e nova aventura.

Bom, eu devo ter ido muito mal no teste, porque nunca mais ouvi nada deles. Almirante Adler não ajustaria suas velas na marinha. Às vezes eu me arrepio quando penso que poderia estar limpando o deck de algum barco no mar ao norte em vez de estar fazendo tours com o GNR.

EMPREGADO E PEGO NO FLAGRA

Quando eu tinha 19 anos, consegui um emprego em uma empresa de chips de computador em um depósito em Chatsworth. Eu era empacotador e expedidor, ganhando US$ 5,35 por hora. A secretária era uma loira gostosa e safada que tinha seus 20 e poucos anos. Almoçávamos juntos todos os dias no Chatsworth Park. Eu transava com ela no banco de trás do seu carro durante o intervalo. Amava aquele lanchinho... quer dizer, almoços. Ela se divertia e vendia um pouco de maconha por fora, então a gente sentava embaixo de uma árvore no parque e dava uns tragos no seu cachimbo. Um dia, enquanto estávamos ficando chapados, dois caras vieram andando na nossa direção. Eles estavam a mais de 15 metros de distância, quando ela cobriu o cachimbo e a maconha com o chapéu. Eles foram em nossa direção e mostraram um distintivo. Pensei: "Fodeu!".

Um dos policiais levantou o chapéu dela, mostrando os vários saquinhos de maconha. Eles a prenderam e, por alguma razão, me deixaram ir embora. Mas, é claro, isso chegou nos ouvidos do nosso chefe e eu fui demitido mais uma vez de uma droga de trabalho.

FICANDO CHAPADÃO

Perder o meu emprego não me chateou muito, porque naquela época tudo o que eu queria era estar em uma banda e tocar bateria era o único trabalho que eu levava a sério. Eu podia dirigir para qualquer lugar, encontrar a qualquer hora, ficar com qualquer um desde que pudesse tocar. Conheci um baixista chamado Gary que tinha um estúdio de gravação em Burbank, então comecei a tocar com ele. Bobby Chouinard, o baterista de Billy Squier, tocou em uma das demos de Gary; o que era ótimo, porque ele tinha seu próprio estúdio de gravação e fitas de suas músicas totalmente produzidas.

O estúdio de Bobby ficava em Laurel Canyon, para cima de Hollywood Hills. Eu senti que, finalmente, estava fazendo algum progresso com a música, tocando e ouvindo cuidadosamente a gravação, concentrando minhas forças no que eu precisava para funcionar. É claro que a gente também se divertia. Esses caras amavam fumar maconha e tocar. Era uma vibração incrível, com músicos consistentes, ótimo estúdio, a melhor maconha.

RODANDO COM O GNR

Toquei com eles mais ou menos um mês, quando Slash me ligou. Ele parecia muito animado e me disse que Izzy havia ressurgido e queria que voltássemos a tocar juntos. Como eu disse, era assim que funcionava naquela época. As coisas apenas precisavam seguir seu curso natural. Algo surgia, como um agente, um festival, uma cervejada, e, alguns telefonemas depois, estávamos juntos novamente. Dessa vez, no entanto, meu coração realmente acelerou porque Slash me disse que eles haviam se comprometido a fazer um show na quinta à noite e, na sexta, estavam planejando ir a Seattle para mais algumas apresentações. Como havíamos apresentado Duff a Izzy e Axl, ele também vinha tocando com eles. Na verdade, foi Duff quem havia agendado esses shows.

Então foi assim: "Cara, legal. Estarei lá". No dia seguinte, nos encontramos e eles me disseram que, agora, a banda se chamava Guns N' Roses, em homenagem aos fundadores da banda: Tracii Guns e Axl Rose. Então, tecnicamente, a primeiríssima formação do Guns N' Roses contava com Rob Gardner na bateria, Tracii Guns na guitarra solo, Izzy na guitarra base e Axl.

Tracii era um cara que Slash e eu conhecíamos da Bancroft Junior High School. Ele tinha um visual totalmente de surfista, com o longo cabelo liso e loiro que as garotas gostavam. Agora ele ostentava cabelos bem pretos e tatuagens. Nós não passávamos muito tempo juntos e nunca tocamos com ele. Axl e Tracii moravam juntos e foi lá que tiveram a ideia do nome da banda.

No entanto, por algum motivo, Tracii e Rob não estavam a fim de viajar até Seattle. Acho que não é difícil entender por que eles se sentiam assim. A ideia de sentar a bunda por quase dois mil quilômetros para alguns shows que nem cobririam o dinheiro da gasolina provavelmente os deixou paralisados.

Então Izzy ligou para Slash, que me ligou. Para nós foi "Claro, porra!" desde o início. Não era algo sobre o qual eu tinha que pensar. Gostava tanto de tocar em uma banda de rock'n'roll que nem pensava: "Onde é o show? Na Sibéria? OK, estou dentro!". Simples assim. Depois dessa épica viagem de carro, nos tornamos inseparáveis e viramos a formação original, a clássica formação do *Appetite for Destruction*.

A VERDADE SOBRE A MINHA BATERIA

O show de quinta-feira, antes de irmos para o norte, foi no Troubadour. Então ensaiamos na noite de terça e quarta. Ainda me lembro de como foi quando Slash e eu chegamos para o ensaio de terça-feira. Não houve nenhum estranhamento, todos se deram muito bem e havia uma verdadeira vontade de fazer a coisa acontecer. Para dar crédito a Izzy e Axl, houve um respeito total pelo que cada um estava trazendo e nada daquela besteira de novatos *versus* veteranos. Tocamos "Jumpin' Jack Flash", dos Stones, um clássico do Elvis, "Heartbreak Hotel", e meio que nos entreolhamos. Eu definitivamente tinha uma sensação de que algo especial estava nascendo.

Honestamente, não acho que só eu me senti assim porque, na quinta-feira à noite, algo permeou o show no Troubadour e deu muito certo. Lembro-me de tocarmos para só umas dez pessoas, mas não importava. Estávamos tocando pela música, pelo simples prazer de tocar ao vivo. Tem uma foto desse show no disco *Live Era*, e dá para ver Michelle Young na lateral com as mãos no cabelo.

Essa também foi a primeiríssima vez que toquei só com um bumbo. E quer saber? Eu adorei. Desde esse show, decidi manter minha bateria assim. Bem, talvez você tenha ouvido a história de que Duff e Slash esconderam um dos meus bumbos antes do show, me forçando a tocar só com um. E existe uma versão em que eles sentiam que, se eu fizesse só um show daquele jeito, estaria rendido e nunca mais usaria bumbo duplo novamente.

É uma bela história, mas, naquela época, a única coisa que Slash tinha escondido de mim era seu bagulho. A pura verdade é que meu outro bumbo estava destruído. Alguém fodeu tudo ao deixá-lo cair ou colocou um amplificador em cima dele. Então precisei tocar naquela noite com uma bateria composta por um bumbo, a caixa, um surdo, um prato de condução, um de ataque, um chimbau e um cowbell. A necessidade pode ser uma filha da puta, mas me tratou bem naquela noite.

Devíamos estar muito determinados e nem um pouco nervosos com nossa viagem no dia seguinte, porque não me lembro de sairmos e farrear tanto depois do show no Troubadour. De repente, era sexta de manhã (fim da manhã, na verdade) e havia chegado a hora de sairmos em direção a Seattle. Colocamos todas as nossas tralhas no carro do nosso amigo Jo Jo. Ele era um cara durão de aparência rude e cabelos castanhos oleosos. Seu irmão Raz também era nosso amigo. Raz estava preso a uma cadeira de rodas e era a maior e mais animada alma que já vimos. Eles estavam dispostos a fazer de tudo para nos ajudar e eram dois caras muito legais.

Nosso amigo Danny também estava indo junto para dar uma mão. Ele era um cara legal de cabelo loiro e curto, que ele espetava com gel e laquê. Todos fizeram sua parte e foram nossos roadies. Éramos todos da mesma idade e todos ralávamos para colocar o show na estrada. Não havia chefes e peões – éramos todos iguais, todos como irmãos. Mil e trezentos quilômetros de estrada até nosso primeiro show pago. Era isso, nada de olhar para trás.

Só conseguimos ir até Bakersfield.

Nosso carro de merda, acho que era um Oldsmobile, não aguentou o tranco. Não podia acreditar. Mas estávamos decididos a chegar até aquele show de qualquer jeito. Danny e Jo Jo concordaram em ficar no carro, arrumá-lo, ficar de olho no equipamento e, de alguma forma, trazê-lo de volta à vida. Peguei minha bolsa de baquetas, os caras pegaram suas "armas" e começamos a andar pela estrada com os polegares levantados. Com o Guns N' Roses vai ter viagem.

Cinco cabeludos, vagabundos arrogantes, todos em seu melhor humor, determinados a cumprir seu destino. Pegamos carona por um tempo, enquanto os outros caras davam uma pausa sentados na lateral da estrada. Consegui descolar uma carona em um imenso caminhão de 18 rodas. Nos amontoamos todos e fomos até uma parada de estrada próxima a Medford, em Oregon. Lá, um fazendeiro mexicano e seu filho pararam para nós em uma caminhonete velha e todos subimos na carroceria. Infelizmente, éramos pesados demais e os pneus começaram a roçar nos para-lamas. Fingimos não perceber que havia fumaça por toda a parte (preferíamos sufocar com a fumaça a descer e seguir andando), mas, naturalmente, ele não poderia nos levar mais longe. Nós agradecemos e pulamos fora.

Cerca de uma hora depois, duas hippies loucas passaram por nós e fizemos sinal de carona. Eu gritei "Merda!", mas vi que elas estavam nos olhando quando passaram por nós. Cruzei os dedos e observei: elas fizeram o retorno e voltaram para nos pegar. As duas tinham o cabelo até a cintura e vestiam roupas alternativas coloridas. Colocamos nossas guitarras no porta-malas e entramos. Elas disseram que, quando eram mais novas, costumavam pegar carona o tempo todo e ficavam putas quando ninguém dava carona *a elas*. Por isso que elas voltaram.

Elas eram mulheres muito doces com maconha da boa. Lembro-me de falar para elas: "Ah, vocês são mulheres adoráveis. Meu tipo de garota". Eu estava no banco de trás, me esticando para frente e colocando os braços em volta delas. Elas nos levaram a Portland. Lá, o amigo do Duff, Greg, nos buscou e nos levou ao Gorilla Gardens, o bar imundo onde fizemos o show aquela noite.

Chegamos em cima da hora e fomos direto para o palco. Não tínhamos tempo para pegar uma cerveja, fumar um baseado ou fazer maquiagem. Apesar de estarmos no palco enquanto levantávamos os cabelos lá para cima e passávamos sombra nos olhos, delineador pesado e batom para nossa performance, não havia tempo a perder. Mais tarde, vou contar sobre como acabei com toda aquela rotina tediosa de nos maquiarmos. Felizmente, pudemos usar o equipamento da banda que tocou antes de nós. Simplesmente chegamos, plugamos nossos instrumentos e tocamos nossas músicas.

Abrimos com "Reckless Life", então tocamos "Shadow of Your Love", "Move to the City", "Anything Goes" e "Jumpin' Jack Flash" e encerramos com "Heartbreak Hotel", que foi escolhida pelo Axl. Geralmente, ele aquecia a voz com um cover do Elvis e era um grande fã dele quando era mais jovem, no Meio-Oeste. "Heartbreak" teve uma ótima recepção – muito obrigado, Rei. E, apesar de não termos detonado, ganhamos aplausos decentes e só recebemos sorrisos após o show, sentindo que, no geral, tudo havia dado certo.

Depois, tomamos uns drinques com os amigos de Duff e as melhores e mais graciosas garotas festeiras que você pudesse sonhar em encontrar. Duff era muito popular na região de Seattle – todos o conheciam e gostavam dele. Seu camarada Greg nos convidou para irmos à sua casa. Entrei e falei: "É isso aí". Estava no paraíso. Ele tinha pelos menos 50 mudas crescendo no porão, a melhor maconha que eu já tinha sentido o cheiro e, naquela época, a melhor maconha que eu já havia tocado. Greg, sua namorada Jill e eu fumamos tudo.

A namorada de Greg fez uma enorme macarronada para jantarmos, então fumamos mais um pouco. No dia seguinte, ela nos deu uma carona, não até a divisa do estado, nem até San Francisco, mas o trajeto todo até Los Angeles. Obrigado, Jill, aquilo foi extremamente legal da sua parte.

Quando chegamos à cidade, ouvimos falar, através da rede de amigos de Duff, que Jo Jo e Danny haviam consertado o carro. A bateria e os equipamentos estavam salvos. No fim das contas, aquilo era um milagre. Subimos de carona por toda a costa oeste sem equipamento, sem dinheiro e, apesar de termos perdido os outros dois shows que Duff tinha marcado, fizemos o show principal em Seattle e nenhum de nós reclamou.

Aquela viagem foi um teste de ácido, a cola definitiva que selou nosso destino como o Guns N' Roses original. Desde aquela viagem, ficamos grudados, como se fôssemos uma criatura só. Foi como se tivéssemos inventado uma cerimônia de iniciação ridícula e irracional, que nenhuma pessoa sã teria suportado. Porque o GNR era isso: nunca fazíamos nada do jeito são e sensato. Nunca seguíamos as regras e nunca nos conformávamos com o caminho aceitável para o sucesso. A maneira como criamos nossas músicas, apesar de toda a liberdade artística, a maneira como ensaiávamos e tocávamos – ninguém fazia como nós.

Era "Quebre o padrão para criar o padrão". Todos nos alimentamos do mesmo instinto primal para fazer aquela viagem de carro. Depois daquela experiência, sabíamos que éramos os únicos caras no planeta que poderiam fazer essa banda acontecer!

Capítulo 8
DORES DO CRESCIMENTO

MONTANDO A BANDA

Nossa intenção era promover a atitude "nós contra eles" e essa visão combinava bem com o Guns N' Roses, nos levando a fazer rock com a urgência e a ferocidade que ninguém nunca tinha conseguido. De volta a L.A., a gente se viu motivado. Ensaiávamos e nos esforçávamos o tempo todo. Começamos a ensaiar na casa de Nikki B. Ele morava perto do zoológico. Era um lugar detonado perto de uma área industrial localizada, literalmente, no meio do nada. Tinha um ferro velho de um lado e, do outro, um depósito em construção. Danny ou Jo Jo davam carona para a gente ir ensaiar todos os dias. Foi o nosso local de ensaio por um tempo. Depois, Nikki B se juntou a Tracii Guns para a sua banda, o L.A. Guns, e tivemos que encontrar outro lugar para praticar.

O RIFF

Depois que voltamos da viagem que fizemos a Seattle, nosso primeiro show foi, de novo, no Troubadour, logo depois de tocarmos no Madame Wong's. Não tendo mais Nikki B como uma opção, começamos a ensaiar em um estúdio atrás da Guitar Center, na Sunset Strip. Foi quando Slash surgiu com o que todos pensamos ser um riff impressionante. Ele disse que o criou para alongar os dedos, deixá-los relaxados antes de começar a tocar. Ele meio que fez graça disso, falando que na sua cabeça soava como notas que você tocaria em músicas de circo, daquele tipo que se ouve em órgãos com tubos. Se você já escutou algum dia a abertura com órgão da música "It's Johnny's Birthday", do George Harrison, sabe o som a que me refiro.

Eu disse para o Slash que ele estava ignorando o enorme potencial daquilo: "Esse riff é bom pra caralho, cara. Temos que descobrir um jeito de encaixar isso em uma música". Há artistas que pegam segmentos da música apenas para moldá-los e transformá-los em músicas de sucesso. Edgar Winter fez isso com um simples exercício de percussão que acabou se tornando o seu sucesso "Frankenstein".

Então Slash moldou o riff e, hoje em dia, o conhecemos como o começo de "Sweet Child O' Mine". O que eu amava era que Slash realmente mostrou seu brilhantismo colocando o riff não só na introdução, mas achando um jeito de usá-lo ao longo da música, como a espinha dorsal de toda a canção.

Entretanto, a essa altura, podíamos contar em uma mão o número de ensaios em que Axl esteve. Ele não tinha sistema de PA naquela época, então nunca aparecia no estúdio para cantar. Às vezes ele se sentava do lado de fora, na porta do estúdio, e cantava junto, mas normalmente a gente dava uma fita dos ensaios e ele saía com isso pra algum lugar. Muitas vezes a gente fez shows sem ter ideia de como Axl iria cantar em uma das novas músicas. Já estávamos por aí e nunca ouvimos falar de outra banda que funcionasse desse jeito. Mas, como eu disse, estava se tornando cada vez mais óbvio que o GNR não fazia as coisas como as outras bandas, e o nascimento de "Sweet Child" foi só um exemplo disso.

Um tempo depois, Axl me disse que, quando ouviu o riff de "Sweet Child" pela primeira vez, ele não precisava estar no mesmo lugar que a gente: poderia ter ouvido pelo telefone do outro lado do mundo. Ele escutava uma fita cassete várias vezes até que conseguisse chegar à sua essência. Escrevia canções no andar de cima da sua pequena cabana e, na verdade, ele preferia assim. Parecia que Axl gostava de guardar as coisas para si mesmo, não porque era metido, ou tímido, ou porque precisava de um sistema de voz melhor, mas esse era o seu jeito, a sua vida. Conseguíamos nos ver o suficiente e, naquela época, fazíamos shows umas duas ou três vezes por mês.

Depois que voltamos de Seattle, Duff, Slash e eu começamos a sair juntos o tempo todo. Axl era um solitário que gostava de escrever letras arrasadoras sobre como nós éramos, como vivíamos e o que estávamos experimentando naquela época. E Izzy, bem, "Izzy é o Izzy", eu dizia e todo mundo concordava. Izzy acabou aparecendo na metade das vezes. De novo, como eu disse, não tinha padrão e nem programação.

HELL HOUSE

Adotamos um ponto de encontro fixo. Chamávamos de Hell House, era um velho barraco dilapidado ocupado pelos amigos de Axl, West Arkeen e Del James, um motociclista. O lugar ficava na esquina da Santa Monica com a Poinsettia, bem na Gardner Street, e o alugamos por US$ 600 por mês. Bem, nunca pagamos um centavo, mas alguém deve ter contribuído com alguma coisa.

West Arkeen era um personagem real. Axl o conheceu por meio de uma garota. Parecia que todo mundo conhecia alguém através de alguma menina que estivesse comendo, quisesse comer ou que já tinha comido. Foi assim que acabamos na Hell House, por meio de um grupo de pessoas divertidas e que já haviam transado. Íamos lá todos os dias e utilizamos o lugar o máximo que pudemos. A Hell House se tornou a sede da banda.

Saíamos juntos, nos divertíamos, vomitávamos e passávamos mal lá, era o nosso abrigo preferido. Foi lá que Bill Engell, amigo de Axl, desenhou a famosa tatuagem para ele, uma cruz que destacava cinco caveiras, representando cada membro da banda. Slash deu trabalho para Bill, porque ele não conseguiu recriar o cabelo enrolado dele, que acabou ficando liso em sua caveira.

Os frequentadores da Hell House incluíam Duff, Slash, Izzy na maioria das noites e eu. Jo Jo, Raz, Danny, Dizzy, Del e West apareciam lá quase o tempo todo. Axl gostava de escrever letras com West. Eles curtiam fazer isso enquanto West tocava guitarra. Eu estava lá o tempo inteiro, literalmente, passando o dia e a noite toda. Sempre tinha pessoas aleatórias caídas no chão. Era uma porta giratória interminável de delinquentes.

A partir desse terreno baldio alcoólatra todo mundo, meio que espontaneamente, formou uma banda chamada Drunk Fux. Muita gente diferente fazia parte da banda, incluindo Tommy Lee e Lemmy. Só tocávamos à toa e fazíamos shows beneficentes por Los Angeles. Talvez um dia poderemos reunir o Drunk Fux com o Mötley Crüe, o Motörhead e o GNR, as superbandas definitivas dos anos 1980.

Axl, West e Del tinham sua própria panelinha que não fazia parte do Drunk Fux, e eu não dava a mínima pra isso. Não falo isso para menosprezar Axl, eu apenas não estava a fim de perder meu ânimo por não ser chamado para o seu grupinho de elite. Eu me dava bem com todo mundo e estava sempre sorrindo, divertindo-me ao máximo.

AXMERDA

Sempre achei que o Axl era um babaca legal. Eu sabia que ele era uma puta estrela, um ótimo artista, mas também estava ciente que, às vezes, ele era um idiota inseguro. Enquanto ele não estivesse me fodendo, estava tudo bem. Era assim que funcionava. Então ele fez a primeira de uma série de merdas que me causou pelos próximos anos.

Lembro que Axl estava morando no apartamento de Jo Jo. Passei por lá e, assim que abri a porta, Axl pulou e se atirou em mim. O lugar não era muito grande, então ele só precisou dar dois passos.

Isso aconteceu tão rápido que eu falei: "Hein?". Ele se afastou e me chutou no saco. Eu podia aguentar um monte de merda do Axl, porque ele, infelizmente, tinha sérios problemas, mas esmagar as minhas bolas era a última coisa que podia esperar. Eu me dobrei por causa da dor e meus olhos se encheram de lágrimas. Depois, quando finalmente consegui respirar, gritei "Vai se foder!" e fui embora. Foi uma coisa bem bizarra. Mas, enfim, segui adiante. Naquela época, achei que era o melhor.

Meu irmão mais velho, Kenny, fazia essas merdas comigo quando eu estava crescendo, então não levava isso muito a sério. Voltei para a casa do Izzy e contei sobre o que tinha acontecido. Ele ficou surpreso e disse: "Não sei não, cara". Essa era a lei do Axl, você nunca sabia o motivo. Nunca fiz nada contra ele, não transava com nenhuma garota que ele gostasse, embora algumas deixassem claro que queriam. Se Axl estivesse interessado, eu imaginava que era a sua garota. Eu respeitava isso, porque, no final, não me importava e todo mundo sabia o quão insano ele era quando estava rodeado de mulheres.

Fiquei ainda mais frustrado com as atitudes de Axl no ano seguinte. Seu comportamento se tornou seriamente imprevisível. Ele estava se metendo em brigas, muitas vezes começando a fazer merda na Hell House com pessoas aleatórias que iam para se divertir e aprenderam a manter certa distância dele. Alguns dos piores incidentes foram acobertados porque, bem, era o Axl. Ele tinha apenas uma regra para si mesmo: não há regras.

Duff adorava entrar em um clube qualquer, procurando por pessoas desconhecidas que estivessem a fim de curtir uma balada depois que a casa fechasse. Ele convidava a galera toda para ir para a Hell House. A gente dava uma agitada, e lá pelas quatro da manhã tinha umas cem pessoas no pico. Éramos muito engenhosos quando as meninas chegavam. Quando um dos caras estava fodendo uma garota, o outro ia até a sua bolsa e pegava tipo cinco ou dez pratas. Nunca roubávamos todo o dinheiro delas, só uma pequena quantia, porque precisávamos mesmo. Mas a Hell House também poderia ser chamada de Shit House. Depois de um ano de abuso constante... Bem, dá para imaginar. E os policiais começaram a aparecer lá o tempo todo. Lá pelo segundo ano, a polícia apareceu em mais da metade das festas que demos.

Então entrei de novo no modo "eu preciso do meu espaço", "hora de reagrupar e preservar minha sanidade". Cruzando a rua da Hell House, tinha um duplex com dois apartamentos em um andar. Minhas amigas Julie e Tracey moravam lá. Mais tarde Julie apareceria em nosso vídeo de "Welcome to the Jungle". Ela é a garota que chama atenção do Axl no começo, usando meia arrastão e andando pela rua. Ela também está sentada na cama do meu lado.

Aluguei um quarto dela, que contou que tinha um locatário muito legal. O lugar só tinha um banheiro com uma tomada, uma pia e torneiras de água quente e fria em que dava para ligar uma máquina de lavar ou de secar. Coloquei um pedaço de madeira na pia e apoiei minha TV em cima. Eu mesmo liguei a TV a cabo do prédio, o que era bem legal, porque nunca tinha tido isso antes.

Eu tinha um colchão futon que não cabia direito em uma parte da parede. Tinha um cobertor e uns dois travesseiros. Do lado, tinha uma porta que dava na garagem. Eu saía e voltava quando queria. Mas, mais importante, eu tinha um lugar fixo para fugir, dormir e transar.

Havia três garotas com quem eu gostava de sair regularmente. Uma em particular, Adriana Smith, era uma menina nativa americana com um corpão e um rosto lindo. Izzy me apresentou a ela e nos aproximamos. Ela estava em uma gangue de garotas motociclistas e loucas.

Também tinha a Gabby, ou "GabaGabaHey". Ela era uma roqueira baixinha e gostosa que conseguia se divertir a noite inteira. E, finalmente, Adriana Barbour, uma graça, uma garota tímida que podia beber mais do que qualquer homem. Elas trabalhavam no clube masculino Seventh Veil, que ficava na Sunset. O apartamento delas ficava acima da piscina, onde ficávamos muito bêbados. Inventamos o nome Naked Skydivers from Hell [Paraquedistas Pelados do Inferno] e pulávamos da varanda para a piscina. De algum jeito, evitávamos morrer durante nossos mergulhos acrobáticos.

A PRÁTICA FAZ PERVERTIDOS

O GNR continuava a ensaiar no espaço atrás da Guitar Center. O Jane's Addiction ensaiava no mesmo estúdio e eu os via todos os dias, porque eu sempre montava as coisas mais cedo enquanto eles estavam botando pra quebrar. A gente também se divertia lá, porque sempre acabávamos no estúdio depois de sair dos clubes. Havia várias meninas que queriam sair e ficar com a banda.

Slash e eu pegávamos essas garotas e transávamos com elas uma vez ou outra. Tudo virou sexo em todo e qualquer lugar e a qualquer hora. Acontecia. Se eu visse uma menina de quem gostasse, me aproximava dela e era isso: "Eu e você, agora". Não tinha nada de flerte, a situação era: "Ei, apoie-se ali na pia".

As meninas também apareciam no estúdio. Lembro que uma vez uma garota fez um boquete em Izzy e em mim depois de um de nossos shows. Eram umas duas da manhã, ela chupava um de nós enquanto masturbava o outro e ia alternando. Estávamos do lado de fora, perto da porta dos fundos, olhando para o céu e "Meu Deus, que foda, puta merda". Ela engoliu a porra do Izzy na hora em que gozei e joguei tudo no rosto dela. Eu não podia deixá-la daquele jeito, então entrei, peguei alguns lenços para ela se limpar. Essas merdas aconteciam o tempo todo.

BIG LILLY É DEMAIS

A banda tinha muitos seguidores desde o começo, e, anos depois, esses fãs provaram ser muito leais. Eles abraçaram a nossa reputação como os fodões que atropelavam tudo o que estivesse no nosso caminho, porque é isso mesmo o que éramos. O GNR era uma gangue fodona e maluca que estava pronta para explodir. A gente lutava com unhas e dentes por um show. Começamos a tocar no Troubadour nas terças-feiras, depois passamos para as quintas e então começamos a tocar nos fins de semana como banda principal. Tudo isso aconteceu muito rápido, porque nunca paramos de encher o saco deles para agendar a banda em horários e dias melhores.

Minha mãe foi a alguns dos nossos shows. Ela gostava de verdade de participar disso, e o Jamie também adorava ir aos shows. A noite sempre era especial quando eu via alguém da família no público. Até a minha avó foi em um show no Troubadour com a minha mãe e o Jamie para me ver tocar. O lugar estava lotado.

Mamãe disse: "Fique aqui que eu vou pegar um refrigerante". Quando ela saiu, minha avó, sendo a tiete animada que era, se mandou para a frente do palco. A lotação estava esgotada e me lembro de olhar para baixo e vê-la sorrindo apontando para mim falando para qualquer um que ouvisse: "Aquele é o meu neto, aquele é o meu neto". Nunca a vi tão orgulhosa.

Como era o destino, foi uma de nossas performances em que Axl estava usando um fio dental preto e uma calça sem fundo. Ele ficava dançando e tremendo a bunda bem na frente dela. Eu estava tendo um ataque de nervos: "Sai daí, Vovó. É melhor vazar daí!".

Além do Troubadour, tinha duas unidades do Madame Wong's: o Madame Wong's East, no centro da cidade, e o West, em Santa Monica. Quando tocávamos lá, levávamos entre 25 e 100 pessoas. O Roxy era um pouco mais prestigiado e você realmente tinha que se agilizar para levar pessoas lá.

Depois que o Whisky reabriu (tinha sido fechado por um ano entre 84 e 85), tocamos na segunda noite da reabertura e estava lotado. Eu me senti demais em tocar em um famoso lugar de referência.

A GARRAFA-FOGUETE

Em L.A., acontecia todos os anos o que chamavam de Street Scene. Tinha dez ou mais palcos com shows de graça. Isso ocupava alguns quarteirões da cidade, e quando chamaram a gente para participar, em 1985, reuniram 100 mil pessoas. Já estávamos familiarizados com o festival e achávamos que o show tinha potencial para trazer uma boa exposição para a banda.

Infelizmente, o show acabou sendo muito ruim. Eu estava no palco montando a minha bateria, colocando o bumbo no lugar, quando, de repente, uma garrafa vazia de Jack Daniel's apareceu voando, passou pelo meu rosto e acertou o meu cowbell. Errou a minha cabeça por um centímetro! Algum idiota realmente tentou me machucar.

Durante o nosso show, as pessoas cuspiam em nós. Estava bem feio. Acho que era algum resquício masoquista e doente da era punk. Era estranho e perigoso, mas, o pior de tudo, triste. Os garotos punks estavam vivendo uma era que já tinha passado. Enfia um prego atravessando o seu pau e vai desfilar na frente dos seus amiguinhos, porque, bem, punk é ridículo pra caralho.

Não suportávamos merdas como aquela, e a banda cuspia de volta neles. Era tão ridículo que acabou sendo engraçado. Lembro-me de ver o Duff puto da vida soltando uma catarrada na multidão. Com certeza foi um show inesquecível.

Naquela noite, o Poison também tocou na Street Scene. Vimos a banda tocando em clubes, assinando contrato e ficando gigante. Eles começaram a tocar um ano antes da gente, em 1984. Eu ajudava Rikki com a bateria de vez em quando. Eles tinham um guitarrista incrível, antes de C.C. Deville, que se chamava Matt. Saí com eles um dia e eles me perguntaram se eu podia mexer nos holofotes em um show no Country Club. Claro, como não?

Eles me disseram que sempre que Matt fizesse um solo, eu tinha que colocar a luz nele. Então eu estava na sacada, mexendo no holofote, e jogava a luz em Matt durante o solo. Enquanto isso, Bret saiu dançando do lado do palco. Depois do solo, manobrei o holofote ao redor procurando por Bret. Ele não estava cantando mais e ninguém conseguia encontrá-lo. Os caras da banda procuraram loucamente. A próxima coisa que se soube é que alguém estava ligando para a ambulância. Bret tinha caído do palco. Tinha um grande buraco quadrado do lado do palco que era usado para armazenamento, e não era possível enxergá-lo durante o show. Quando Bret caiu e quebrou três costelas, eles precisaram parar de tocar e o show acabou. Me senti muito mal e desejei que pudesse ter evitado o acontecido.

Os quatro caras do Poison dividiam um apartamento de um quarto. Era nojento. Agora, para eu falar que era nojento, você sabe que era muito podre. O lugar era empesteado de baratas. Eles tinham quatro colchões queen-size no quarto, então o chão era um colchão enorme. O Poison tinha garotas no quarto o tempo todo. As meninas levavam comida e dinheiro, e todas eram gostosas. Quando eu vi como eles viviam, pensei: "Ah, sim, isso vai começar a acontecer com a gente".

Matt era meu amigo. Ele sempre me convidava para os shows da banda, mas acabou deixando o Poison em 1985, e eu falei: "Você é louco. Qual é o seu problema? Vocês vão ser grandes". Mas ele já estava de saco cheio e só queria ir para casa, se casar, ter filhos e dirigir rumo ao pôr do sol.

Matt desapareceu quando o GNR voltava da primeira viagem para Seattle. Com uma vaga para guitarrista em aberto, Slash fez o teste para entrar no Poison. Eles reconheceram sua habilidade incrível, mas não o acharam bonito o suficiente para fazer parte da imagem glamourosa da banda. Eles tinham que manter sua própria imagem, seu jeito próprio de fazer as coisas, e você tinha que respeitar isso.

Na verdade, quando o Poison tocava era uma merda para qualquer outra banda que fosse tocar depois. Bret anunciava para o público que todo mundo estava convidado para um after e entregava flyers com o endereço do apartamento deles. Quando a próxima banda ia tocar, o lugar já estava quase vazio.

Eu achava o Poison uma banda de rock'n'roll legal que fazia exatamente o que eu queria fazer. Lembro que Bret e Rikki estavam em um de nossos shows no Troubadour e podíamos vê-los bem em frente ao palco, alguns centímetros para trás. Às vezes, Axl sabia ser malvado conversando com o público e, naquela noite, ele disse: "Alguns caras de outra banda estão aqui esta noite. Eles não sabem que garotos bonzinhos não tocam rock'n'roll?". Essa foi a nossa deixa para começar a tocar. Mas ele falou tão sério naquela noite, que foi uma provocação óbvia ao Poison. Mas eles não deram a mínima: eram a melhor banda naquela época. Em comparação, eu nunca poderia imaginar Bret sendo um babaca daquele jeito com alguém.

Capítulo 9
REINANDO NA SUNSET STRIP

SINTA O AMOR

Quando o GNR começou a ficar popular, tinha várias garotas saindo com a gente o tempo todo. E, assim como aconteceu com o Poison, elas faziam comida e nos davam dinheiro. Transei com todas, garotas gordas, magrelas, normais, tímidas – não importava. Apenas mostrava meu apreço.

Chegou a um ponto de ter filas rodeando o quarteirão quando tocávamos. Escutei muitos donos de clubes falando que seríamos enormes; eles não viam essa multidão aparecer para o show de uma banda local desde quando o Mötley Crüe ficou famoso. Durante os nossos shows, você podia ver centenas de câmeras e flashes e, enquanto os caras curtiam a gente, as gatas ficavam histéricas. O baterista sempre tem o melhor lugar na casa e, em todos os shows, eu percebia as gostosas gritando sem parar e empurrando, abrindo o caminho para ficar na frente. Era uma indicação clara que a gente faria sucesso e eu não duvidei disso uma vez sequer.

Nunca vou esquecer, em um dos nossos shows no Troubadour, que eu estava me preparando para sair e tocar. Meu cabelo estava armado até o teto, eu vestia uma camiseta de babados sem mangas que enfiei dentro da calça de couro. O camarim tinha várias janelas e eu estava sentado na beirada de uma delas, fumando um cigarro, olhando a marquise com "Guns N' Roses" escrito com letras bem grandes.

Olhando para a rua, tinha uma fila enorme de pessoas esperando para entrar. Alguns fãs olharam para cima e me viram. Eles gritaram: "Guns N' Roses é demais!". Todo mundo olhou para cima e aplaudiu. Uma emoção passou pelo meu corpo como eu nunca tinha sentido antes, em toda a minha vida. Eu fazia parte de algo incrivelmente excitante, algo que levava as pessoas ao delírio. Algo que eu tinha ajudado a criar estava assumindo vida própria.

Até hoje, sinto a mesma adrenalina quando passo pelo Troubadour, é algo que ninguém nunca vai tirar de mim. É um dos últimos lugares no mundo que ainda me fazem ficar louco naturalmente até hoje. Naquela noite eu sabia que coisas muito legais estavam para acontecer e o meu sexto sentido me dizia que seria algo muito grande.

Em 1985, a Sunset Strip era uma espécie de reator nuclear se aproximando da massa crítica. Bandas de heavy metal inundavam a cena e, como não havia muitos clubes para todos tocarem, uma regra do "pague para tocar" entrou em vigor nos lugares mais populares. Essa era, basicamente, uma apólice de seguro imposta pelos donos dos clubes. Se uma banda quisesse tocar em determinado lugar, ela tinha que comprar um mínimo de ingressos, que poderiam vender.

Isso representava um negócio de merda para as bandas e, pelo que me lembro, nunca concordamos com isso. Nunca tocaríamos na política do "pague para tocar". Mesmo no começo, quando tínhamos apenas 15 fãs nos shows, não pagamos nada para ninguém. Lembro que, de vez em quando, eu acabava com uma pilha de ingressos enfiados na minha jaqueta, pensava "Foda-se!" e não vendia nenhum. Acredito que os outros caras também não. Mas acho que um de nossos técnicos de som utilizava o dinheiro dos ingressos para comprar drogas. Por que não pensei nisso antes?

O FIM DA MAQUIAGEM

Não sabíamos disso naquela época, mas estávamos esculpindo o nosso caminho para a glória e já estava melhor do que parecia. No começo, nosso visual seguia a cena glam. Todo mundo usava maquiagem e armava o cabelo até as nuvens. Um visual que tinha começado inocentemente com Marc Bolan, do T. Rex, saiu do controle e nem pensamos nisso. Demorávamos mais de uma hora para montar todo o visual glam antes de um show e alguém tinha que ceder. Tenho orgulho em dizer que sou eu quem colocou um fim à babaquice do "menino bonitinho".

Aconteceu em uma noite, depois de um show enfumaçado no Troubadour. Fui para o camarim antes do bis e não conseguia mais aguentar. Senti como se estivesse sufocando e, honestamente, não queria estar na minha pele. Peguei minha toalha do balcão e esfreguei no meu rosto.

Os caras olharam para mim. "O que você está fazendo, Stevie? A gente tem que voltar!" Eu explodi e gritei que estava de saco cheio de usar aquela merda toda de maquiagem. Não podia mais aguentar. Bateristas suam muito e aquela porcaria ia para todo lado, escorria pelo meu pescoço, peito e na minha roupa. O pior era ter maquiagem nos olhos. Ardia como o inferno. Além disso, eu sou peludo como o Wolverine, então já estava com calor o bastante.

Atirei a toalha em uma cadeira e Izzy apontou para ela, pois tinha uma marca bizarra do meu rosto. Era como aquela história em que Veronica, uma mulher qualquer que teve pena de Cristo, enxugou seu rosto enquanto ele carregava a cruz e todo o sangue e suor dele deixaram uma marca com as suas características. Ou talvez eu esteja confundindo com o lençol que colocaram envolvendo seu corpo quando morreu. De qualquer forma, acho que isso ainda existe em alguma igreja, em algum lugar na Itália. O Santo Sudário, para mim, era o Santo Suário.

Essa foi a última vez que usei maquiagem. Quer saber? No show seguinte, olhei ao redor e a tinta de guerra tinha ido embora dos nossos rostos. Já estávamos tão cansados da cena de maquiagem dos anos 80 que percebemos que não éramos aquilo. Então, adeus ao glam.

De qualquer forma, era o nosso som que importava, nos diferenciava, e deixar o lance da maquiagem de lado apenas acentuava isso. Ninguém estava fazendo o tipo de rock intenso, puro e incandescente que estávamos detonando. Muitos dos nossos concorrentes tinham imitadores do Eddie Van Halen, metidos a deuses da guitarra, que tocavam com as duas mãos fazendo escala. Juro, qualquer outra banda na Strip se apresentava querendo ser Van Halen/Randy Rhoads. Eles tinham à frente gritadores castrados de falsetes como o Geoff Tate, do Queensrÿche.

Slash não curtia esse estilo espalhafatoso de tocar guitarra e Izzy desprezava isso. Izzy adotou acordes fortes e sem frescura, emprestados do ritmo contagiante de um Keith Richards ou um Pete Townshend. Slash idolatrava Joe Perry, do Aerosmith, que combinava acordes incríveis com solos impecáveis. Foi nessa época que o GNR se envolveu em uma roupagem fiel ao rock'n'roll. Duff e eu estabelecíamos a base sobre a qual Izzy e Slash criavam suas obras-primas.

ADLER PARA AXL

Enquanto outras bandas cantavam sobre masmorras, feiticeiros e magia negra, ou se divertiam no banco de trás do carro do papai, Axl escrevia letras sobre a vida – a dele e a nossa. Todos tínhamos passado por uma merda de período escuro e distorcido, mas era real e os garotos sentiam e respondiam a isso. Axl se superava em capturar o clima e, seja com "Nightrain" ou com "November Rain", não tinha uma alma no público que não pudesse sentir sobre o que estávamos gritando ou vivendo. "It's So Easy" também acabou sendo uma música sobre nossas vidas ali, naquele exato momento. E ninguém no mundo cantava com mais intensidade e honestidade do que Axl.

O GNR tocava o tipo de rock'n'roll que todo mundo amava. Éramos os filhos irresponsáveis do Aerosmith e dos Rolling Stones, entregando a mercadoria com uma atitude roqueira extrema. Fomos rapidamente reconhecidos como a banda mais maloqueira existente. As poucas bandas que tinham o visual "foda-se" e "não dou a mínima para a moda" como o nosso eram também as que dividiam as noites com a gente: Junkyard, Faster Pussycat e The Joneses. The Joneses tinha o estilo roqueiro descolado das ruas que não saía da linha para ser muito glam. Duff era próximo deles. Tinha também uma banda muito legal de garotas chamada Hardly Dangerous que o Axl gostava de ter por perto. Elas eram gostosas.

Também saíamos com Taime Downe, do Faster Pussycat. Ele fundou o Cathouse com outro amigo nosso, Riki Rachtman, que estava em uma banda chamada Virgin. No logo deles tinha uma cereja com uma faca ensanguentada atravessando. Era peculiar, batido, mas engraçado.

Ele e Taime mantinham funcionando o Cathouse, que se tornou um clube do rock extremamente popular quando o Guns N' Roses tocou em sua abertura. Na verdade, o Cathouse se tornou nosso lugar de diversão pessoal, onde o DJ tocava nossas músicas pela primeira vez em um clube.

O CATHOUSE

O Cathouse começou no antigo prédio da Osco's Disco, em La Cienega, onde Slash e eu passávamos boa parte do tempo naquela época. Do outro lado do Beverly Center tinha um lugar estranho para locação. O Osco's já estava fechado há alguns bons anos e reabriu como Cathouse em 1986. Taime e Riki tinham um apartamento juntos e eram parceiros de negócios. "The World-Famous Cathouse" [O Megafamoso Cathouse] era o lugar para se divertir e sempre éramos bem tratados.

Lembro que eu, Riki e Duff escorregávamos pelas escadas de madrugada. Ficávamos todos bêbados, subíamos até o topo da escada e mergulhávamos, escorregando pelo corrimão e pulando os degraus. Ocasionalmente, cortava a minha bunda ou quebrava uma costela. Bons tempos, mas como o meu corpo doía no dia seguinte.

NOVOS ARES

O "apartamento respingo na pia" não durou e me vi morando em outra casa, um apartamento pequeno em Martel, a alguns quarteirões do Denny's, na Sunset. Nessa época, eu morava com a minha amiga Monica. Ela era alta, loira, maravilhosa, muito atraente e havia se mudado da Suécia. Ela conseguia, todas as noites, US$ 200 em gorjetas como stripper no Seventh Veil e fez algumas coisas pornôs. À noite, por volta das seis, eu caminhava com ela até o trabalho e a pegava às três da manhã. Ela costumava colocar o dinheiro na minha mão e eu ficava louco indo comprar comida no Ralph's 24 Horas, que ficava perto do La Brea, na Sunset, conhecido por todo mundo na Strip como o Ralph's do rock'n'roll.

Um amigo meu, Cletus, casou com Monica para ela conseguir o green card. Ele era baterista de uma banda local que tocou em alguns shows com a gente. Entretanto, Cletus e Monica não tinham um relacionamento de verdade, então ele não via problemas em me apresentar para ela e havia uma atração inegável entre a gente. No dia seguinte, fui morar com eles, dormi no quarto com Monica e Cletus ficou no sofá da sala. Depois de um mês, era como se fosse o

Cletus quem estava morando com a gente. Monica e eu ficávamos acampados no quarto dia e noite.

Cletus e eu sempre tocávamos nossas últimas demos um para ao outro. Ele falava: "Escuta isso aqui". Eu respondia: "Ah, é? Escuta isso aqui, puto". Sempre encontrávamos um jeito de desafiar nossos arranjos, aprimorar a percussão, e isso nos ajudava. Eu voltava para o estúdio com fervor renovado e atacava direto uma melodia que a gente já vinha trabalhando. Eu dava uma olhada e a expressão no rosto de Duff dizia tudo. Ele estava satisfeito. Sabia que eu estava trabalhando nisso. Duff e eu éramos os pilares, as pedras que rolavam. Estávamos para virar a seção rítmica da maior banda de rock do mundo e pressionávamos uns aos outros, dia e noite, para chegar lá.

OLÁ, VELHO AMIGO

Enquanto isso, Izzy morava em um novo lugar atrás do Grauman's Chinese Theater, no coração de Hollywood. Uma tarde, eu apareci e topei com ele e Slash sentados na cozinha. Izzy estava de olhos fechados e com a cabeça para trás, e Slash tinha uma agulha enfiada no braço. Meus olhos saltaram. "Que merda vocês estão fazendo? Isso é doentio!"

"Cara, é droga", disse Slash.

Olhei para a agulha que eles estavam usando e isso me deixou mal. *Odiava* olhar para agulhas, então eu ri para disfarçar o medo e soltei: "Minha vó tem uma caixa disso". Big Lilly era diabética e sempre tinha seringas.

Do nada Izzy voltou à vida. "O quê? Pegue-as, pegue todas agora!"

Me mandei para a Vovó e voltei cheio de agulhas novas para eles usarem. Juro que olhar aquelas coisas nos braços deles me deixava com tanto nojo que *de jeito nenhum* eu faria aquilo. Esquecendo minha provação recente na casa de Bob Welch, Izzy arrumou uma folha para mim, colocou um pedaço do negócio e cozinhou. Quando a fumaça subiu, fumei aquilo.

De novo, fiquei muito mal. Vomitei no banheiro por meia hora. Enquanto gargarejava metade de uma pasta de dente, me dei conta de que por mais que eu quisesse sair com os meus amigos da banda, essa merda não valia a pena.

ESCOLHA O SEU VENENO

Izzy e Slash conseguiam lidar com as drogas. Izzy era muito maduro e legal o tempo todo, você nunca sabia se ele estava usando algo e, quando Slash estava usando qualquer merda, as pessoas só achavam que ele estava bêbado. Duff não gostava de heroína, mas bebia muito, sempre estava meio alcoolizado. Maconha era a minha. De todos nós, Axl era o mais puritano. Ele bebia e fumava, mas nunca o vi fora de controle com nenhuma droga mais pesada.

Agora, todos nós tínhamos um gosto pela cocaína, em festas ou algo do tipo, mas sempre usávamos juntos. Naquela época, nunca deixamos de ir a eventos relacionados à banda. A banda era uma responsabilidade nossa, mas nunca conversamos a respeito disso porque estávamos nos divertindo muito. Estava subentendido que ninguém deixaria a diversão atrapalhar a banda. Não podíamos decepcionar a banda.

O GNR RECEBE ATENÇÃO

A reputação dos shows destruidores da banda se espalhou ainda mais; o boca a boca explodiu e a nossa popularidade disparou. Gravamos algumas demos e entregamos para o maior número de pessoas possíveis na indústria. A KNAC, popular em L.A. no segmento hard rock/metal, foi a primeira rádio que tocou a gente. Eles tinham um programa aos domingos que começava às dez da noite em que davam a chance para bandas locais aparecerem, e tocaram a versão demo de "Welcome to the Jungle". Slash e eu estávamos a caminho do Rainbow quando escutamos na rádio. Não existe, absolutamente, nenhum jeito de explicar a emoção dessa experiência. Escutar a sua música no rádio é um daqueles momentos que ficam marcados na alma. Slash apenas riu e eu entrei em parafuso: "Sim, cara, somos nós!".

Na parte dos negócios, as coisas sempre pareciam se resolver sozinhas. Slash e eu entregávamos flyers dia e noite. Andávamos da Hell House até a Strip, cada um de um lado da rua, cobrindo todo o percurso com os flyers. Eles estavam em todos os lugares.

Tinha uma loja de impressão em frente à Guitar Center, onde mandávamos fazê-los. Marc Canter e um cara asiático, Jack Lue, tiravam as fotos. Depois Slash pegava essa arte e criava o flyer. Nossas amigas strippers nos davam dinheiro para fazê-los. Sempre tínhamos anúncios dos nossos shows na revista gratuita *Bam*, sobre a cena de clubes de L.A.

Eu já lia a *Bam* de cabo a rabo há anos, mas nunca tive a emoção de ver a nossa foto nela. Agora estávamos levando multidões para os nossos shows, e os clubes locais sabiam que podiam contar com a gente. Eu sabia que estávamos bem e no caminho certo; em 1986, uma profissional experiente viu algo em nós e ofereceu para nos levar ao próximo nível. Aceitamos prontamente a sua ajuda.

A ERA VICKI

Vicki Hamilton era um rosto familiar que estava sempre procurando um novo talento. Não era segredo que estávamos nos tornando um grande atrativo na Strip, e Vicki estava determinada em capitalizar em cima da nossa popularidade. Ao longo de algumas semanas, ela se aproximou de cada um de nós, antes e depois dos shows. Ela aproveitava para responder às nossas perguntas e nos impressionava, pois conhecia as entranhas do negócio e não tinha ego. Passei a gostar dela de imediato. Ela te olhava diretamente nos olhos e não contava vantagem, não era exibida nem fazia promessas que não pudesse cumprir. Ela basicamente disse que suas ações falavam por si próprias e que já tinha agendado um show para a gente.

Foi a primeira vez que nós mesmos não precisamos marcar um show. A atitude geral entre os caras era bem simples e direta: enquanto Vicki estivesse nos ajudando e armando algo bom para a banda, ela era parte de nós. Ela continuou a agendar shows e até nos dava dinheiro de vez em quando. Vicki era de Indiana, então ela, Axl e Izzy meio que se conectavam. Ela teve a oportunidade de trabalhar com Mötley Crüe, Stryper e Poison. Tenho que dizer que, entre todos os caras, eu era o que mais falava o quanto estava impressionado com ela. Os outros eram mais discretos quanto ao que pensavam e sentiam. Eu apreciava o empurrão que ela estava dando na nossa carreira. Ela acreditava de verdade em nós, e apenas isso já ajudava tremendamente. Tenho de dizer que, olhando para trás, se não fosse por ela, quem sabe?

Não tenho ideia do motivo, mas nós cinco nos juntamos e mudamos para o apartamento de um quarto da Vicki (ninguém tinha grana, mas não acho que esse foi o único motivo). Ela o dividia com outra garota, Jennifer Perry, que se tornou uma pessoa da indústria também, trabalhando mais tarde com Ozzy Osbourne. As meninas ficavam com o quarto e nós ficávamos amontoados na sala com os nossos equipamentos. Lá, éramos livres e podíamos levar garotas e nos divertir a noite toda. O telefone tocava sem parar, e sempre tinha algo acontecendo, 24 horas por dia, sete dias por semana. O apartamento ficava em um pequeno prédio de dois andares e, se eu precisasse de privacidade, me mandava para a saída de emergência no terraço. Agora, se aquele terraço pudesse falar...

GATA DA MOITA

Lembro-me dessa garota que eu tinha acabado de conhecer. Ela era amiga de uma amiga e tinha um corpo todo durinho. Estávamos entrando no clima, mas, quando ela levantou a blusa, vi camadas grossas de pelos nas axilas. Caramba, dava pra fazer tranças ou rapel com aquilo. Eu rachei de rir, foi engraçado demais. Ela era uma daquelas militantes das artes que não aceitavam essa bobagem de depilar todo o corpo. Meu Deus, ela tinha uma moita imensa. Era como estar no Congo, eu precisava de um facão. Ela era demais.

Independentemente de estar em seu apartamento ou em um clube, Vicki se matou de trabalhar para nós. O primeiro representante de gravadora que ela levou para nos encontrar era alguém da Elektra Records. Não deu certo porque insistimos em manter total controle artístico sobre a nossa música, e aquilo era simplesmente inexistente na época. Mas, apesar disso, depois de circular a história de que a Elektra tinha vindo falar com a gente, todas as gravadoras se interessaram. Vicki agendou as reuniões com o pessoal das gravadoras e apresentava cada uma delas, sabendo o que queríamos. Se ela sentisse que um selo era realmente promissor, então nos ajudava a encontrá-lo.

AIATOLÁ AXL

Ela cuidava de nossa divulgação e conseguiu nos colocar na capa de uma revista chamada *Music Connection*, uma publicação local sobre música de grande circulação em Los Angeles. A entrevista foi feita no apartamento de Vicki e, para te mostrar o quanto ela era importante para nós, insistimos para que ela fosse parte integral daquilo.

Izzy estava tão bêbado que ficava interrompendo todo mundo. Bem, todos estávamos curtindo, talvez para tentar acalmar nossos nervos para a entrevista. Então estávamos todos pulando, simplesmente cuspindo qualquer coisa que viesse à mente. Lembro que, a certo ponto, quando estávamos falando sobre como criávamos nossas músicas, Axl disse algo como "eu quero simplesmente controlar a porra toda".

Então Slash, de brincadeira, o comparou ao Aiatolá Khomeini, que não era uma figura muito querida nos Estados Unidos. Axl ficou meio puto com aquilo. Aí ficamos todos putos porque o entrevistador não saía mais do comentário sobre "controle total", para ver se poderia criar uma discussão entre nós. Acho que, do jeito como Axl falou, poderia ser interpretado como se ele *sozinho* quisesse controle total e que não estivesse falando pela banda. Então todos fomos para cima do cara, porque era assim que fazíamos naquela época. Se provocou um dos nossos, esteja preparado para encarar todos nós. O que aconteceu em seguida foi épico: Izzy gritou "Fodam-se você e sua revista". E quer saber? Eles publicaram isso. O repórter terminou a matéria dizendo: "Bem, fodam-se você e sua banda". Aquilo foi demais.

Quando pegamos a revista, umas duas semanas depois, fiquei um pouco decepcionado com a capa. Odiei a foto, mas não tínhamos poder sobre qual seria publicada. Lembro-me de Axl ficar puto porque escreveram seu nome errado: *Axel*.

Teve um lado bom: a *Music Connection* criou ainda mais boca a boca. Agora, nossos shows esgotavam constantemente e as pessoas que não conseguiam entrar ficavam circulando ali por perto. Eles sentiam que estavam próximos a algo único, algo grande. A entrada de Vicki na nossa vida definitivamente nos deixou mais próximos de nosso sonho. Cara, ela sabia usar o telefone. Era durona e determinada a conseguir as coisas do nosso jeito. Uma vez, me lembro de ela dizendo que se imaginava como uma "bruxa branca". Talvez ela tivesse lido sobre Aleister Crowley, Robert Johnson ou Jimmy Page e tenha se envolvido com algum tipo de magia negra.

Uma noite, ela nos apresentou a Tom Zutaut e Theresa Ensenat, da Geffen Records. Podíamos sentir que esse pessoal tinha bala na agulha pelo jeito como conduziram a conversa. Eles nos levaram para jantar, acho que no Wolfgang Puck's, na Sunset. Para nós era muito incomum entrarmos em consenso, mas, de alguma forma, esses dois conquistaram a banda inteira. Depois de garantirmos total e absoluto controle criativo sobre nossa música e imagem, sabíamos que estávamos no caminho certo.

Tom era um cara muito legal. Ele estava muito disposto a nos dar liberdade total. Não foi tipo "Vamos mudar só isso" ou "Faça assim e você está dentro". Foi por isso que gostei dele. As outras gravadoras fingiam que estavam do nosso lado, mas sempre tentavam enfiar alguma cláusula de merda no fim. Elas queriam nos controlar e nos transformar em uma banda de marionetes.

Sabíamos que íamos ficar com a Geffen desde o início, mas – isso mostra nossa mentalidade brincalhona da época – ainda havia algumas gravadoras que não tinham nos levado para jantar. Então dissemos ao Tom que ainda precisávamos de algum tempo para pensar.

Pode parecer bobo, mas quando você não tem um tostão furado no bolso, conseguir umas bebidas grátis é muito importante. Sentávamos à mesa de um restaurante chique e alguém gritava para a garçonete: "Coquetéis!" Então todos gritavam: "Coquetéis!". Duff gostava daqueles com vodca e laranja, Axl preferia algum drinque com frutas, Slash gostava de vodca com *cranberries* e Izzy era apenas um bebum. Eu gostava de Jäggermeister, mas também de cerveja e Jack Daniel's com Coca-Cola – qualquer coisa que deixasse alto e agradasse ao paladar.

PINTOS E PETISCOS!

Em um dos jantares com representantes de gravadoras, voltamos ao fundo do poço. Estávamos mais do que bêbados, brincando sobre quem conseguia mais boquetes e outros assuntos lascivos e rudes. Evidentemente, as coisas saíram de controle ao ponto de quererem nos chutar do lugar. Lembro-me do cantor do Chicago, Peter Cetera, estar jantando ao nosso lado e simplesmente ter parado de comer, completamente enojado. Alguém gritou nosso tradicional pedido por coquetéis, mas saiu errado: "Cocks e snacktails" [pintos e petiscos, em tradução livre]. Todos começamos a rachar de rir e a comparar o tamanho dos pintos.

Acabamos conseguindo jantar com todos os selos: Sony, Elektra e Warner. Em certo ponto, a Megaforce ficou interessada e Rick Rubin também queria a gente, mas já estávamos decididos. Estávamos só brincando com as outras gravadoras para arrebentarmos com os bares.

Capítulo 10
ENTRANDO DE CABEÇA

O GRANDE DIA

Na noite de 24 de março de 1986, Tom Zutaut foi até a casa de Vicki para uma reunião com a gente. Era uma bela noite, então fomos para o terraço. Tom fez sua proposta novamente, explicando cada detalhe, da forma mais simples (para nossas cabeças moles) e clara possível. Fingimos que precisávamos pensar sobre o assunto, mas já tínhamos tomado a decisão. Deixamos que Vicki contasse a ele que assinaríamos com a Geffen no dia seguinte.

Geralmente, eu acordava cedo e não foi diferente no dia em que assinamos. Eu já estava subindo pelas paredes quando os outros caras acordaram. Eles estavam bem mais tranquilos em relação a isso. "Stevie, relaxa, se acalma", eles diziam. Ah, que bobinho que eu era. Retruquei: "Estamos simplesmente prestes a tornar nosso sonho realidade". Acho que eu era a criança da banda.

Era um dia ensolarado e todos estavam juntos indo em direção ao prédio da Geffen, exceto Axl, que ninguém sabia onde estava. Procuramos por ele durante uma hora e, finalmente, alguém – acho que a Vicki – viu Axl. Ele estava no telhado do Whisky! Estava sentado em posição de Lotus, como se estivesse meditando. Era o clássico Axl: "Olhe para mim, olhe para mim, me veja sendo diferente, me observe encher o saco de vocês por fazer todo mundo chegar atrasado ao maior momento de nossas vidas".

Um fotógrafo nos acompanhou enquanto íamos até o prédio da Geffen, tirando fotos enquanto entrávamos. Passamos pela porta principal, passamos pela secretária que, aparentemente, estava nos esperando, e fomos direto ao andar de Tom. Ele e Theresa estavam lá e, na mesa em frente, estavam os contratos perfeitamente colocados. Cada um de nós teve que assinar em uns dez lugares. Vicki conseguiu que um advogado lesse tudo de antemão, então não precisamos nos preocupar. Assinamos os papéis e cada um recebeu um adiantamento de US$ 7.500,00. Saímos de lá e bebemos drinques, fomos jantar e cada um tomou seu próprio caminho para fazer suas coisas. Pela primeira vez, armados com mais do que alguns trocados nos bolsos.

Mais tarde, fomos à Guitar Center e compramos equipamentos. Conseguimos preço de atacado em tudo. Eu poderia ter comprado uma bateria matadora novinha por 1.200 pratas, mas não me importava. Depois de anos contando os centavos, eu não poderia simplesmente comprar aquela merda e começar a torrar dinheiro. Além disso, eu tinha minha própria bateria e estava feliz com ela. Só adicionei mais um prato, o único equipamento que comprei com meu adiantamento. Ah, sim, também comprei um saco grande de erva de alta qualidade e enfiei o resto do adiantamento no bolso.

SEU CHUPA-ROLHA!

Logo depois de assinarmos, agendamos um show no Gazzarri's como Fargin' Bastarges. Pegamos o nome do filme *Johnny, o Gângster*, com Michael Keaton. Os bandidos do filme sempre falavam desse jeito, desconstruindo expressões: "Seu filho da pluta. Seu maledito desgraçado! Seu chupa-rolha!". Apesar de termos marcado o show com um nome falso, a casa estava lotada. O momento foi ideal porque o clube tinha ficado fechado por um tempo, por causa de uma confusão, e nós tocamos na noite de reabertura, 31 de maio.

Estávamos no estacionamento quando vimos Kelly Nickels do L.A. Guns passando por ali, andando sem rumo como um garoto que se perdeu da mãe. A banda estava entrando no clube pela porta dos fundos e eu disse: "Cara, o que está rolando?".

"Ah, acabei de chegar na cidade e queria ver o show, mas está esgotado."

"Entre comigo", eu disse, e ele entrou com a gente, feliz da vida. Aquele foi um show épico. Armados com o contrato com a Geffen, estávamos no rumo certo. Então demos tudo de nós e tocamos nossas músicas com uma intensidade que ia além do que qualquer um que estava tocando na Strip naquela época. Solos estendidos, longas jams e alto pra caralho – estávamos ganhando fama por ser a banda mais alta de todos os tempos (apesar de o Who ter reivindicado aquele título imortal quando ainda enchíamos nossas fraldas e, pouco depois, o Slade ter furtado o lugar deles como uma banda boa pra caralho e *alta*).

Íamos ser grandes, sem nunca termos que nos comprometer. Fizemos tudo do nosso jeito. Nunca precisamos vender ingressos para os nossos shows, nunca vendemos nossas camisetas ou coisas assim depois do show. Isso era o tipo de coisa que o Poison fazia porque eles estavam realmente envolvidos com os negócios: compre nosso disco, compre nosso boné, compre nossa camisinha. Nós, não. Só queríamos fazer música. Éramos muito mais tranquilos, a garotada sabia disso e respondia à altura.

Tom teve a ideia de nos colocar em estúdio para gravar um EP pelo nosso próprio selo, Uzi Suicide, que era financiado pela Geffen, na verdade. Era uma ideia bem inovadora na época, apesar de que, hoje, todo mundo faz isso. Todo o nosso acordo com a Geffen foi bem na surdina. Antes de assinar com a gente, Tom rodou por aí falando para todos os profissionais de A&R [Artistas & Repertório] que achava nosso som uma merda. Mas era assim que a Geffen operava, de um jeito nada ortodoxo e bem ardiloso. Então eles pensaram que, se fizéssemos de conta que estávamos financiando o nosso próprio disco, isso contribuiria para nossa autenticidade, a importantíssima credibilidade das ruas. Desde que conseguíssemos colocar nossa música na rua, sem ninguém tentando nos foder, estávamos dentro.

A Geffen queria lançar um disco ao vivo rapidamente e deixar as pessoas ainda mais animadas com a gente. Isso também nos deixaria aquecidos para gravar nosso disco cheio. Honestamente, sempre tivemos a ideia de fazer um ao vivo. Enquanto crescíamos, nossos discos preferidos eram assim: *Alive!*, do Kiss, *Unleashed in the East*, do Judas Priest, *At Budokan*, do Cheap Trick, e o poderoso *Frampton Comes Alive!*

DISCOS AO VIVO SÃO DEMAIS

Peter Frampton e eu somos bem parecidos no quesito performance. Ele está sempre sorrindo, sempre feliz, valorizando o público, se conectando com os fãs. Veja o que *Comes Alive!* fez com ele. Frampton penou durante anos com sua banda Frampton's Camel, lançando quatro discos de estúdio com músicas incríveis. Mas *Comes Alive!* o levou ao topo. Acho que é o disco duplo que mais vendeu em todos os tempos.

Músicas como "Do You Feel Like We Do?" e "It's a Plain Shame" eram pérolas de estúdio gravadas por Peter cinco anos antes. Mas, quando as pessoas as ouviram em *Comes Alive!*, elas surtaram. Essas canções foram feitas para serem tocadas ao vivo e a todo volume. De repente, elas renasceram e se tornaram muito populares. Definitivamente, esse é um dos melhores discos ao vivo já feitos. Se você escutar "Paradise" ou "Jungle" no nosso disco *Live Era*, vai ter a mesma sensação: "Então era assim que elas deveriam soar".

Discos ao vivo transcendem. Eles trazem todo o potencial da música até o público. A maneira como o barulho do público cresce quando Frampton rasga seu primeiro solo em "Something's Happening" dá arrepios. Para ouvir aquela mesma intensidade de Frampton, você tem que ir atrás do disco que ele fez antes de *Comes Alive!*, chamado *Performance: Rockin' the Fillmore*, quando ele ainda era um adolescente tocando com Steve Marriott no Humble Pie.

A REALIDADE ATACA

A ideia era ter um disco "ao vivo" com milhares de pessoas gritando ao fundo, fazendo com que soássemos tão – ou mais – populares quanto realmente éramos. Sim, sabíamos desde o início que eles iam adicionar mais público na gravação e estávamos tranquilos em relação a isso, desde que soasse bem. Não queríamos que o disco soasse pequeno ou cafona. Os engenheiros de som da Geffen nos disseram que teria muita merda envolvida (por exemplo, custaria muito) para realmente fazer um disco ao vivo, então nos falaram para criarmos o efeito do público ao vivo em estúdio. Apesar de admitir ter ficado meio puto com a autenticidade da coisa, acabei achando que ficou OK porque muitos dos discos ao vivo que amávamos tanto desde que éramos crianças também não eram realmente ao vivo.

Disseram que era o caso de *Comes Alive!*. Fiquei sem chão ao saber que a única coisa realmente ao vivo no disco era a bateria. Além disso, no *Unleashed*, do Judas, Rob Halford gravou os vocais na casa do Ringo Starr. Não podia acreditar. Então estávamos aprendendo o jogo e como jogá-lo, desde que eles mantivessem sua palavra e, como eu disse, não fodessem com as músicas. Foi meio que uma corda bamba para nós porque queríamos lançar nosso som; queríamos que soubessem que entramos nessa para ganhar, mas não queríamos nos curvar completamente diante de suas decisões.

Foi agendado o horário de gravação no Pasha Studios, que ficava bem ao lado do Paramount Studios, próximo à Melrose Avenue, em Hollywood. Spencer Proffer foi contratado para produzir e isso aconteceria em seu estúdio. O *Metal Health*, do Quiet Riot, foi gravado lá, e aquele disco era demais. Gravamos quatro músicas e, juro, acho que também gravamos "Shadow of Your Love" lá. Pensando bem, podemos ter, na verdade, gravado seis músicas durante aquela sessão.

Uma coisa sempre me incomodou, desde o início da gravação. A contagem de "Reckless Life" é a minha *primeiríssima* batida na bateria, com o chimbau e o cowbell. Quando bati no cowbell, a baqueta *escorregou*. Então minha primeira nota gravada é muda, não está toda lá.

No começo de "Mama Kin", acrescentamos o som de fogos de artifício. Se ouvir com atenção, antes de a música começar, enquanto Axl está dizendo "Essa música é sobre a porra da sua mãe!", dá para escutá-los explodindo: *crack-boom, bam-boom!* Realmente acendemos fogos de artifício no estúdio. Posicionamos os fogos na cabine de gravação, acendemos o pavio e os cobrimos com um balde. Claro que o balde foi microfonado e acabou soando enorme. Depois que terminamos as músicas, Spencer acrescentou o público. Ele usou fitas de arquivo de performances ao vivo do Dio e do Quiet Riot e mixou os gritos nas músicas. Spencer estava no meio havia anos e eu gostei muito de trabalhar com ele. Ele tinha várias histórias incríveis e eu não me cansava de escutá-las. Ele tinha feito muita coisa, eu fiquei muito impressionado. Tinha trabalhado com vários dos meus ídolos, artistas musicais dos anos 60 e 70. Além disso, ele era um ótimo ser humano e era fácil trabalhar com ele.

Todos os dias, por volta do meio-dia, fazíamos uma pausa para o almoço e íamos ao Astro Burger, em Melrose, lar dos melhores hambúrgueres de L.A. Então voltávamos ao estúdio, onde todo o processo de gravação durou dois ou três dias. Estávamos todos na mesma sala à prova de som e realmente gravamos aquelas músicas juntos para dar uma sensação "ao vivo", em vez de cada músico fazendo um canal separado que depois seriam juntados. A única coisa que foi acrescentada depois foram os backing vocals. Se você reparar em "Nice Boys", vai conseguir escutar Axl fazendo vocais de apoio para sua própria voz.

O disco foi lançado, a KNAC colocou "Reckless Life" e "Mama Kin" em sua programação regular e foi uma sensação incrível ouvir minha própria banda no rádio. Experimentei o maior barato natural e feliz com aquilo. Um filme que foi lançado em 1989, *Guerreiro Americano 3*, tinha "Move to the City" na trilha sonora, mas nunca o assisti.

Estávamos na casa de Vicki quando ela recebeu o primeiro lote dos nossos discos. Parecia Natal. Ficamos só olhando enquanto ela abria a caixa cheia de EPs. Era do tamanho da caixa onde armazenam dez pacotes de papel em papelarias. Foi um sentimento como aquele meu e de Slash ao escutarmos o GNR no rádio pela primeira vez. Passei por várias primeiras sensações fantásticas nessa época. A criança dentro de mim nunca se satisfazia, com cada manhã sorrindo com mais e mais picos artísticos.

A capa trazia um close em Axl e Duff. Era uma foto bem legal – a luz, as expressões. Acho perfeita. Todos na minha família compraram uma cópia. Nosso velho amigo Marc Canter comprou duas. A primeira loja em que entrei e vi o disco à venda de verdade foi a Vinyl Fetish, em Melrose. O dono, Joseph Brooks, era um amigo próximo da banda e, como vários locais que acompanharam nosso crescimento, compartilhou nossa conquista.

A Geffen indicou um empresário pessoal para nós, Alan Niven. Era um cara grande, durão e que falava merda com sotaque britânico. Ele também estava empresariando os já estabelecidos Great White, de Los Angeles. Sei que os caras estavam torcendo para conseguir Doug Taylor ou Doc McGee para nos empresariar, porque eles cuidavam de artistas grandes como Bon Jovi e Mötley Crüe. Mas Alan era rude e faminto, e estava do nosso lado. Todos gostávamos dele. Ele era compromissado e brutalmente determinado – não muito diferente do lendário über-empresário do Zeppelin, Peter Grant – e ia ralar, nos manter ocupados e nos levar ao topo.

VICKI SOME

De repente, do nada, Vicki não estava mais por perto. Simplesmente aconteceu. A princípio, pensei que ela tinha conseguido uma indenização da Geffen e, por isso, tinha sumido de vista. Não ouvi nada sobre abandoná-la quando assinamos. Acredito que ela ainda tinha alguns truques na manga e muito para contribuir com o nosso sucesso. Certamente, eu era quem me dava melhor com ela. Na verdade, entre todos nós, provavelmente eu era o que me dava melhor com todas as pessoas de fora.

Slash gostava muito de Vicki, assim como Izzy. Mas acho que a banda como um todo achava que ela não estava estabelecida o bastante e, na verdade, surgiu um sentimento geral de que um homem teria mais poder. Isso era particularmente verdade para Axl, que acreditava que uma mulher não teria o mesmo respeito que um homem. Alan era um cara legal e nunca proferiu uma palavra negativa sobre Vicki. Isso só confirmou nossa crença de que ele seria um profissional excelente e iria quebrar tudo por nós. Eu meio que fiz uma nota mental para descobrir os detalhes da saída de Vicki, mas estava no olho do furacão do lançamento do disco ao vivo e nunca dei continuidade a isso.

Nesse ponto, tudo estava acontecendo muito rápido. No passado, sentia que alguns dos caras que faziam bico com a gente eram um bando de drogados desesperados que queriam sugar e pegar tudo o que pudessem de nós. Acho que Alan foi bem-sucedido em fechar aquele buraco sujo, e eu me senti muito mais seguro e menos exposto a gananciosos oportunistas.

Nos mudamos da casa de Vicki e fomos para um espaçoso apartamento de dois quartos na esquina da La Brea com a Fountain. No entanto, era muito raro nós cinco estarmos lá ao mesmo tempo. Estávamos, agora, o tempo todo por aí, dando entrevistas, comprando roupas novas, vendo equipamentos novos. De nós cinco, eu era o que, provavelmente, passava mais tempo lá.

COM O KISS

Paul Stanley, do Kiss, viu um dos nosso shows e ficou muito interessado em nos produzir. Ele entrou em contato com Zutaut, que agendou uma reunião entre nós. Fiquei paralisado, não conseguia dormir. Nunca dormia, de qualquer forma – eu era o último a me deitar e o primeiro a acordar –, mas, pelo menos, agora eu tinha um motivo real para isso. De todas as coisas surreais que vinham acontecendo no último mês, essa era a maior delas. Quer dizer, estávamos para ser cortejados pela realeza do rock. Era o Kiss, cara!

Paul foi até o apartamento e, infelizmente, os caras o odiaram, quase de cara. Paul provavelmente sabia, assim que entrou no apartamento, que a coisa não ia funcionar. Apenas não era para ser, então ele não nos produziria. Os caras conversaram com ele por uns 10 minutos.

Cada um dos caras perguntava alguma coisa como "Bem, o que você acha disso e daquilo?", e Paul respondia com algo que era provavelmente o extremo oposto do que queríamos ouvir. Um a um, cada um dos integrantes da banda meio que foi se distanciando. Para ser justo, tenho certeza de que Paul sentiu que deveria ter entrado marchando com um jeito autoritário para nos mostrar que ele poderia assumir o comando, mas nada – e digo nada *mesmo* – que ele disse nos afetou. Na verdade, foi bem o contrário. Lembro que Izzy, em especial, não gostou da resposta de Paul para uma de suas perguntas e replicou com um "Ahhh..." bem sem vontade e finalizou dizendo "Até mais" suavemente. Em 15 minutos, a banda estava fazendo outras coisas no apartamento, pegando o telefone, abrindo a geladeira, assistindo TV, sem prestar nenhuma atenção em Paul.

Acabou sobrando apenas eu e meu amigo Ronnie Schneider. Fui o último da banda a falar com ele, e no começo pensei: "Uau, Paul Stanley". Ele era meu herói. Mas ele queria me mudar, e foi aí que ele me perdeu. As primeiras palavras de merda que saíram da boca dele foram: "Você precisa de uma bateria enorme". E disse isso sem explicar o motivo. Simplesmente olhei para ele e pensei: "Bem, foda-se".

Acho que todos nós pensamos que ele queria que nos tornássemos o Paul Stanley Project. Aí percebi que não queria que ele nos produzisse, mas ainda queria conversar com ele. Eu era um grande fã do Kiss. Contei a ele sobre minha experiência na Kisstória e disse: "Quando era criança, colocava as caixas de som uma de cada lado da minha cabeça, aumentava o volume e ficava te escutando por horas". Mas, nesse momento, ele só queria ir embora.

Continuei educado e o acompanhei até a saída. Acho que ele queria se afastar de mim, porque eu ficava fazendo todas essas perguntas idiotas de fãs obsessivos sobre o Kiss. Finalmente, no elevador, levantei a camiseta, impulsivamente, e perguntei: "Quem tem o peito mais peludo, eu ou você?". Ele disse: "Bem, *eu*, é claro". Ele disse isso de um jeito tão esnobe que pensei: "Ah, fique com ele para você então".

Recebemos bem o Paul e juro que todos tínhamos a cabeça aberta quando ele entrou, mas nunca vi algo afundar tão rápido. Isso aconteceu por causa da atitude de Paul: "Vocês são jovens. Eu sou um rock star e, para esse trabalho, vocês têm que me ouvir e fazer o que eu quiser". No fim, não éramos feitos para ele, e pensamos: "Tanto faz, cara".

AXL É UM GANANCIOSO DESGRAÇADO

Quando chegou a hora de gravarmos nosso primeiro LP, fomos morar com Alan em uma casa muito maior em Los Feliz. Começamos a fazer ensaios de pré-produção no SIR Studios, em Burbank. Foi quando surgiu o problema com os créditos das músicas – quem trouxe o que, quem era dono do que e quem ganhava royalties pelo quê. Foi Mike ou Tom que nos disse: "Vocês têm que resolver isso. E precisam ter isso definido antes de começarmos a lançar a música de vocês".

Então nos reunimos na casa nova para organizar tudo, só nós cinco. Eu achava que era um tipo de formalidade porque já havíamos conversado sobre isso antes e, desde o primeiro dia, era para ser, supostamente, uma parcela igual para todos. Mas Axl mudou seu discurso. Ele queria uma fatia maior da torta.

Axl não achava justo dividirmos os royalties das nossas músicas em cinco partes iguais. Ele achava que era mais merecedor que o resto de nós. Os outros caras foram espertos e ficaram apenas olhando para o chão. Ninguém disse porra nenhuma. Não sei se Axl os intimidava ou se eles sabiam que o silêncio era o melhor jeito de lidar com o ego dele. Bem, eu não poderia simplesmente calar a boca diante disso. Ninguém ia me fazer de trouxa, e foi por isso que me senti muito afrontado.

Então, logo de cara, eu disse: "Vai se foder, eu estava aqui desde o início, trabalhei tanto quanto você para finalizar aquelas músicas". Não tinha problema em enfrentar Axl porque eu estava certo. Aí veio um silêncio mortal de novo e estava claro que isso virou um problemão de merda. Ninguém falava nada. Então, em vez de entrar numa grande discussão, propus o que considerava uma oferta justa: "Considerando que Axl *escreveu* a maioria das letras, o que é uma parte grande dessa merda, dou a ele 5% dos meus 20%".

Axl me lançou um olhar não de agradecimento, nem de apreço, mas de arrogância e triunfo. Era como se ele esperasse isso. Então olhei em volta esperando que todos seguissem minha atitude, mas o lugar caiu em um silêncio mortal novamente. Olhei em volta e todo mundo meio que começou a falar de outras coisas. O assunto estava decidido, selado, feito. Axl estava feliz enquanto eu pensava: "Merda!".

Então ficou 25% para Axl, 20% para cada um dos outros caras e 15% para mim. Todo o calvário durou só alguns minutos. Desde que Axl ganhasse mais que os outros, ele ficaria feliz como um porco na lama. E, naquele momento, já estávamos todos treinados para nos sentirmos assim desde que Axl não ficasse putinho, desde que Axl ficasse contente, então todos deviam ficar felizes. Ele saiu dessa com mais do que todos nós juntos. Foi como quando subiu no telhado do Whisky no dia em que assinamos o contrato. Se outra pessoa da banda tivesse feito aquilo, teríamos subido até lá e o arrancado. Mas não o nosso Axl.

Naquela época, não sabíamos da condição clínica de Axl – maníaco depressivo. Só sabíamos que lidar com ele era complicado, que ele era um desgraçado de lua e que você precisava estar preparado para as loucuras dele. Num dia, ele te abraçava e, no outro, te chutava no saco. Mas Axl fez coisas adoráveis para mim que superam qualquer coisa que os outros caras fizeram. Então quem sou eu para exaltá-lo ou julgá-lo? Eu amo esse cara até hoje, amo mesmo. Mas isso não quer dizer que eu vá mentir sobre o que aconteceu.

SEU PRÓPRIO PIOR INIMIGO

Axl podia ficar bem tenso, enquanto eu, geralmente, era o oposto. As pessoas sempre falavam que eu era fácil de lidar. Eu me dava bem com todo mundo e ele não. A verdade é que Axl tinha problema em lidar com si próprio. Estava sempre vivendo em seu próprio mundinho esnobe, classe alta – ou pelo menos estava em sua mente confusa.

Lembro-me de um show em que ele foi embora depois da primeira música porque os monitores (aquelas pequenas caixas que ficam viradas para os músicos no palco, para que eles possam ouvir o que estão tocando) estavam uma merda. Ele simplesmente foi embora. Quando ele saía do palco, veio na minha direção. Eu gritei: "Por que você não veio para a passagem de som? Assim, você saberia como os monitores iriam soar. Você poderia até tê-los arrumado antes do show". Mas não, aquilo era pedir demais.

Axl deixou milhares de fãs sem pensar duas vezes. Uma coisa que eu sempre respeitei são os fãs do GNR, o público mais fiel, dedicado e fanático do mundo. Infelizmente, Axl não sentia a mesma coisa. E, depois que ficamos famosos, ele meio que esnobou os fãs do GNR.

Fosse por causa dos monitores ou de royalties, eu era o único a enfrentar Axl pelas suas besteiras. Mais tarde naquela noite, estávamos no bar e ele havia se sentado longe da banda com sua mais recente turma de "amigos", formada por atores de classe B e aspirantes a modelo. Ele tirava cigarros de sua cigarreira elegante e era completamente ridículo. Os outros caras queriam que eu deixasse isso para lá, mas eu não conseguia. Então fui até lá e disse: "Olhe para você, seu idiota patético de merda".

Axl riu para mim: "Ah, Stevie, você é engraçado".

Respondi: "Seu filho da puta, que merda há de errado com você? Você não pode simplesmente nos largar no palco e ir embora daquele jeito".

Axl apenas sussurrou algo no ouvido mais próximo e todos os seus amigos puxa-sacos deram o fora.

Quando Axl estava ridiculamente atrasado para uma sessão de gravação ou fodia com um show importante, eu sentia que tinha de chamar sua atenção. Acho que os outros caras sabiam melhor como lidar com a ira de Axl. Eles apenas viravam a cara e cozinhavam seus sentimentos. Mas houve momentos em que Axl me tratou com o dobro do respeito de qualquer pessoa na banda. Acho que isso acontecia porque eu era verdadeiro com ele. Em algum lugar nos confins daquela alma torturada, ele apreciava aquilo. Mas eu acabaria pagando caro por ficar no caminho dele, porque eu havia me tornado o cara que colocou o alvo em suas costas.

Izzy começou a evitar ficar em multidões, preferindo ficar sozinho. Mas ele era respeitoso. Saía com alguma mulher e ficava tranquilo, aparecendo de novo quando era necessário. Duff, Slash e eu, bem, sempre estávamos juntos. Nós três nos divertíamos muito quando saíamos juntos. Tínhamos nascido para farrear juntos.

O BLUES DA MUDANÇA

Nesse momento, começamos a rodar tanto que era até difícil lembrar. Durante um tempo, estávamos ficando na casa de Alan Niven, em Los Feliz, perto do observatório em Griffith Park. Os amigos de Duff de Seattle e os de Axl de Indiana acabaram ficando lá durante um tempo também. Aí, nos mudamos para Manhattan Beach porque Tom Zutaut morava lá. Ele nos deu uma van branca para dividirmos, e Slash era sempre eleito o motorista. Claro, não demorou muito até que nosso bêbado eleito destruísse o veículo. Ainda bem que ninguém se machucou.

Havia chegado a hora de começarmos a gravar no Rumbo Studios, em Canoga Park, bem ao lado do Winnetka Animal Hospital. Era perto da casa da minha mãe, e ela fazia almoço para nós quase todos os dias. Uma característica de minha mãe é que ela não conseguia ficar brava comigo por muito tempo. Eu certamente me aproveitei disso, porque aquelas refeições vieram bem a calhar. Minha mãe nos trouxe massas, sanduíches e saladas, só coisas bem saborosas. Então ela perguntava se precisávamos de alguma coisa, os caras deixavam escapar que estavam ficando sem cigarros e ela comprava alguns maços para eles. Eles foram longe demais e começaram a dar as roupas sujas para ela lavar. E quer saber? Ela lavou e até passou as roupas para nós.

Quando começamos a trabalhar em *Appetite*, estávamos em um hotel em Manhattan Beach, que ficava a uns 45 minutos de carro do Rumbo. Não faço ideia do motivo para ficarmos tão longe do estúdio. Um dia, meu irmão mais novo foi com minha mãe até o Rumbo. Aconteceu que a banda Heart estava gravando seu novo álbum do outro lado do prédio. A guitarrista, Nancy Wilson, linda e conhecida no mundo inteiro pelas suas incríveis canções, veio nos cumprimentar.

Nancy era muito graciosa. Ela colocou Jamie em seu colo e foi muito meiga com ele. Meu irmãozinho era bem tranquilo para uma criança de dez anos. Ele ficou com o maior sorriso em seu rosto naquele dia e curtiu cada minuto daquilo tudo.

CLINK NO MEU PÉ

Mais ou menos nessa época, nosso produtor Mike Clink veio sugerir que eu mudasse a configuração da minha bateria. Com todo o respeito, isso é quase como alguém pedir que você mude seus órgãos internos... Você não fode com o que está funcionando. Mas eu queria trabalhar em equipe e, quando ele trouxe um prato China e um segundo tom, pensei "Que merda é essa?", mas concordei, relutante. O problema de ceder um pouco é o que acontece a seguir. Eles não ficam satisfeitos e pedem mais. Talvez seja por isso que é melhor ser um babaca miserável com as pessoas: elas não te enchem tanto o saco.

Mike pediu que eu mudasse "Anything Goes" e aquilo mexeu comigo.

"Foda-se! Não nos diga como compor nossas músicas." Fiquei muito puto porque não era para se intrometer na música. Fui arrogante, bati o pé e me comportei como um verdadeiro cuzão. De onde surgiu esse cara?

Mas não consigo ficar puto com as pessoas. Particularmente nesse caso eu não podia ficar porque, lá no fundo, sabia que Mike vinha de um lugar bom. Então tentamos a ideia dele e, para minha surpresa, deu super certo. Minha resistência partiu do profundo desejo interno de proteger nossas músicas. E ninguém se mete com as canções do GNR. Mas eu sou o primeiro a admitir quando estou errado ou ultrapassei os limites. Depois que a coisa funcionou, olhei bem nos olhos do Mike e disse: "Sinto muitíssimo".

As alterações sugeridas por Mike aparecem logo que Axl canta o primeiro verso. Inicialmente era lento, então a ideia dele era deixá-lo mais rápido e, como eu disse, melhor. Então começamos a ajustar as coisas, como as mudanças de acordes no final de "Rocket Queen". Ele também teve a ideia de colocar o antigo sintetizador Moog no começo de "Paradise City" e, novamente, aquilo soou incrivelmente bem. Essas são as únicas mudanças que lembro que ele tenha feito nas músicas. Naquela época, "Mr. Brownstone", "It's So Easy" e "Sweet Child O' Mine" eram nossas músicas mais novas e tivemos que trabalhá-las bastante em estúdio.

"Mr. Brownstone" era um aviso velado de Axl para todos nós, inclusive para ele mesmo. Todos vimos como as drogas tinham conquistado presença VIP em nossas vidas, mas também acreditávamos que éramos indestrutíveis. Apesar de sermos babacas arrogantes, respeitávamos (e temíamos) a habilidade que a heroína tem de cavar seu caminho em nossas vidas, demandando quantidades cada vez maiores de nossa rotina.

Então fizemos o que normalmente fazíamos com algo que havia se tornado parte de nós: escrevemos sobre isso. A mesma coisa aconteceu com as groupies, que estavam ficando totalmente fora de controle. Podíamos apenas jogar a rede de pesca pela janela de qualquer clube e pegar quantas garotas quiséssemos. A brincadeira com as garotas perdeu a graça: não era mais desafiador pegar a melhor presa e, novamente, escrevemos sobre isso: "It's So Easy" [É Tão Fácil]. Estava entendido que Axl tinha a palavra final sobre as letras, mas todos podíamos contribuir e, naquele momento, todos queríamos contribuir.

Capítulo 11
CRIANDO UM APETITE

NO ESTÚDIO

Minha contribuição para o disco durou seis dias, do começo ao fim, e pronto. Por outro lado, Axl insistia em gravar seus vocais *uma frase de cada vez*, e demorou muito mais. Ninguém queria ficar por perto quando ele estava no estúdio porque seu método talmúdico de gravação deixava todo mundo louco. Era além do que um perfeccionista exigiria. Rapidamente, tornou-se óbvio para nós que era obsessão pela obsessão. Não demorou para o resto da banda arrumar uma desculpa para escapulir até o banheiro e não voltar mais. Nós preferíamos ficar bebendo e farreando na região enquanto Axl levava os engenheiros e técnicos de som à loucura.

Quando estávamos no meio das gravações, lembro que Mike e Alan acreditavam que o disco não ia dar em merda nenhuma. Eles achavam que nossas músicas eram baseadas no padrão hard rock, do tipo "já ouvi isso antes". Eles falavam abertamente sobre isso e ficamos sabendo que Mike achava que não estava trabalhando em nada de mais. Lembro-me de um clima de tédio na cabine um dia e, apesar de gostar do Mike, ele certamente não estava nos bajulando em nenhum nível. Tem uma história sobre quando filmaram nosso primeiro clipe, "Welcome to the Jungle", e sentiam a mesma coisa: nada de mais. Aquilo deve ter mudado porque, como reza a lenda, quando estavam fazendo a correção de cores da edição final nas ilhas de edição, umas garotas do escritório foram espiar o que era, falando que aquele era o "vídeo mais legal de todos os tempos".

A MORTE DE UM AMIGO

Depois de terminar a minha parte, não fui convidado a participar do resto da gravação ou da mixagem. Slash e Axl, no entanto, foram para Nova York para contribuir com as etapas finais do processo. Nosso velho amigo Todd Crew se juntou a eles na viagem. Todd fazia parte do círculo de amizades da banda desde o início. Ele era um cara excepcionalmente legal, que bebia muito e não levava desaforo para casa. Tocava baixo em uma banda chamada Jetboy, de San Francisco. Quando chutaram Todd do Jetboy, fomos a primeira banda a dizer a eles: "Fodam-se, no que diz respeito a nós, vocês estão acabados. Vocês nunca vão fazer shows com a gente".

Axl, Slash e Todd voaram para Nova York para supervisionar a mixagem de *Appetite*. Todd nunca voltou. Não sei exatamente o que aconteceu porque eu não estava lá. Ouvi falar que Slash e ele estavam farreando e injetando heroína, e Todd apagou. Slash e Todd devem ter se separado em algum momento. Todd teve uma overdose e morreu.

Ninguém conseguia acreditar quando as notícias chegaram a Los Angeles. Foi o pior choque que eu já tinha sentido até aquele ponto da minha vida, muito devastador. Eu não queria comer, falar ou sair da cama. Era impossível haver justiça em um mundo que deixa um amigo doce e amado como Todd ir embora. A banda tinha amigos tão próximos e dedicados que os considerávamos membros do GNR que só não apareciam no palco. Todd era um desses e eu realmente senti como se tivesse perdido um irmão.

Mais ou menos uma semana depois, Slash e Axl voltaram. O humor deles estava mais que sombrio e eles recusavam qualquer ligação. Foi um período negro e sombrio para nós, e não passava. A cada dia, havia um segundo depois de acordar em que eu sorria para o sol. Aí aquilo me atingia e eu passava o resto do dia relembrando meus sentimentos pela morte de Todd.

No fim, as nuvens negras foram embora, porque tinham que ir. Tinha uma pressão intensa do selo para terminarmos o álbum. Se a decisão fosse nossa, acho que preferiríamos estender por mais uns dois meses, mas estávamos aprendendo que muitas decisões não eram totalmente nossas. Enormes quantidades de dinheiro eram investidas no lançamento do disco, datas foram marcadas e tínhamos compromissos indispensáveis. Mas era isso o que eu amava na banda nessa época da minha vida. O Guns N' Roses tinha uma presença viva para saber o que era melhor para sobreviver. Nenhuma atitude nem petulância, apenas uma vontade orgânica de viver e prosperar. Não nos rebelávamos ou pensávamos algo negativo quanto à pressão; apenas encontramos um jeito de espalhar o amor que Todd dividia com a gente e decidimos que, em vez de afundar na tristeza e na pena de si mesmo, podíamos usar *Appetite* para sair da nossa depressão. Isso funcionou, e digo mais: só deu certo porque honestamente pensamos que Todd gostaria que fosse desse jeito, e não tinha suborno ou besteira que viesse da Geffen para nos fazer terminar *Appetite* se nós mesmos não acreditássemos nisso. A morte bateu na porta, nos fez sentir mortais pela primeira vez, e o GNR usou *Appetite for Destruction* para se rebelar contra isso.

UM APERITIVO DE *APPETITE*

Lentamente, o trabalho nos levava a nossa dolorosa recuperação. Até hoje, quando as pessoas me falam que *Appetite* é a melhor criação que existe e a melhor trilha sonora da vida delas, acredito que uma parte da mágica desse álbum vem do nosso amor por Todd. A agonia com que tivemos de lidar nos levou mais longe do que qualquer outro músico já tenha se esforçado, o que nos fez levar o melhor absoluto para aquele vinil. E, de alguma forma, sabíamos que tínhamos feito algo muito especial.

Juntamos qualquer um que fosse especial em nossas vidas no Hell House para o "lançamento mundial não-oficial". Era a primeira vez que ouviríamos o nosso álbum. Wes, Del, o Naked Skydiver Chicks, Jo Jo, todo mundo estava sentado como se fossem crianças esperando para assistir *O Mágico de Oz*.

Slash colocou *Appetite for Destruction* para tocar pela primeira vez e, assim que entrou "Welcome to Jungle", todo mundo aplaudiu. Slash e eu nos viramos e nos abraçamos. Estávamos muito felizes. Escutamos os dois lados dizendo basicamente "É isso! Está funcionando, isso soa legal". Todo mundo, *todo mundo*, ficou impressionado com o que Axl fez com seus vocais. O engraçado é que Axl provavelmente nem estava lá. Deus sabe o que ele estava fazendo. Na verdade, acho que nem Deus sabe o que Axl está fazendo na maior parte do tempo.

Chegou "Paradise City" e, no final dela, onde a minha bateria preenche soando como um pedal duplo, notei algo diferente. Sei que fiz esse preenchimento no estúdio, mas Slash teve a ideia, de algum jeito, de repetir. Perguntei diretamente para ele, que admitiu ter a ideia no estúdio. O segundo preenchimento é, na verdade, o primeiro tocado de trás para frente. Teve um momento de tensão em que Slash olhou com aquela cara de "Foi isso mesmo e está feito".

Eu sorri. "Cara, legal. Muito legal." Sempre toquei, vivi no palco com apenas um preenchimento. Mas aquilo funcionou e estava completamente de acordo; eu respeitava a opinião do Slash e sabia, no meu coração, que ele fez isso para deixar o álbum o melhor que pudesse ser, e esse também era o meu desejo.

PELA BANDA

Acho que posso justificar o fato de ter concordado com Slash porque achei que o preenchimento funcionou e, de algum jeito, melhorou o clímax para "Paradise City", ou talvez porque eu era Steven, o cara sorridente, o membro conciliador da banda. Ou, talvez, minha autoestima era uma merda e eu não estava disposto a brigar com Slash em uma batalha que eu sabia que já estava perdida. Independentemente do que foi, não perdi muito tempo pensando nisso, porque já estava gravado e pronto. Enquanto aguardávamos o lançamento, tínhamos muito tempo livre.

Slash tirou férias no Havaí. Ele estava se divertindo a valer e precisava de um tempo para sossegar. Fisicamente ele estava muito acabado. Suas mãos estavam trêmulas, tremiam o tempo todo. A viagem era um lance para ele se recompor. Tem várias histórias de festas incríveis sobre nós, mas a verdade é que estávamos começando a mostrar o desgaste, não pelos anos, mas pelos quilômetros percorridos. Estávamos em uma jornada incrível, trabalhando e nos divertindo mais do que qualquer dúzia de homens juntos. A conta estava começando a chegar.

O fato é que, quando o assunto são drogas, todo mundo na banda era muito reservado e dissimulado. Ninguém dizia nada para ninguém sobre as suas preferências. E éramos todos bastardos gananciosos. Então, quando alguém tinha algo, ele queria tudo para si. Não era como se estivéssemos ansiosos para entregar aos outros o nosso estoque limitado – ou ilimitado. Algumas semanas depois, Slash voltou das ilhas com uma saúde e um espírito consideravelmente melhores. Éramos uma equipe de novo, prontos para detonar.

ALICE COOPER

Em maio, tivemos a oportunidade de fazer um show com Alice Cooper, em Santa Barbara. Todos da banda eram fãs de Alice e esse seria nosso primeiro grande show. Alan desviou de seu caminho para conseguir isso para gente. O local era um belo teatro ao ar livre. O show foi oficialmente marcado e estávamos excitados pra caralho. Imagine abrir para um dos seu grandes heróis de todos os tempos. *Killer* é um dos melhores álbuns já gravados: "Under My Wheels", "Be My Lover", "Desperado", "Halo of Flies" e a faixa-título. Lembro-me de ter gastado os dois lados daquele LP.

No dia do show, nos amontoamos na nossa nova van branca (compramos outra depois que Slash detonou a primeira), enquanto Axl estava em pé do lado de fora. Ficamos gritando: "Vem, Axl".

Ele disse: "Não, encontro com vocês lá; alguma garota vai me levar".

"Foda-se a garota. Vem, pela banda."

Era o nosso lema na época: "Estamos fazendo isso pela banda". Esse era o nosso lance, sempre dizíamos isso. "Vamos encher a cara essa noite – *pela banda*." Ou "Vamos gozar no rosto dela – *pela banda*". Não sei qual era o problema do Axl, mas ele insistiu em ir para o show por conta própria, e o que Axl quer...

Alice e toda a banda eram demais. Naquela época, a bande de Alice contava com Kane Roberts na guitarra, um fisiculturista que se vestia como o Stallone em *Rambo*. Na bateria, Eric Singer, que depois se juntou aos meus heróis do Kiss. No baixo, Kip Winger, que fez muito sucesso em um projeto solo alguns anos depois.

Eles estavam nos dando uma oportunidade fantástica, uma grande chance de nos deixar abrir o show. O nosso álbum nem tinha sido lançado ainda. Estávamos prontos para tocar, mas, claro, alguém estava faltando. A próxima coisa que se sabe é que tínhamos de estar no palco em 5 minutos e todo mundo estava gritando: "Onde está o Axl?". Esperamos o máximo que pudemos, mas realmente tínhamos que entrar em respeito ao Alice.

Às oito horas estávamos no palco, como agendado. Sem Axl, fizemos o nosso melhor e improvisamos. Tocamos "It's So Easy" com Duff cantando. Depois disso só fizemos jams de blues. Sempre incluímos blues flamejantes em nossos sets, então conseguimos agitar o público e não acho que ele se sentiu traído. Izzy e Duff gritavam algumas palavras aqui e ali. Talvez o técnico de Duff, Mike "McBob" Mayhue, também tenha cantado alguma coisa. O ponto básico era: sem Axl, não entregamos o verdadeiro Guns N' Roses, como prometido. Apenas tocamos, guardamos as nossas tralhas e fomos embora. Pelo meu respeito por Alice e pelo meu sentimento quanto ao que o Guns N' Roses significava, foi uma das noites mais humilhantes da minha vida.

Depois disso, estávamos todos putos e, num momento de fúria, consideramos tirá-lo da banda, mas nos demos conta de que não havia nada que pudéssemos fazer. O álbum já tinha sido gravado e Axl era parte integrante de nossa imagem e de nosso som, então nunca conversamos de fato sobre conseguir outro cantor. Sei que soa como se Axl tivesse saído dessa com facilidade, mas não podíamos insistir nisso. Estavam acontecendo merdas durante o lançamento do álbum e precisávamos manter a cabeça no lugar para tomar decisões.

Alan nos ligou para uma reunião no El Compadre, um restaurante mexicano em frente à Guitar Center, na Sunset. Ele sabia que, sendo lá, ele teria mais sorte em levar todos nós, porque amávamos aquele lugar. Acompanhando Alan, estava um cara branco com 20 e tantos anos ostentando um corte mullet ofensivo. Alan disse: "Rapazes, conheçam o seu novo gerente de turnê, Dougie Goldstein".

Dougie estendeu a mão para cumprimentar cada um de nós. Ele ostentou um sorriso contagiante, de orelha a orelha. Parecia ser muito legal, estava genuinamente empolgado em trabalhar com a gente e o seu entusiasmo era real. Ele nos disse que, a partir daquele momento, não precisaríamos nos preocupar com nada. Assegurou que se tivéssemos qualquer problema, qualquer coisa, poderíamos contar com ele. Tinha um jeito positivo, uma confiança, e acreditamos nele. Depois da reunião, decidimos celebrar e passar por outros bares da Strip. Nos amontoamos na caminhonete de Alan, que não tinha espaço para tanta gente. Então eu disse: "Vou sentar lá atrás".

Ele respondeu bravo: "Vai se foder, Steven. Você é um membro da banda. Você é tão importante quanto os outros. Eu sento lá atrás". Pensei: "Isso é legal. Isso é o que chamam de cumprir o prometido". Durante os meses que se seguiram, continuei acreditando que podia confiar nele; senti que podia contar qualquer coisa. Me senti muito próximo de Dougie e, em retrospectiva, talvez *muito* aberto em dividir tudo com ele.

Ainda naquele mês, Alan veio até nós e anunciou: "Vocês precisam conseguir passaportes, vamos à Inglaterra". Nosso EP *Live!? Like a Suicide* estava fervendo e era amado pelos críticos de rock e por nossa legião de fãs, que crescia rapidamente. *Appetite,* nosso álbum completo, ainda não tinha saído; então, para promover nossos shows, lançamos o single "It's So Easy" no Reino Unido para a turnê.

Finalmente eu ia ver o mundo, como sempre sonhei. Era a minha primeira vez fora do país, e eu estava levando a minha banda de rock. Farreamos da hora em que entramos no avião até desmaiarmos nos nossos quartos de hotel em Londres. Era uma insanidade constante. Todos nós éramos virgens de viagens, exceto Slash, que na verdade nasceu na Inglaterra, em uma cidade chamada Stoke-on-Trent. Sugeri que déssemos um pulo em sua cidade enquanto estávamos por lá, mas Slash não tinha nenhum interesse em visitar o lugar onde nasceu.

Quando chegamos à Inglaterra, no dia 19 de junho, estava frio e sombrio, e continuou assim durante a nossa estadia. Tínhamos escalado três shows pelos próximos dez dias e, como eu me interessava por História, fiquei completamente fascinado com o lugar. À noite eu olhava para as estreitas calçadas de ruas com iluminação a gás e pensava comigo mesmo: "Uau, Jack o Estripador provavelmente perseguiu por essas mesmas ruas!".

No primeiro dia, fomos levados numa limusine vintage para onde ficaríamos hospedados. Fomos colocados em dois pequenos apartamentos, cada um com dois quartos. Eram alojamentos para turistas que vinham ficar uma semana ou algo assim. Antes de viajar, chamei Ronnie Schneider para vir junto e ser meu técnico de bateria, ele agarrou a chance e por isso acabamos dividindo um quarto.

FALHA FATAL

Como técnico de bateria, Ronnie não sabia de merda nenhuma. Ele era baixista, mas era meu amigo. Ele cuidou dos negócios e a gente se divertiu. Tinha alguns técnicos diferentes na nossa equipe: Slash tinha Andy e Izzy tinha Scott, um técnico de guitarra com o cabelo bem comprido e encaracolado, que era um cara bem legal. Mike "McBob" Mayhue era o técnico de Duff e, mais tarde, ele trouxe o seu irmão, Tom Mayhue, para ser o meu. Minha atitude era: "Ei, contanto que eu consiga subir no palco e tocar, não tem por que me preocupar". Eu não me importava com nenhum outro assunto pertinente à banda; enquanto o básico estivesse sendo feito, eu estava feliz. Depois, isso ia voltar contra mim com toda a força.

O lugar onde ficamos acabou se revelando bem velho e sujo (apesar de virmos de L.A., tudo na Inglaterra parecia muito antigo). Havia rachaduras no teto e nas paredes, e uns insetos estranhos se arrastando pelo chão, de uns tipos que eu nunca tinha visto antes. Então, para me afastar do safári de insetos britânicos, fui a um pub em frente ao clube Marquee, onde íamos tocar. Lá, eu fiquei amigo da garçonete, uma garota sueca. Ela era uma menina bonitinha e magrinha, que falava um inglês errado. Estava conversando com ela e reclamando de como não havia variedade na TV britânica e que achava a BBC uma merda. Ela me disse que morava no pub, em um quarto no andar de cima. Ela tinha desenhos animados que eu poderia assistir em sua "máquina de vídeo", se quisesse. Porra, claro que sim. Eu já falei que essa garota era gostosa? Era assim que acontecia na banda: cada um conhecia sua própria turma e criava seu roteiro enquanto estávamos em Londres ou em qualquer outra cidade.

Então aceitei o convite da gostosinha magrinha que falava inglês errado para ir ao andar de cima, ficamos juntos e chapamos. Mais tarde, descobri que ela era loira natural e que havia tingido os cabelos de preto. Eu ri e ela perguntou por quê. Disse a ela que, em L.A., o mais normal era o contrário. Assistimos ao Pernalonga e adorei cada minuto. Passei a maior parte dos oito dias que ficamos lá com ela. Passamos os outros dois dias em Amsterdã.

Para os ensaios e o nosso primeiro show, precisamos alugar equipamento. Recebi uma bateria Sonar branca, que era uma merda. Chegamos uns dois ou três dias antes do show, mas ensaiamos cinco vezes. Todos estavam bem determinados a estabelecer uma meta sólida: domine o Reino Unido e você vai conquistar o mundo.

Na quinta, estávamos prontos para o nosso primeiro show na Europa. Durante a passagem de som, os caras começaram a tocar uma melodia roqueira que eu não tinha certeza se já tinha ouvido antes. Eu pensei: "Uau, essa música nova é bem legal". Ela tinha uma familiaridade assustadora, mas que eu não conseguia reconhecer. Como Axl ainda não estava lá, Izzy e Duff começaram a cantar aquela música e foi só então que eu percebi que era "Knockin' on Heaven's Door". Sorri pensando: "Ah, sim, é essa música". Percebi que estávamos pegando o clássico de Bob Dylan e transformando-o em um rock, colocando-o sob a nossa asa e inserindo-o no território do Guns N' Roses. Naquela noite, nós a gravamos ao vivo; ela foi lançada como lado B do single "Welcome to the Jungle" na Europa. Também ensaiamos "Whole Lotta Rosie", clássico do AC/DC, para tocarmos nos próximos shows.

Foi ideia de Axl tocarmos "Knockin' on Heaven's Door". Ele falou sobre ela com Slash, que aprendeu a tocá-la, e fizemos. Eles nunca comentaram nada comigo, apenas esperaram que eu pegasse a batida naturalmente. Não sei se isso era um elogio à minha habilidade como baterista ou um sinal de desrespeito total às minhas necessidades como integrante da banda (mas tenho um palpite forte). Deveria ter batido o pé e insistido que eu deveria ter tanto tempo de ensaio quanto todos os outros para aprender as músicas novas, fossem covers conhecidos ou não. Digo isso agora porque esse desrespeito crescente só foi aumentando até me colocar em uma situação extremamente desagradável, no Farm Aid.

Tocamos na quinta-feira seguinte e também na sexta. O show foi incrível, apesar de ter só umas 30 pessoas. Mais tarde, conheci uma gata que, claro, queria fazer festa. Acho que não preciso dizer que conheci uma garota diferente depois de cada show, em 100% das vezes. Então fumei um baseadão com essa. Normalmente, depois dos shows, a banda ia para o camarim, onde nos recuperávamos e colocávamos a cabeça no lugar. Eu sempre tomava um banho, mas não consegui aquela vez porque o lugar não tinha um chuveiro. Então essa garota me ofereceu um banho de banheira e fomos para o apartamento dela, onde tivemos uma típica noite de desventuras.

No dia seguinte, durante o ensaio, enquanto estava sentado atrás da bateria, eu sentia uma forte coceira nos países baixos. Estava com muita dor. Aí caiu a ficha: eu estava com chato. "Que porra é essa? Dougie, me ajuda!" Todos os caras começaram a rir de mim, me provocando, mas Doug veio imediatamente e me deu um xampu chamado Rid. Fui até o terraço do prédio onde estávamos ensaiando, porque era o único lugar onde eu poderia ficar sozinho e me limpar. Havia um banheiro no terraço – um quartinho com chuveiro. Tinha uma mangueira para enxaguar o xampu. Enchi a pia de água. Primeiro, ensaboei tudo, apesar de estar com a bunda congelando, e enxaguei o xampu com água gelada.

Esfreguei no corpo inteiro, ensaboando tudo algumas vezes para garantir que eu ficasse livre daqueles bichos. Então, fiquei do lado de fora, totalmente nu, observando toda a Inglaterra no meio da tarde. No andar de baixo, os caras estavam me esperando. Mais tarde, voltei ao apartamento, que só tinha uma banheira. Foi uma merda. Eu *realmente* precisava de um banho.

Os shows foram muito bons. Mas, por algum motivo, nem todas as críticas foram positivas. Parecia que a imprensa sempre queria "emputecer" o GNR, e o que se falava era que nosso primeiro show na Inglaterra não tinha sido tão bom, quando, na verdade, nós detonamos! Houve uns baderneiros, mas nós os superamos.

A *Kerrang!* é a grande revista semanal de rock na Europa. Fizemos umas fotos para ela e o fotógrafo teve a ideia de nos deitarmos uns sobre os outros. Essa se tornou nossa primeira capa em uma revista europeia, lançada algumas semanas antes do nosso show. Estávamos fazendo muita coisa: sessões de fotos e entrevistas duas vezes por dia, todos os dias. Eu adorava isso, me esbaldei.

Duff, Slash e eu andamos pela cidade, compramos em lojas de instrumentos usados e conhecemos os pubs, exatamente como o Mott the Hoople havia feito 15 anos antes nos Estados Unidos. Em algum momento da nossa visita, pegamos o barco até Amsterdã. Enquanto estávamos lá, recebemos a notícia de que, devido à alta demanda, faríamos mais um show no Marquee. Voltamos para tocar um repertório matador. O show foi incrível e ficamos agradecidos pelos fãs ingleses serem tão receptivos.

No nosso último dia, a limusine veio nos buscar no hotel. Estávamos todos de bom humor: viemos, conquistamos e estávamos voltando. A caminho do aeroporto, o céu ficou estranhamente claro. Olhei pela janela e pensei: "Ótimo, *agora* o sol apareceu".

De volta aos Estados Unidos, continuamos com os preparativos para o lançamento do nosso disco. A opção pela ilustração da capa foi decidida muito rapidamente. Enquanto visitávamos umas lojas em Melrose, Axl ficou bem atraído por uma ilustração de um cartão-postal que ele havia encontrado em uma loja. Ele o comprou e apresentou para todos nós. O título daquela obra era *Appetite for Destruction*, de Robert E. Williams.

Todos gostamos dela e eu falei: "Caralho, é perfeita". Tinha um monstro demoníaco com lâminas saindo de todos os seus orifícios e, abaixo dele, uma garota em apuros que, provavelmente, havia sido estuprada. O pessoal da Geffen concordou em usá-la e adorou a oportunidade de conseguir uma repercussão extra – ou, talvez, muita cobertura – da imprensa, já que a arte era tão polêmica.

Aparentemente, eles estavam cientes de que muitas lojas não aceitariam uma capa que trazia uma imagem tão claramente misógina. Eles seguiram em frente e fizeram a primeira prensagem com ela, assim mesmo, sabendo que, provavelmente, teriam que mudá-la em edições futuras. Isso foi criado intencionalmente para criar resistência. Começou a circular a história sobre a capa ofensiva, e ela deu mais repercussão à banda. A foto em preto e branco da banda, na parte de dentro do disco, foi tirada por Robert John na Hell House. Estávamos na varanda, com um barril de cerveja. A colagem na parte de dentro de *Appetite* foi criada para parecer o encarte do *Live Bootleg*, do Aerosmith. Slash trouxe uma pilha de fotos e me disse: "Escolhe umas sete ou oito fotos que você quer no disco".

O disco foi lançado em 31 de julho e a primeira prensagem esgotou imediatamente, porque os compradores queriam ter um item de colecionador instantâneo, sabendo que a capa polêmica da primeira prensagem, certamente, seria recolhida. Slash e eu fomos à Tower Records na Sunset e vimos um pequeno display que eles tinham para promover o disco. Havia vários dos nossos pôsteres e discos promocionais colados juntos em volta da frase "US$ 7,99 a fita cassete, US$ 11,99 o vinil ou o CD". Ficamos só olhando para aquilo por uns 10 minutos, em um estado de felicidade profunda, alegria total. Comemoramos: "Lançamos um LP do caralho. Conseguimos!".

No dia seguinte ao lançamento do disco, 1º de agosto, gravamos nosso primeiro clipe. Foi descrito para nós como um vídeo de performance, que seria editado com imagens fortes de noticiário e cenas interpretadas pela banda. As cenas em que nós "atuamos" foram gravadas primeiro, e criaram sets especialmente para o clipe. Um deles era um quarto enorme com uma cama e uma TV, que foi montado em uma velha loja de vestidos. Outro era a vitrine de uma loja de eletrônicos, que eles encheram de TVs à venda. Então, eles colocaram Slash, meio bêbado, entornando um litrão dentro de um saco de papel, parecendo um mendigo abandonado.

No dia seguinte, gravamos as cenas ao vivo. Convidamos todos os nossos amigos e enchemos o Park Plaza Hotel com um público que realmente nos adorava. Tocamos "Welcome to the Jungle" ao vivo umas cinco ou seis vezes para conseguirmos o material necessário para o clipe. Meu irmão mais novo, Jamie, até aparece na edição. Você pode vê-lo na frente da multidão, apontando as baquetas para Axl. Me fez bem ver meu irmão Jamie no clipe. Ali estava alguém que havia me visto no meu ponto mais baixo, mas que só tinha amor e admiração por mim. Depois que terminamos todas as gravações, tocamos um show completo para o público.

Quando vimos o clipe finalizado, senti como outra conquista pessoal. Passo a passo, estávamos criando um apetite: tínhamos a banda, a gravadora, o disco e, agora, o clipe.

Capítulo 12
RASGANDO TUDO NA ESTRADA

O QUE VEM AGORA?

Começaram a aparecer ideias para turnês. Originalmente, o plano era fazer uma turnê pelo Meio Oeste com o Stryper, a banda cristã que eu curtia tanto quando via tocando em Los Angeles. Eles jogavam Bíblias para o público durante os shows, então eu e Duff começamos a brincar de distribuir algumas garrafas para os fãs durante o nosso show. Outra ideia foi irmos até a Costa Leste com o Y&T, outra banda que eu vi várias vezes quando era mais novo. Essas ideias, no entanto, caíram por terra. A primeiríssima turnê que fizemos para promover o disco foi como banda de abertura para o Cult.

Lembro-me que, uns anos antes, Slash e eu íamos dançar em clubes onde exibiam os clipes do The Cult no telão. No começo dos anos 1980, eles se chamavam Southern Death Cult. Eles se vestiam todos de preto e usavam maquiagem branca, bem góticos. Ian Astbury era o vocalista, um cara com jeito de estátua e um longo cabelo preto. Ele era demais. Sempre me deixava subir ao palco, tocar pandeiro meia-lua e cantar no seu microfone. Ele era a pessoa mais legal, gentil e pé no chão. Não me admira que ele tivesse uma namorada linda e adorável.

Você podia conversar com ele, perguntar sobre qualquer coisa, e ele faria qualquer coisa por você. Ele te fazia se sentir bem e era bem confortável ficar próximo a ele. E também era um grande artista. Não convivi muito com o guitarrista, Billy Duffy. Ele parecia distante, talvez um pouco egoísta. Les era o baterista e "Haggis", o baixista, cujo apelido foi inspirado pelo prato escocês feito de estômago de bode. Nojento.

O Cult e o GNR se deram incrivelmente bem e nos divertimos muito juntos. Eles sempre tinham buffet durante a passagem de som, uma comida excelente que, certamente, nos deixou mimados. Durante o nosso show, Axl fazia questão de dizer ao público o quanto o pessoal do The Cult era legal com a gente.

Como descobrimos depois, muitas das bandas para quem abrimos nos davam só metade – ou até um quarto – do palco. Com o Cult não tinha nada disso; eles nos davam mais espaço, mais iluminação, mais de tudo, sinal de uma banda muito tranquila e confiante de si. Quando seu disco *Electric* foi lançado, virei um grande fã deles, de verdade.

É meio que um ritual roqueiro a banda principal passar um trote na banda de abertura na última noite da turnê. Eu era, definitivamente, o cara sociável da banda, então estava sempre com os roadies e as bandas com quem excursionávamos. A equipe do The Cult e a própria banda estavam todos envolvidos nesse trote. Em Nova Orleans, durante uma das últimas músicas do nosso repertório, a equipe do The Cult veio e desmontou minha bateria, peça por peça. Primeiro, o prato; depois, o estande de prato; até chegar à caixa, enquanto eu ficava sentado lá com cara de idiota. Izzy, Duff, Axl e Slash ficaram todos apontando para mim e rindo. Então os caras montaram a bateria de volta, peça por peça.

Já as bandas de abertura, normalmente, não ousam passar trotes nas principais. Mas nos demos tão bem com eles que sabíamos que não teria problema. Ficamos nus, usando apenas toalhas enroladas na cintura. Então, nós cinco e alguns dos nossos roadies entramos no palco enquanto o Cult estava tocando. Eu tinha feito uma mistura nojenta de ovos, mostarda e tempero em um copo de isopor. Fui atrás de Ian com o copo na mão. Ele não me viu e gesticulei para o público se deveria fazer aquilo, segurando-o sobre a cabeça dele, pronto para despejar. Eles disseram: "Sim!". Ele se virou e começou a correr atrás de mim por todo o palco, me pegou e puxou a toalha da minha cintura. Fiquei completamente pelado no palco, na frente de todo mundo. Não me importei nem um pouco. Na verdade, acabei sem minhas roupas muitas vezes, no camarim, no ônibus da turnê, nos hotéis e nos bares. A banda me chamava de "cara pelado", um apelido brincalhão e indicador do quanto eu estava me divertindo naquela festa. Ainda bem que normalmente alguém enrolava uma toalha de mesa ou qualquer outra coisa em mim antes que eu me encrencasse. Naquela noite, cobri meu pinto (com as duas mãos, claro), sorri e saí do palco. Foi uma emoção ficar completamente pelado na frente de milhares de pessoas.

A diversão não acabou aí. Depois disso, fui para o camarim no andar de cima, onde Slash estava conversando com uma garota pequena e gostosa que se chamava Toy. Ele queria pegá-la, mas eu entrei e ela deu uma olhada pra mim e disse: "Ah, eu quero ficar com *ele*". Completamente entretido, a agarrei, sorri e disse: "Desculpe, Slash, é assim que funciona".

Toy e eu fumamos um e saímos pela cidade. Quando estávamos saindo do teatro, outra garota novinha e gostosa chamou a minha atenção ao agarrar a minha bunda. Ela riu e explicou que era amiga de uma garota que eu conhecia em L.A. chamada Taylor. Taylor era uma garota legal que namorou Axl e estava junto com a banda desde o começo. Essa garota era de Baton Rouge: ela ficou sabendo por Taylor que a gente ia tocar e apareceu. Então, cheguei à cidade com uma linda garota em cada braço.

Saímos pela Bourbon Street, onde tinha uma cena muito legal. Em uma das lojas de presentes, comprei um boné que segurava uma lata de cerveja de cada lado da cabeça. Tinha tubos fixos para que você pudesse sugar toda a cerveja. Usando o meu novo boné da diversão, entramos em uma casa noturna e enchemos a cara de drinques Hurricane. Toy tinha dois comprimidos de ecstasy e, como isso foi anos antes de a droga pegar, eu nunca tinha experimentado. Era suave e muito legal, uma viagem como cogumelos mágicos. Estávamos dançando, curtindo as luzes e os sons como nunca antes. Todos da banda tinham sua própria chave do ônibus, e nós três fomos para trás dele e transamos, transamos e transamos. Foi incrível.

As datas da turnê começaram a ficar mais espaçadas e distantes e, para passar o tempo, fazíamos o que qualquer outra pessoa que estivesse entediada faria: bebíamos muito. Eu também fumava muita maconha, enquanto os outros caras complementavam seus porres com cocaína. Alan aparecia de vez em quando e Dougie estava com a gente o tempo todo, realmente cumprindo sua função de cuidar da gente. Ele provou que tinha habilidade nisso, sobretudo com sua tarefa mais importante: certificar-se de que Axl estaria no palco pontualmente.

Dougie agilizava tudo. Ele era uma mãe, ajudava com as garotas, era tudo em um só. Sabia que, enquanto Axl tivesse o seu chá com limão, Izzy o seu vinho e Duff e Slash o seu estoque de vodca, os meninos estariam felizes.

No fim de setembro de 1987, começamos uma curta turnê pela Europa novamente, dessa vez com nossos grandes amigos do Faster Pussycat, de L.A. Os caras do FP eram demais. É óbvio que conhecíamos Taime de anos de diversão na Cathouse. Izzy e eu gostávamos muito de Brent, o guitarrista da banda. Eu e Duff saímos com o baterista do FP, um cara bem legal que, depois de uma noite de muita bebedeira, desmaiou na cama de Duff.

Eu não conseguia entender, mas Duff ficou puto. Duff é o cara mais maduro, mas a bebedeira poderia torná-lo perverso. "Foda-se essa merda", ele disse. Ele queria fazer uma brincadeira com o cara, então eu o ajudei a segurar e amarrar as pernas e os pulsos do baterista com fita adesiva. Amarramos a boca e também ao redor da cabeça, e o levamos para o elevador do hotel. Era um daqueles elevadores bem antigos, com um portão que você tem que puxar para abrir. Jogamos ele lá e, a essa altura, eu achava que estava engraçado para caralho.

Depois, Duff apertou todos os botões do elevador, fechou a porta e o deixou ir. No outro dia, no show, Duff e eu o vimos, machucado e com muita ressaca. Ele nos evitou completamente, não dirigindo uma palavra sobre a noite anterior.

Quando chegamos em Amsterdã, fomos ao distrito da luz vermelha, onde conhecemos muitas garotas lindas. Durante essa turnê europeia, a gente saía com garotas em todos os lugares. Elas estavam sempre lá, sempre ao nosso redor. Éramos jovens, nossos sonhos estavam se tornando realidade e nos divertíamos com isso. Slash, Duff e eu fazíamos disputas para ver quem conseguia mais boquetes em um dia. Eu sempre ganhava.

Slash e eu fazíamos orgias com cinco ou mais garotas. Se não gostasse do visual de alguma menina, eu a mandava para a nossa equipe. Já Axl e Izzy não faziam parte da cena. Eles eram mais conservadores, sem orgias, sem ménage a qualquer coisa, e eu respeitava isso.

BONS TEMPOS EM AMSTERDÃ

Amsterdã é o lugar mais legal em que já estive. Slash e Izzy estavam usando heroína e, quando fizeram o check in, mal podiam esperar para usar um pouco do que tinha de melhor dessa merda. Assim que chegamos lá, cada um por si deu um jeito de procurar drogas.

Durante anos, tudo o que ouvia de outros músicos que tinham estado em Amsterdã era como o Bulldog era demais. O Bulldog era um bar popular na cidade e eu mal podia esperar para ir até lá. Foi o primeiro lugar em que estive, e fui imediatamente levado para o coffee shop no andar de baixo. Era apenas uma sala cheia de fumaça espessa.

Na parede havia dois cardápios; um tinha cerca de quinze tipos diferentes de marijuana, e o outro, uns nove tipos diferentes de haxixe. Eu estava salivando bastante pelas perspectivas. Finalmente, eu disse: "Me dê a California Purple Indigo Bud" (eu sei, viajei de L.A. até a Holanda só para pedir um baseado californiano). Tinha papéis para enrolar no bar, em copos, parecidos com embalagens de guardanapos de um restaurante normal. Eram papéis de cigarro enormes, no estilo Big Bambu do Cheech & Chong.

O Bulldog também tinha um bar de bebidas que ficava no andar de cima. Na maior parte do tempo, fiquei na área de cigarros. Era demais! Todo mundo dançando, as luzes piscando e eu tomando cerveja e fumando maconha, definitivamente me sentia como se estivesse em casa.

O lugar em que tocamos, o Paradiso, ficava exatamente em frente ao Bulldog. No final do show, fui até a frente do palco e disse: "Vocês são incríveis. Muito obrigado". Joguei minhas baquetas para o público e pulei na multidão. As pessoas me colocaram no chão com cuidado, de um jeito que eu pudesse sair pela porta dos fundos para ir até o Bulldog. Era por isso que eu amava tanto esse lugar, não queria ir mais embora.

Claro que Slash e Izzy continuavam com sua fixação. Tudo o que eles conseguiam falar era sobre usar heroína. A conversa era *somente sobre isso*. Quando eles finalmente usaram, ficaram horrorizados em descobrir que a merda que compraram era falsa. Eles foram enganados e estavam depressivos, porque usar heroína era para ser bom e gratificante. A verdade é que havia muita heroína rolando em Amsterdã naquela época; eles foram muito azarados.

Ronnie e eu estávamos andando pela rua e vimos um mendigo andando sem direção. Dois policiais foram até ele, revistaram-no e encontraram seringas com ele. Pensei apenas que ele estava sendo preso. Mas não, eles quebraram as seringas, jogaram fora e deram novas. Também deram a ele uma caixa que tinha uma seringa, uma borracha e algodões com álcool. Então, eles o deixaram seguir seu caminho. Achei isso demais, muito *iluminado*.

Na mesma noite, Ronnie e eu saímos do Bulldog. Ficamos ali durante um tempo curtindo a noite, quando um cara veio até nós e perguntou: "Ei, vocês querem festa?". Eu sorri e ele disse: "Bem, um amigo meu tem um apartamentinho". Ele explicou que era um grande fã da banda, então achei que não teria problema com ele.

Nós o seguimos até um beco escuro atrás do Holiday Inn. Ele nos falou para esperar um pouco e entrou. Ficamos esperando no beco por uns 25 minutos e começamos a ficar impacientes. Bem quando estávamos a ponto de dizer "Que se foda", ele finalmente saiu e falou: "OK, caras, podem entrar. Está tudo bem". Entramos no lugar e estava totalmente escuro, não conseguia enxergar nada. Subimos uma escadaria longa em espiral. Alguém deixou uma bicicleta de dez marchas acorrentada lá, exatamente onde não dava para enxergar, e eu tropecei naquela porra. "Ah, cuidado com a bicicleta", ele disse. OK, obrigado.

Entramos nesse pequeno esconderijo, iluminado com luzes vermelhas, amarelas e verdes. Miçangas pesadas estavam penduradas nas portas, era um visual muito retrô psicodélico. Ele nos apresentou a seu amigo Sven, um cara de uns 30 e poucos anos com visual bagunçado. Claro que ele tinha heroína e cocaína preparadas na sua frente. Eu já tinha usado heroína duas vezes antes disso, mas nunca tinha injetado. Estávamos em Amsterdã, fumando baseados, nos sentindo ótimos, e dissemos: "OK, foda-se. Vamos curtir".

VAI, SPEED RACER

Ele tinha heroína marrom em pó e um monte de cocaína da mais pura. Perguntei se ele queria algum dinheiro para que farreássemos, mas ele recusou, dizendo que não precisávamos pagar. O cara enfiou a mão embaixo do sofá onde estava sentado e tirou uma colher. À direita dele estava um saco de papel marrom cheio de seringas novinhas. Ele pegou a colher, mergulhou-a no monte de coca e fez a mesma coisa com a heroína. Estava preparando um speedball. Nunca tinha usado aquilo; passei muito mal nas duas vezes que tinha usado aquela merda. Não sei por que eu ia usar aquilo de novo, mas eu estava ali e isso já era motivo suficiente.

Ele segurou a colher sobre uma vela e cozinhou a mistura. Mergulhou a ponta da agulha no líquido quente e encheu a seringa com aquilo. Eles amarraram um pedaço de pano em volta do meu braço e o apertaram bem firme. Acho que estar na presença de profissionais diminuiu meu medo por agulhas, já que eu simplesmente relaxei e observei as luzes coloridas do local.

Ele mal começou a apertar a seringa e uma luz vermelha acendeu na minha cabeça. Eu gritei: "Tira isso! Tira isso! Tira isso!". Instintivamente, me afastei enquanto ele tirava a seringa do meu braço. Dava para ver que tinha injetado um quarto da dose planejada. Instantaneamente, fiquei num estado de euforia e tontura, mas eu mal conseguia ficar de pé.

Juro que se eu tivesse injetado a coisa toda, teria ficado totalmente sem controle. Pelo resto da noite, ele ficou só nos servindo drinques e tocando ótimas músicas. Sosseguei rápido e continuamos a ter uma noite incrivelmente divertida.

Logo cedo, na manhã seguinte, voltamos para o hotel. O sol mal tinha nascido e Slash e Izzy estavam sentados do lado de dentro, ainda completamente detonados. Eu me gabei: "Nos divertimos a noite inteira. Usamos coca e heroína, ficamos chapados". Eles ficaram muito putos. "Por que não veio nos buscar? Seu cuzão!"

Naquela noite, Ronnie e eu voltamos ao Bulldog. Depois de ficarmos bem ligados, saímos para explorar e conhecer um pouco mais da cultura local. Passamos pelo distrito da luz vermelha, onde abundam prostitutas e decadência sexual. Como em vitrines de lojas, você podia realmente ver todos os tipos de garotas em exibição. Elas ficavam dançando, girando, tentando se vender. O que você quisesse: alta, baixa, negra, branca, atarracada, você a pegava por uma ou meia hora, tanto faz.

Não precisava daquela merda; já estava bem nesse tema. Passamos por uma loja de pornografia onde um cara do Oriente Médio acenou para nós. "Quero te mostrar uma coisa." Ele apontou para um monitor de TV no canto do lugar e ficamos hipnotizados. Um cara e uma mulher estavam trepando e chupando cada animal de fazenda que você poderia imaginar. Não conseguíamos parar de olhar. Ficamos lá por 45 minutos, de queixos caídos. O cara tentou nos vender as fitas do vídeo que estávamos assistindo, mas não, obrigado. Eu poderia ficar um bom tempo sem ver aquela mulher com um cavalo de novo.

Finalmente, decidimos visitar nossos amigos locais da noite anterior. Fizemos a coisa certa e chamamos Slash e Izzy, antes de irmos para o esconderijo da euforia que havia sacudido nosso mundo na noite anterior. Depois de uma pequena busca, encontramos o lugar, batemos na porta e o mesmo cara atendeu. Ele sorriu e disse que imaginava que voltaríamos. Foi a segunda vez que injetei. Ficamos chapadaços. Dessa vez, eles me deram uma dose menor, mas Izzy e Slash disseram para colocar tudo. Foi speedball para todo mundo, a noite inteira.

Depois da Holanda, fomos para a Alemanha, onde tocamos em Hamburgo e Düsseldorf. Todos os nossos shows estavam praticamente esgotados. O público nos amava. Os alemães ficavam insanos durante os shows, cantando junto. Eles sabiam todas as letras, e isso me deixou doido. Os alemães falam inglês perfeitamente. Lembro-me de escutar a banda no rádio em Hamburgo e pular de alegria.

As cidades alemãs eram limpíssimas, como se faxineiras viessem e esfregassem tudo de madrugada. Enquanto estávamos na Alemanha, não pude deixar de pensar na minha família, nos judeus e no Holocausto. Minha avó havia acabado de fugir para os Estados Unidos alguns dias antes da invasão nazista à Polônia. Me arrepio de pensar naquelas pessoas inocentes enfiadas em trens lotados e enviadas à camara de gás.

No dia seguinte, íamos voltar para a Inglaterra, mas eu ainda tinha um pouco de erva do Bulldog. Durante nossa viagem de barco, todos estavam preocupados e surtando por eu estar levando maconha e por isso ser ilegal. Eu não estava preocupado; simplesmente jogaria o bagulho no mar, se fosse preciso.

O tempo estava escuro, nebuloso e frio. Assim que cruzamos o Canal da Mancha, tudo o que eu conseguia pensar era na Segunda Guerra Mundial e na invasão que ocorreu nessas águas geladas. Todo o desenrolar da guerra aconteceu ali, manobras poderosas que levaram dezenas de milhares de tropas corajosas da Inglaterra para ocupar a França. Por causa de sua bravura e seu sacrifício, eu podia tocar minha música em um mundo livre.

Continuamos nossa tour com paradas em Newcastle, Nottingham, Bristol e Londres. Começo a confundir os shows, mas lembro claramente que o público britânico era um pouco mais reservado do que o alemão, embora eles aplaudissem de modo entusiasmado.

Nosso último show na Inglaterra foi no Hammersmith Odeon, em 8 de outubro de 1987. Abrimos com "It's So Easy" e arrasamos o lugar, fechando com "Sweet Child O' Mine" e "Whole Lotta Rosie". Tocar lá consolidou a nossa popularidade, que tinha crescido durante a turnê. O Odeon acomodava mais de 3,5 mil pessoas, 5 mil era a lotação máxima. De Cream a Van Halen, muitas das maiores e lendárias bandas tocaram lá, e era um sentimento maravilhoso quando eu olhava para o público. Estava quase lotado, e aqueles britânicos viram um puta show. O GNR estava se movendo no solo sagrado para o grande momento.

Quando voltamos da Europa, tínhamos nos programado para pegar uns dias de folga. Era nosso primeiro descanso da estrada em muito tempo. Estávamos em turnê sem parar desde o nosso show no Whisky, em março. Chegamos no aeroporto LAX e tinha um ônibus esperando para nos pegar. Me deixaram na esquina da Franklin com a Highland e saíram. Eu não tinha nenhum lugar para ir e nada pra fazer.

Antes disso, eles tinham nos colocado nas suítes do Franklin Plaza. Muitas bandas ficam lá. Nunca pensei que isso fosse algo especial, então, em vez de ficar lá, peguei um apartamento na mesma rua em que cresci com meus avós, em Hayworth. Minha casa nova ficava em frente à escola primária onde conheci Slash. Fui ver minha avó. Como sempre, ela estava muito feliz em me ver e, dessa vez, muito orgulhosa. A essa altura eu não tinha contato com minha mãe e, na verdade, não tinha nenhuma razão em particular. Só não me lembrei de ligar. Eu não estava sendo maldoso ou sem amor; apenas realmente não passou pela minha cabeça dar uma ligada. Qualquer um que me conhece tem que entender que isso não é algo que eu faço para magoar alguém deliberadamente. É o jeito como eu sou e nunca pensei sobre isso.

Eu me sentia muito bem em estar de volta à minha casa. Eu estava ansioso em sair e ir até a Strip, dar uma olhada nos clubes e encontrar todo mundo. Era hora de voltar e curtir L.A. novamente.

Capítulo 13
DIVERSÃO COM O MÖTLEY CRÜE

DE VOLTA À CIDADE

Algo relacionado a voltar para casa me fez ter vontade de me aproximar dos meus amigos e me reconectar com eles. Nesse momento, eu já estava esgotado com os negócios da banda, e ligar para os meus dois melhores amigos e relaxar parecia o jeito perfeito para desestressar da turnê ininterrupta de oito meses. Então, assim que me estabeleci, entrei em contato com meus amigos de infância Ricardo e Jackie.

Combinei de encontrá-los no Rainbow. Dirigindo até lá, eu estava muito animado e me dei conta do quanto queria vê-los. Amigos são o ouro da minha vida; não existe moeda mais valiosa. E embora eu aguente um monte de merda dos meus amigos, nunca tive que aguentar com esses caras. Eles sempre me trataram bem e me amavam muito antes de tudo decolar. Esses são os melhores, os mais preciosos para manter para a vida toda.

Enquanto tomávamos uns drinques, eu estava encantado com o tanto que esses caras não haviam mudado nada. Rimos lembrando aquele dia no jardim do Jackie, quando ele e Ricardo falaram que queriam seguir a profissão dos pais e eu disse que queria ser roqueiro. Nesse dia, nossos futuros não poderiam ter sido mais claros. Eles estavam muito empolgados com o que estava acontecendo com o GNR e estavam muito felizes por mim. Ficaram falando sobre como o álbum era demais e que tinham adorado o clipe. Nos demos conta de que cada um de nós, do seu jeito, completou sua profecia pessoal.

Ricardo nos contou que um amigo dele estava ficando em um hotel chique em Topanga Canyon. Ele me convidou para ir até lá para me divertir com eles. Jackie tinha que acordar cedo e disse que não iria, mas manteria contato. Ricardo e eu fomos para o hotel e foi lá que conheci o amigo dele, Dennis. Ele era um cara muito grande e intimidador, mas, assim como pessoas iguais a ele, era bem tranquilo.

Acabou que no final, convenientemente, ele também era um traficante de cocaína. Ele tinha centenas de pequenas sacolas plásticas cheias da pedrinha – não pedras de crack, mas pedrinhas de coca, pó endurecido. Cada saquinho pesava três gramas e meia, "oito bolas". Dennis era muito generoso e dizia: "Vá nessa, cara, tudo o que você quiser".

"Tá certo!" Fiquei realmente agradecido. Lembro-me de fumar a merda na casa de Bob Welch, quando decidi buscar bicarbonato de sódio. O problema era que eu nunca tinha cozinhado isso na casa de Bob. Observei Ted pegar uma mistura de cocaína com bicarbonato de sódio e colocar em um tubo de vidro. O tubo que ele usava era, na verdade, um recipiente barato de vidro para cigarro. Depois ele colocava um pouco de água, esquentava o tubo abanando no fogão e, em segundos, pronto, um pedaço de crack tinha se formado. Mas eu não conseguia fazer isso. O meu virava uma papa. Eu colocava muita água ou muito bicarbonato de sódio e nunca peguei o jeito.

Devo ter gastado o equivalente a US$ 3.000,00 em cocaína tentando fazer um pouco do som de "estalo de semente". Ainda bem que não paguei por isso. Dennis estava tão impressionado comigo, a *estrela do rock*, que parecia não se importar nem um pouco. Lembro-me de desperdiçar totalmente toda aquela cocaína. Ele tinha tantas sacolas e eu continuei tentando sem parar. Ricardo era um cara muito responsável e, mesmo que ele estivesse se divertindo com a gente, ainda ia trabalhar de manhã. Dennis e eu saímos juntos por alguns dias antes de eu ter que voltar às atividades da banda. Depois daquilo, eu dava ingressos e credenciais grátis para Jackie, Ricardo e Dennis quando estávamos na cidade.

DE VOLTA À BATIDA

Depois de sair de Topanga, fui a uma boate de sushi em Hollywood. Lá, o artista pop George Michael estava esperando na fila. Entrei na fila também e George ficou interessado de imediato. Ele estava conversando com alguns amigos, mas seu olhar era fixo em mim. Lá dentro, notei-o novamente olhando para mim, tentando flertar comigo. Ele mandou um dos seus garotos ir me dizer: "*George Michael* gostaria de lhe pagar um drinque". Isso foi antes de

George se assumir publicamente. Sua orientação sexual, entretanto, não estava necessariamente em questão. Eu recusei, educadamente.

Na banda, um cara não sabia onde estavam os outros, e nem nos importávamos. Doug sempre cuidava disso. Ele, de novo, reservou quartos para nós no Franklin Plaza para que estivéssemos todos reunidos a tempo da nossa próxima empreitada. Doug criava um novo itinerário todos os dias. Ele colava bilhetes na porta do nosso quarto de hotel ou colocava por baixo da porta. Lá tinha definido o horário de acordar, de estar no ônibus, de ir embora e de entrevistas agendadas, entre outras coisas.

Em 16 de outubro de 1987, começamos uma nova etapa da turnê em Bay Shore, Nova York. Tinha uma banda japonesa de metal/rock chamada EZO, também contratada pela Geffen, que abriria o nosso show. Eles eram loucos, usavam maquiagem pesada, como o Kiss, e seu disco de estreia nos Estados Unidos foi produzido por Gene Simmons. Eles falavam um inglês picado, mas tinham uma equipe americana. A banda em si não se juntava muito com a gente, mas quando isso acontecia, era demais.

AMOR VERDADEIRO

Tocamos em Baltimore, Maryland, em 18 de outubro e, depois, na Filadélfia, Pensilvânia. Foi quando conheci meu primeiro amor de verdade. Estávamos tocando em um clube chamado Trocadero. Fui para a passagem de som à tarde. Lá, Fred Coury, um cara bem legal de uma banda chamada Cinderella, se apresentou para mim. Estávamos saindo juntos, andando por aí, falando besteira e fumando cigarros. Entramos no Trocadero pela entrada principal. Abrimos as portas enormes e lá, em pé no bar bem em frente, estava o traseiro mais bonito que eu já havia visto. Era tão firme que você podia espalmar com uma mão só. Ela estava com uma amiga e quando se virou para falar com ela, vi como o pacote todo era perfeito. Eu disse para Freddie: "Tenho que conhecer essa garota". Freddie disse que a conhecia. "Vamos lá agora."

Fomos até lá e Freddie nos apresentou. Seu nome era Cheryl. Eu já estava atraído por ela e, depois de alguns minutos de conversa, sabia que essa era a garota pra mim. Ela era muito pé no chão e meiga. Passeamos aquela tarde toda juntos, só nos conhecendo.

Naquela noite, fizemos nosso show e, depois, levei-a para o meu quarto do hotel. Na maior parte do tempo, conversamos e nos beijamos um pouco, mas eu estava tão impressionado com ela que queria ir mesmo com calma. Escolhi tratá-la bem. Peguei seu telefone e, depois disso, ligava para ela todas as noites. Conversávamos sobre tudo e descobri que ela havia tido somente dois namorados. Ela me contou que tinha feito sexo com cada um deles apenas uma vez, e que cada vez durou cerca de dois segundos. Senti que ela não era como as outras garotas, que só queriam "receber, receber, receber". Ela não estava olhando em volta para ver se algo melhor apareceria. Não tinha transado com um monte de caras e não era viciada. Pouco tempo depois, eu a colocava em voos para ficar comigo em vários lugares e cidades.

Surpresa! Eu estava completamente apaixonado. Mais sobre isso daqui a pouco.

Apesar de termos gravado, nosso vídeo não estava sendo exibido. David Geffen teve que ligar para o diretor da MTV e pedir o enorme favor de colocar "Welcome to the Jungle" no ar. Tentaram passar às cinco da manhã de um domingo, mas adivinha quem vai estar acordado a essa hora, em um domingo, voltando de uma noite na balada? Isso mesmo, crianças, a nação GNR! Diz a lenda que o vídeo de "Welcome to the Jungle" nem tinha terminado de passar nessa única vez e o quadro de distribuição da MTV estava acendendo como se fossem luzes na árvore de Natal. As pessoas queriam saber quando o vídeo iria ao ar novamente.

Logo, começaram a passar com rotatividade normal e nossa popularidade cresceu. Passamos muito rápido de shows em clubes a teatros. Nas grandes turnês, falavam que cada vez mais pessoas iam mais para nos ver do que para as bandas principais, como o Cult e, depois, o Iron Maiden.

Quando estávamos em turnê, cuidávamos dos negócios e levava tempo até pegarmos a estrada de novo para a próxima cidade. Normalmente saíamos às três da manhã e não tinha nenhum sinal do Axl. O estacionamento estava completamente vazio, exceto por um carro. Lá dentro estava Axl e qualquer groupie que ele tivesse escolhido naquela noite. A gente gritava: "Axl, vamos lá, fode ela logo! Estamos indo". E ele gritava de volta: "Vão se foder!".

DANDO O FORA NA VAGABUNDA

Finalmente, relutante, ele se juntava a nós, insistindo que o objeto de desejo da noite viesse junto. Isso acabava causando muita comoção, porque pouco depois que íamos embora, Axl encontrava algo fatalmente errado com o seu par e se virava contra a pobre garota. Ficávamos lá sentados em um silêncio atordoado enquanto Axl fazia um show para se livrar dela. Sabíamos que era melhor do que se envolver.

NOVA YORK

Depois que tocamos no Ritz, em Nova York, fomos convidados a aparecer no *Headbangers Ball*. Foi muito empolgante. Fomos ao prédio da MTV e todo mundo nos tratou como as celebridades que estávamos (rapidamente) nos tornando. "Vocês precisam de algo? Querem um maquiador ou um cabeleireiro? Já comeram?"

Eles tinham pessoas correndo por todo lado, atendendo às nossas necessidades, e acho que isso era legal. Eu olhava pela janela e via o trânsito e as pessoas andando pela Times Square. Eles tinham discos de ouro e pôsteres promocionais por todas as paredes.

Quem iria nos entrevistar era um cara chamado Smash, o apresentador do *Ball*. Entretanto, essa seria sua última aparição, já que estavam reformulando o programa. Gravamos o programa em uma quarta-feira para ir ao ar no sábado, mas a gente não sabia como isso tudo funcionava. Slash estava vendo algumas datas da turnê e anunciou o show no Ritz, em Nova York, na sexta à noite e Smash o corrigiu dizendo que já tinha acontecido na noite anterior. Slash ficou dizendo: "Não, cara, é nessa sexta", esquecendo totalmente a data em que a nossa entrevista ia ao ar.

Já que era o último programa do "antigo" *Headbangers Ball,* Smash nos pediu para destruir o cenário no final da exibição, o que fizemos com muita alegria. Antes de entrar o comercial, Smash disse: "Vamos lá rapazes, no três vamos arrasar. Um, dois, três... Vamos lá!". Ninguém da banda sabia sobre o que ele estava falando, então ficamos em silêncio. Ele deve ter achado que foi uma conspiração para deixá-lo mal. "Bem, obrigado rapazes", disse ele sarcasticamente.

Depois tinha um show no CBGB, o famoso clube punk rock em Manhattan. Duff estava particularmente empolgado, porque os seus heróis Iggy Pop e Ramones tocaram lá. Muitos dos meus ídolos, como Blondie e Talking Heads, também começaram lá. Quando chegamos, eu disse: "Tem certeza que aqui é o CBGB?". Era um espaço minúsculo, muito, *muito* intimista. Suportava apenas umas cinquenta a setenta pessoas. Eu não conseguia imaginar que todas aquelas banda famosas tinham tocado ali.

Tocamos um set acústico e eu arrasei no pandeiro meia-lua. Estreamos algumas músicas que não tínhamos tocado em público ainda. O trecho "I used to love her... but I had to kill her" ["Eu costumava amá-la... mas tive que matá-la"], de "Used to Love Her", fez muita gente rir; e "Patience" teve uma ótima recepção.

Também tocamos "Mr. Brownstone" e "Move to the City". Alguém gritou pedindo um solo de bateria, então eu sacudi a pandeirola descontroladamente. Todo mundo deu risada. Depois do CBGB, tocamos no Horizon, em Nova York, no Dia das Bruxas. Depois fomos para Washington D.C. e, após o show, saímos com a galera do Mötley Crüe.

Anteriormente, no fim de 1986, nosso assessor na Geffen, Bryn Bridenthal, havia nos convidado para a festa de lançamento do álbum do Crüe, *Girls, Girls, Girls*. A festa foi em um clube de strip na Sunset, o mesmo lugar em que gravaram, mais tarde, o clipe de "Girls, Girls, Girls". Socializamos e nos divertimos enquanto escutávamos o novo disco. Eu achei demais. Conversamos com o pessoal deles, que amaram o *nosso* disco e acharam que *a gente* era uma grande banda. Isso era humildade extrema para mim. Esses caras eram meus heróis.

Em Washington, nós conhecemos o vocalista Vince Neil, o baterista Tommy Lee e o baixista/compositor Nikki Sixx. Não conhecemos o guitarrista Mick Mars até sairmos em turnê com eles. A maior parte do tempo, passávamos com Tommy e Nikki. Nos demos tão bem que já sabíamos que ainda iríamos fazer uma turnê juntos. *Tínhamos* que fazer.

SIXX ATIRADOR

Na véspera de Natal, Nikki me convidou para nos encontrarmos em sua casa. Ele tinha um monte de garotas lá, e estávamos bebendo e usando drogas. Nikki me perguntou se eu queria cheirar cocaína e eu respondi: "Claro, porra!". Fomos até o quarto dele, onde tinha um closet enorme. Entramos no closet para termos um pouco de privacidade. Era lá que ele guardava sua parafernália. Ele pegou uma colher e uma seringa de um compartimento secreto, misturou a coca com um pouco de água na colher e sugou o líquido com a seringa. Ele injetou em mim porque eu não sabia direito como fazer aquilo. A sensação era incrível, ao contrário do que eu esperava. Eu não estava surtando nem ansioso ou coisa do tipo. Vi uma jaqueta de couro pendurada no closet e disse: "Cara, essa jaqueta é linda".

"É sua", ele disse. Ela me serviu perfeitamente e isso me fez sentir um pouco mais merecedor do presente porque, bem, eu sabia que ela não serviria nele com seu 1,90 m de altura.

Depois de injetar a coca, continuamos com a nossa orgia. Havia várias garotas gostosas lá, mais que maravilhosas. Eram as gatas mais gostosas com quem eu já tinha estado até então. A mais velha não devia ter nem 20 anos. Elas estavam de lingerie e camisolas de seda, se agarrando e transando entre si. Elas tinham um consolo e o usavam para se penetrar. Fiquei animado a noite inteira e descarreguei pelo menos três vezes. Num certo momento, Nikki e eu estávamos sentados no sofá recebendo boquetes. Tínhamos sete ou oito garotas com, pelo menos, três garotas chupando nossos pintos ao mesmo tempo. Foi demais. Era mais que demais. Pense em farrear com carne de primeira. Agora, imagine fazer isso com seus ídolos do rock.

Nikki realmente sabe como tratar as garotas. Quando estávamos prontos para gozar, elas se amontoavam todas na nossa frente, colocavam as bocas juntas e escancaradas, ansiosamente esperando pelo nosso clímax. Nós dois gozamos na cara delas. Eu gritei "Façam isso ficar nojento!", e elas começaram passar nossa porra para as outras através de beijos de língua, lambendo-a dos rostos das outras. Foi incrível.

Nikki é um cara esperto, bem resolvido, pé no chão, profissional e gente boa. Originalmente, o GNR queria a equipe do Crüe – Doc McGee e Doug Taylor –

para nos empresariar. O Mötley tinha ouvido falar de nós desde a época em que tocávamos em clubes e tinha lido sobre nós em revistas. Eles foram aos nossos shows, gostaram de nós e começamos a passar tempo juntos. Quando chegou novembro de 1987 e a oportunidade surgiu, dissemos a Alan Niven: "Cara, precisamos fazer uma turnê com o Mötley Crüe". Pouco depois, isso aconteceu.

A junção das duas bandas deixava os fãs empolgados em ambos os campos. As duas bandas estavam em seu auge, quebrando tudo, e acho que ambas davam o melhor show de rock'n'roll da Terra. O primeiro show foi no extremo sul do Alabama. Mais tarde naquela noite, depois de uma apresentação incrível, Tommy me convidou para a antessala onde as pessoas esperavam para conhecer as bandas. Eles tinham um buffet preparado em três enormes mesas de 1,80 m.

Tommy colocou o braço no meu ombro e disse: "Stevie, vem aqui, quero te mostrar uma coisa". Ele me levou até a sala, fechou a porta e falou: "Respire bem fundo". Olhei para baixo e vi que, em uma das mesas, havia duas carreiras de coca que ocupavam toda a sua extensão: 1,80 m. Eu sorri e gritei: "Beleza!". Ele me entregou um canudo; comecei por uma ponta e ele pela outra. *Cheira!* Nos encontramos no meio e simplesmente olhamos um para o outro e rimos. Ele caiu no sofá atrás dele, eu me joguei no outro sofá e ficamos sentados lá por uns dez minutos. Bem, pode ter sido uma hora. Quem sabe? Finalmente, nos levantamos, ligados até o caroço, e voltamos para o nosso "krel". Era assim que eles chamavam a cocaína naquela época. "Você tem krel? *Où est la* krel? Aí vem o krel, cara!" Todos os caras do Crüe eram ótimos. Vince parecia meio envolvido em sua própria frieza, mas nem perto do arrogante que Axl estava se tornando. Os dois tinham uma atitude do tipo "sou legal demais para você". Mick Mars era bem quieto e tímido. Eu o conheci um pouco melhor no avião particular da banda. Estávamos a 30 mil pés de altura e Mick preparou um drinque para mim. Foi o primeiro martini que eu tomei. Estava ótimo e realmente me introduziu à arte de apreciar um dry martini. Usávamos o avião para viajar na turnê. Chegávamos à próxima cidade em 45 minutos.

Nessa época, Tommy Lee era casado com Heather Locklear. Ela era a mais gostosa da época. Sempre que ela ia visitar Tommy durante a turnê, tudo era "disfarçado". Não podíamos falar sobre garotas ou drogas. Tínhamos que parar de farrear e mostrávamos nosso melhor comportamento. Verdade seja dita, era um saco quando ela aparecia. Tommy precisava agir como um santo, embora, na noite anterior, estivéssemos no camarim recebendo boquetes de uma dúzia de groupies.

A turnê com o Mötley durou só um mês e, na última noite, estávamos na Flórida. Tommy tinha uma bateria construída dentro de uma jaula. Ela subia, ficava seis metros acima do público e rodava 180° com Tommy dentro! Eu disse: "Cara, você tem que me deixar experimentar essa coisa". Como era o último show e tinha me tornado amigo da equipe de Tommy, ele me deu passe livre.

Depois da passagem de som, eles disseram: "Cara, você quer testar? Vamos fazer agora". Eles me amarraram, ergueram a bateria, a giraram 180° e me deixaram lá pendurado de cabeça para baixo. Fiquei tentando tocar enquanto tudo isso acontecia, mas precisava amarrar meus pés na base do estande de caixa para ficar devidamente seguro. Não entendia como Tommy conseguia continuar tocando aquela porra. Enquanto eu estava tocando, eles disseram "Até mais, Stevie" e começaram a ir embora. "Caras? Caras? OK, o sangue está indo para a cabeça. Isso não é bom!" Finalmente eles voltaram, rindo pra caralho.

Agora, lembre-se: na última noite, é uma tradição que a banda principal passe um trote na banda de abertura, e essa não seria uma exceção. Estávamos tocando nossa última música, "Paradise City", quando, de repente, começou a jorrar o que parecia ser cocaína vindo das vigas do teto, deixando o palco coberto de "neve". Não era coca de verdade, mas farinha, em grandes quantidades, voando pelo ar. Foi muito engraçado. De qualquer jeito, farinha e suor não combinam. Fiquei duas semanas tirando aquela massa do meu cabelo.

Nos demos tão bem com o pessoal do Crüe que sentimos liberdade para dar o troco. Fizemos a mesma coisa que havíamos feito com o Cult. Durante o show do Crüe, preparamos o trote. Peguei um copo com uma mistura nojenta de ovos, tempero, mostarda e maionese. Subi no tablado da bateria, fiquei atrás de Tommy, encarei o público e levantei o copo, esperando a aprovação deles. Eles aplaudiram. Olhei para Tommy, disse "Ei, camarada" e derramei aquilo em sua cabeça. Todos os ingredientes nojentos se espalharam pela cabeça e pelo cabelo dele. Tommy ficou muito irritado com aquilo. Enquanto ele estava tocando, aquilo entrou no olho dele. Dava para ver que ele ficou nervoso, enquanto eu limpava seu rosto. Depois do show, ele me encarou, balançando a cabeça. "Cara, você é um cuzão." Mas ficou tudo bem.

UM IDIOTA FODIDO

Naquela noite, Nikki, Tommy, Ronnie e eu estávamos no quarto do hotel usando cocaína e Nikki sugeriu que a cozinhássemos. Eu sabia que aquilo ia demorar um tempo, então saí para pegar mais gelo para as nossas bebidas, imaginando que estaria de volta bem quando Nikki terminasse sua alquimia. No entanto, ao voltar, não conseguia lembrar qual era a porra do quarto em que estávamos! Bati em todas as portas daquele andar, mas ninguém respondeu. Acabei vagando pelos corredores em total agonia, percebendo que eu não ia me drogar com eles em nossa última noite juntos. Que chatice. Pense nisso: eles provavelmente estavam tão alucinados cozinhando e fumando aquela merda que nem iam se preocupar em abrir a porta.

Quando encerramos a turnê com o Crüe, pulamos para uma viagem com Alice Cooper/Ace Frehley no começo de dezembro de 1987. Fiquei amigo do fornecedor de "krel" de Tommy Lee, e ele me disse: "Cara, vou te levar até o aeroporto, vamos te arrumar uns tênis novos e estilosos e um monte de coca". Então descolei um pouco de coca e um belo par de British Knights. Escondi a coca na minha bagagem de mão, enquanto dirigia até o aeroporto. Entrei no avião e fui para Dallas, onde faríamos o nosso primeiro show de abertura para Alice. Quando cheguei à calçada pra chamar um táxi até o show, comecei a ficar muito tenso por estar tão atrasado. Entrei no táxi, surtado, e disse ao motorista: "Cara, me leve para onde acontecem os shows. Você precisa me levar até lá imediatamente". Tinha uma fé cega de que o taxista conhecia o lugar de que eu estava falando. Eu tinha cerca de 15 minutos para chegar até o local.

O cara correu como o vento e me deixou lá dois minutos antes do meu horário de entrar no palco. Os caras me olharam de um jeito estranho. Alguns estavam putos e os outros, preocupados. Dougie estava com a minha calça de show e uma camiseta limpa pronta para que eu vestisse. Corri para o palco junto com o resto da banda.

Mais tarde, expliquei que o taxista não fazia ideia de onde estava indo. Mas toda essa experiência realmente me balançou, e jurei para mim mesmo que nunca mais me separaria da banda novamente daquele jeito.

Algumas semanas depois, quando fomos a Madison, no Wisconsin, finalmente tive uma chance de falar com Alice. Resolvi ter essa conversa porque isso me incomodava há muito tempo. "Ei, Alice, se lembra de quando íamos abrir para você na Califórnia e meio que fodemos tudo?"

Claro que ele se lembrava. "Sim... E?"

Disse que queria me desculpar e o quanto adorava sua música.

Ele nem piscou e falou: "Não ligue para aquilo". Alice é o melhor.

Infelizmente, o pai de Alice estava gravemente doente. No início, nos disseram que a turnê tinha sido cancelada e ficamos chateados. Mas, alguns minutos depois, falaram que a turnê ainda estava de pé. Então ficamos sabendo que não: teríamos que fazer as malas e voltar para casa. Não conseguíamos uma notícia definitiva com ninguém. Começou a ficar ridículo. Estávamos indo para casa, não estávamos, estávamos, não estávamos. Fiquei tão frustrado com todas essas besteiras sem sentido que nos diziam a respeito do que estava acontecendo, sendo que eles não faziam nem ideia. Eu disse: "Que se foda. Vou para o bar, me avisem quando souberem como vai ser".

Isso foi a prévia do início de uma série de eventos muito autodestrutivos que corroeram meu status no Guns N' Roses, enquanto intensificavam meus ocasionais surtos de baixa autoestima. Na verdade, quase perder o show de Dallas não era nada comparado ao que aconteceu nos meses seguintes. Todas essas coisinhas começaram a se acumular, apesar de eu não estar ciente disso na época. Naquela tarde, fui direto ao bar que Slash e eu havíamos descoberto na noite anterior. Fiquei tão deprimido que tomei umas vinte doses de kamikazes. Fiquei com uma cara de merda deplorável e me tornei bem desagradável. Não lembro exatamente o que fiz, mas o garçom me agarrou pelas pernas, outro cara pegou meus braços e eles me jogaram pela porta da frente. Lembro-me de voar bem rápido pela porta, gritando: "Vão se foder, caras!". Eu me arrastei até a porta da frente, mas eles a bateram com força. Então soquei a armação de metal que cobria o letreiro luminoso na porta do bar. Queria amassá-lo, mas, em vez disso, quebrei o dedinho da minha mão direita.

Família unida. Mel, minha mãe e eu.

Mantendo a fé. Stormin' Norman e Big Lilly, avós muito orgulhosos no meu bar mitzvah, em 1978. *(Deanna Adler)*

Todos os Adlers. Uma rara reunião da família Adler, na ocasião da formatura de Jamie no colegial, em 1993. Em sentido horário a partir da esquerda, Kenny, Deanna, Mel, eu e Jamie. *(David Sears)*

Os garotos da Big Lilly. Kenny e eu com nossa avó.

Jovem pistoleiro.
Eu com 5 anos.

Couro e renda. Arrumado para uma sessão de fotos com Jack Lue, em outubro de 1985. *(Jack Lue)*

Bunda branca. Slash e eu tentamos mostrar a Axl a direção certa para subir ao palco do nosso primeiro show esgotado no Troubadour, 1985. *(Marc Canter)*

Brincadeira gourmet. Guns N' Rotelle durante uma sessão divertida de fotos com Jack Lue, em 1985. *(Jack Lue)*

Encare e mostre. O GNR detonando em 4 de janeiro de 1986. Nesse show, "My Michelle" foi tocada pela primeira vez. *(Marc Canter)*

Atitude Adler. Sempre o mais feliz atrás da bateria, tocando "Nightrain" ao vivo pela primeira vez no Music Machine, em 20 de dezembro de 1985. *(Marc Canter)*

Bem-vindo à Cathouse. O Guns N' Roses adorava tocar no "palácio da boceta". Essa foi uma gravação especial para o vídeo de "It's So Easy". *(Marc Canter)*

Guns N' Ronnie. O GNR no camarim do Fenders Ballroom cinco anos antes de assinarmos contrato. Ronnie Schneider, grande amigo, músico e também assistente técnico, juntou-se a nós. *(Marc Canter)*

Passo gigante. No backstage com Duff antes de abrir para o Aerosmith e o Deep Purple no Giants Stadium, em 16 de agosto de 1988. *(Marc Canter)*

Nocauteado. Slash e eu lutando na casa do amigo Marc Canter, enquanto Jack Lue é o juiz, 1986. *(Marc Canter)*

Slash detonado. Slash e eu na estrada. *(David Plastik)*

Grande amigo. Kevin DuBrow e eu.

Amizade rápida. Com Howard Stern, na primeira vez em que estive em seu programa. Uma limosine, estrelas pornô e erva me ajudaram a me preparar para minha participação. *(Jamie Adler)*

Meu ídolo. Com Frankie Valli, do Four Seasons.

Coisas loucas. Slash, Steven Tyler e eu durante a gravação do clipe de "Wild Thing", de Sam Kinison.

Bateristas. Fred Coury assume o meu lugar (repare a mão quebrada). (David Plastik)

Pug na minha calça. Eu e meu cachorro Shadow.

Show do Meatloaf. Caro e eu, abraçados antes de um show nos arredores de Las Vegas.

Apetite por doces. Junto com minha esposa, Carolina, em nossa lanchonete favorita em Valley, com os amigos Steve Sprite (à direita) e Lawrence Spagnola. *(Morgan Saint John)*

Alice N' Adler. Abrindo para Alice Cooper, em 23 de outubro de 1986. Essa foi a noite em que Axl não apareceu e tocamos sem ele. *(Marc Canter)*

Capítulo 14
OVERDOSE PARA TODO MUNDO HOJE!

LADEIRA ABAIXO

Meu dedo inchou como uma salsicha, mas eu estava muito bêbado para sentir qualquer coisa. Fui cambaleando de volta para o hotel e entrei no lobby gritando por Doug. Em algum momento, o "cara pelado" reapareceu e os hóspedes ficaram putos. Felizmente, Doug estava na recepção, fazendo o check out ou coisa assim. Ele me viu, deu uma olhada no meu dedo e seus olhos saltaram. Toda a minha mão estava inchada, parecendo um pé. Ele disse: "Temos que levar você ao hospital". Dei meia-volta e corri do hotel para o estacionamento. "Não mesmo!" Dougie teve que me perseguir enquanto eu corria entre os carros estacionados. Atraímos um pequeno público antes que ele conseguisse me arrastar, vestindo meu traje de aniversário, para o hospital.

Depois desse incidente, as coisas começaram a acelerar ladeira abaixo. A banda falava: "Que idiota, quebrar a mão". Eles não se importavam nem um pouco comigo. Ninguém ligou para o hospital quando eu estava lá. Não tinha nenhum papo de adiar nada enquanto eu não tirasse o gesso. Eles simplesmente arrumaram outra pessoa para me cobrir. Aposto que, se fosse *qualquer outra pessoa* na banda, eles nunca teriam arrumado um substituto. Nem fodendo.

Bem, talvez fosse a cocaína ou os analgésicos que eu estava tomando por causa da minha mão que estavam mexendo comigo, ou era por causa da minha recorrente autoestima de merda, mas comecei a cultivar uma crescente sensação de que Duff e Slash não achavam que eu tocava bateria tão bem. Não foi nada que eles disseram; era apenas a atitude deles em relação a mim naquela época. Dava para ver que eles não me achavam um bom baterista, e comecei a achar que eles também não me achavam tão legal assim. Quebrar a minha mão em um bar não me ajudou em nada, mas eu estava me sentindo muito para baixo naquela época. Me deixar fora da comitiva e do banco da bateria, mesmo que temporariamente, foi como tirar minha identidade.

Felizmente, Dougie era um amigo com quem eu podia contar e estava se esforçando para levantar meu moral. Ele me fez acreditar que tudo estava bem e que podia contar com ele nas horas difíceis.

Nos despedimos de Alice Cooper em Madison e voamos para a Califórnia, onde eles rapidamente agendaram uma série de shows em Pasadena, na semana seguinte. Meu amigo Fred Coury, baterista do Cinderella, foi levado para me substituir. Lembro que repassei as músicas com ele. Queria ser simpático com a coisa toda, e Fred ficou tranquilo em relação à oportunidade. Ele estava bem ensaiado e me disse que *Appetite* era o disco que ele mais gostava de ouvir enquanto tocava.

Rapidamente, esgotamos os ingressos dos nossos shows em Pasadena, no Perkins Palace, e eu estava bem chateado por não poder participar daquilo. Eu também estava bravo, principalmente com Slash. Disse a ele: "Cara, se você tivesse quebrado um dedo, nunca que eles deixariam alguém ocupar seu lugar". Slash apenas resmungou, o que é sua resposta não comprometedora. Independentemente disso, os shows continuaram e Axl estava tranquilo em relação a isso, me apresentando e me deixando subir ao palco todas as noites. Eu tocava pandeiro meia-lua em nossa nova música, "Patience", falava um pouco com a plateia e dava grandes créditos ao Freddie, dizendo: "Você detona demais, camarada". Ele era um cara legal, mas a situação era péssima.

NIKKI NÃO PERDE UMA OPORTUNIDADE

Ficamos hospedados nas suítes do Franklin Plaza novamente e, uma noite, Nikki veio nos visitar. Estávamos eu, Slash e sua nova amiga, que era uma vaca. Nosso fornecedor de drogas veio e nos trouxe quase meio quilo de cocaína. Peguei minha parte e fui até o quarto para injetar. Depois de alguns minutos, voltaria para o grupo.

A porta estava entreaberta e, quando a empurrei, ela não abriu. "Que porra é essa?" Espiei e descobri por que a porta estava emperrada. Ali estava o enorme e imóvel corpo de Nikki, desacordado, com a cara virada para cima. Ele estava completamente roxo. "Merda!" Usando meu ombro, coloquei todo o meu peso contra a porta e forcei minha entrada. Todos os outros tinham ido embora e Nikki estava simplesmente deitado ali. Pensei que ele estivesse morto. Ainda estava com a mão direita engessada, então eu estava inútil. Só com uma mão, tentei arrastá-lo até o chuveiro.

De repente, a amiga de Slash apareceu e eu gritei: "Chame a porra de uma ambulância! Ligue para o 911 agora!". Ela simplesmente ficou parada. "Porra, ligue para o 911, sua vaca!" Ela continuou parada ali. Aposto que ela só queria estar por perto quando o Nikki morresse. "Me ajude a arrastá-lo até o chuveiro, caralho." Novamente, ela não teve reação. Eu o puxava, empurrava e arrastava só com uma mão, fazendo o melhor que podia. Cheguei ao banheiro e o coloquei na banheira. Abri a água gelada e direcionei o chuveiro diretamente para a cara dele.

Nada.

Comecei a bater na cabeça dele, e ainda consigo ouvir o maldito som de quando o gesso bateu em seu rosto. Mas Nikki nem se mexia. Nem mesmo um gemido, apesar da água congelante, das batidas e dos meus gritos que vinham do fundo dos meus pulmões.

Zip. Nada. Aí comecei a surtar. Comecei a dar tapas na cara dele e, de repente, o roxo foi embora de seu rosto. Foi a coisa mais estranha. Imediatamente, ele voltou à vida. Dez minutos depois, uma ambulância chegou e os paramédicos correram com Nikki para o hospital Cedars.

No dia seguinte, descobri que ele pediu para alguém ir buscá-lo. Ele não havia sido liberado e não deveria ter saído. Ele me ligou e disse: "Stevie, que merda aconteceu ontem? Meu rosto está me matando de dor".

Eu disse: "Eu te bati com meu gesso, cara, você estava todo roxo. Arrastei você até a banheira, joguei água fria e te dei tapas até você voltar a si".

Tudo que ele disse foi: "Caralho. Minha cabeça está me matando". Ele me contou que, assim que voltou para casa, tomou mais uma dose. E eu pensava que *eu* era louco.

Anos mais tarde, descobri que ele havia se tornado pai de várias crianças, e tê-lo salvo foi uma das poucas coisas que sinto orgulho de ter feito. Se eu não tivesse ido até lá, quem sabe o que teria acontecido? Todos os outros já tinham ido embora naquela noite. E, de todas as coisas pelas quais eu me sinto mal na vida, essa não é uma delas. Eu ajudei um amigo. Agora, esse amigo é um pai, tem uma família, e fico feliz por ter estado lá para ajudá-lo. Além disso, Nikki é uma lenda, uma pessoa incrível.

Stephen Pearcy, vocalista da banda Ratt, foi até o hotel no dia seguinte. Eu conhecia Stephen havia algum tempo. Costumávamos passar muito tempo juntos na casa dele, em Coldwater Canyon. Eu ainda usava o gesso, que estava todo molhado e empapado, e falava: "Cara, me ajude a tirar essa coisa. Está me deixando louco". Ele me ajudou a cortá-lo e removê-lo. Meu Deus, aquilo cheirava mal, e Stephen disse: "Jesus, Stevie, essa merda cheira como carne podre". Minha mão ainda estava bem inchada e eu precisaria colocar outro gesso. Isso prolongou o processo de cicatrização, mas, felizmente, devido à nossa agenda, não precisei perder mais shows.

SEGUINDO EM FRENTE

O ano de 1988 começava e tínhamos agora um disco de ouro. As expectativas cresceram quando ouvimos que as vendas não davam sinais de que iam baixar. Me senti melhor quando tirei o gesso e enterrei meus sentimentos de insegurança, me convencendo de que não estragaria tudo de novo.

A banda se reuniu para receber nossos discos de ouro por *Appetite for Destruction*. Foi como se estivesse voando nas nuvens. Pensei: "O quanto eu ainda posso crescer?". Logo após a premiação, visitei Vovó Lilly e Vovô Norman e dei o disco de ouro para eles. Eles eram tão responsáveis pelo meu sucesso quanto eu, sempre me apoiaram. Eu os amava muito e queria mostrar o quanto era grato. Eles penduraram o disco acima da TV, onde podiam sempre admirá-lo.

Finalizei minha comemoração com uma visita ao meu amigo Rob Benedetti, no Sunset Tattoo. Dessa vez, eu queria minha própria tatuagem do Guns N' Roses. Nada de caveiras, armas ou facas. Cheguei com a ideia de um coração com asas. A tatuagem me custou US$ 145 e, para mim, significava a liberdade e o amor que eu tive com e durante o Guns N' Roses. Era assim que eu me sentia e era o que a banda representava para mim. Agora, todos na banda tinham sua própria tatuagem do GNR.

Rob comentou comigo que também criava ilustrações para bumbos. Na verdade, foi ele quem teve a ideia daquele dispositivo de metal que fica na borda do furo do bumbo, onde fica o microfone. Ele evita que a pele se rasgue. Fiquei tão feliz com a tatuagem que deixei rolar. Pedi que ele fizesse os bumbos de que tinha falado usando o mesmo projeto.

Em meados de janeiro, me juntei novamente à banda para um show na Cathouse. Não houve festa; foi como reunir a família na mesa de jantar. Dez dias depois, em 31 de janeiro, voamos até Nova York para tocar num clube chamado Limelight. A MTV tinha contatado nosso empresário para gravar um dos nossos shows enquanto estivéssemos na Big Apple, e a filmagem foi agendada no Ritz, em 2 de fevereiro.

Os colegas de selo Great White tocaram com a gente. Depois do show deles, foi a nossa vez de subir ao palco. Eu estava bem animado para tocar e Axl ficava nos atrasando. Entre todas as chances que ele teve de fazer isso... A MTV estava lá e era algo enorme, mas, com o tempo, o pessoal da equipe começou a falar: "Temos que ir embora, temos que começar isso, caras".

Axl ficava dizendo: "Foda-se. Não vou entrar sem minha bandana!". Aparentemente, ele não conseguia encontrá-la depois de destruir a pequena tenda que haviam preparado para nós como camarim. Claro que o resto da banda estava evitando qualquer contato visual com Axl, preferindo vagar em outra direção, resmungando.

Acabei não aguentando mais. "O que tem de errado com você, Axl?" Ele deu de ombros e continuou dando seu chilique insano. Fez todos os nossos roadies procurarem pessoas que tivessem lenços ou bandanas. Eu disse: "Vamos, Axl, deixa isso pra lá".

Ele deixou escapar: "Foda-se isso. Foda-se você. Preciso de uma bandana ou de um lenço. Caso contrário, não vou fazer isso".

Agora, estávamos 30 minutos atrasados. O câmera estava cansado de ficar ali e disse: "Vamos embora". Eu era o único que estava claramente implorando a eles para ficarem: "Por favor, esperem, vamos prosseguir". Tenho certeza de que esse é o motivo por eu ter destaque no desenrolar do vídeo, porque mostrei algum respeito pela equipe da MTV.

Axl finalmente achou a porra de um lenço, um azul bebê de menininha, e o programa começou. Ele o colocou e ficou parecendo o Alfafa do filme *Os Batutinhas*, porque o seu cabelo estava esticado para trás da cabeça, como uma lambida de vaca. Fiquei ali sentado, tocando e rindo. "Seu idiota, olhe para você. Não pôde continuar sem o seu lenço e agora parece que você está no filme *Os Batuti-*

nhas." Alguém deve ter avisado, porque ele ficou esperto e arrumou a bandana.

Apesar de todo o drama, o show rolou e foi fantástico. Uma das apresentações mais pirateadas da banda. O YouTube tem o áudio com o som baixo e um vídeo disso existe em algum lugar. Também passou muito na MTV.

Depois do show eu saí com uma velha amiga, Athena. Ela é irmã de Tommy Lee. A gente se conhecia há anos. Em 1985, Slash e eu estávamos dando uma volta em Hollywood, entre a Sunset e a Fairfax. Athena morava num prédio perto da loja de comida saudável, e ela e uma amiga estavam debruçadas pelo lado de fora da janela. Elas gritaram nos chamando para subir, e nós quatro nos demos bem. Depois disso, nós saíamos, íamos a clubes com elas e as convidávamos para os shows. Elas tinham a mesma idade que a gente e tínhamos muito em comum.

O fato é que viramos amigos desde então. Sempre achei que Athena era uma mulher linda. Ela era uma garota magra com lindos seios. Eles eram tão grandes que ela teve de fazer uma redução, porque eles machucavam as suas costas. Eu poderia dar, facilmente, uma nota onze para aquela gostosa. Ela era um amor, uma garota maravilhosa.

Eu estava ficando em uma suíte de um hotel na mesma região em que faziam ensaios do *Honeymooners*, famoso programa de TV dos anos 50. Depois do show no Ritz, convidei Athena para ir ao meu quarto. Comemos uma pizza grande e a melhor torta de Nova York que já experimentei. Estávamos comendo e falei: "Me pergunto se os *Honeymooners* já fizeram isso". Joguei um pedaço de pizza na parede e depois ela jogou outro. Era uma verdadeira bagunça. Ficamos rindo, nos divertindo pra caralho, bebendo e uma coisa levou a outra. Depois disso, ficamos ouvindo os sons da cidade à nossa volta.

Fizemos amor em um espírito de diversão. Ela não tinha ninguém especial na vida dela e, mesmo eu estando apaixonado por Cheryl, ainda era um relacionamento recente. Depois, tudo era simples: "Ei, nós transamos e é só isso". Se eu ficasse com alguma das meninas loucas que grudam na gente, poderia ter sido estranho, mas ela era muito legal. Apenas surgiu o impulso de nos conhecermos e de estarmos atraídos um pelo outro por um tempo.

Houve épocas em que pensei em me casar com Athena, mas éramos tão bons como amigos e nós dois sabíamos que era melhor continuar dessa forma, sem compromisso. Acho que nunca considerei o efeito de estabilização que uma mulher pudesse causar na minha vida naquele período. Não uma esposa, mas uma garota com cabeça boa que pudesse estar por perto com algum bom conselho de vez em quando. Acho que Athena poderia ter sido essa garota, mas eu era novo e imaturo demais para sequer pensar nisso naquela época. Pra que inteligência quando você pode receber uma chupeta?

HEATHER CÃO DE GUARDA

Por volta dessa época eu também estava saindo com o irmão de Athena, Tommy Lee. Ele me ligou um dia e disse: "Cara, por que você não vem aqui? Vamos fazer motocross".

"Porra, claro! Posso levar meu irmão mais novo?"

Tommy disse: "Claro!". Pensei: "Jamie vai amar isso". Ele era só um garoto com 12 ou 13 anos na época, e um grande fã de Mötley. Entramos no meu Mercedes e voamos para a casa de Tommy, que ficava em uma comunidade sofisticada, um condomínio fechado próximo a Ventura Boulevard, para cima de Woodland Hills.

Heather e Tommy eram um casal naquela época. Quando chegamos, Tommy disse que ela estava doente. Estava gripada ou algo parecido. Finalmente, ela desceu e se apresentou para Jamie. Estava claro que ela não se sentia bem. Devia ser esse o motivo pelo qual ela estava agindo de uma forma meio escrota, mas eu sorri e a tratei com respeito o tempo todo. Ela era uma garota maravilhosa, mas era uma estrela de TV, meio metida. Ela estava sempre preocupada com Tommy estar na estrada, com ciúmes por causa de outras garotas. Pessoalmente, eu sabia que ela tinha toda a razão do mundo para se preocupar.

Tommy tinha umas duas Hondas, e pegamos as motos atrás de sua casa. Tinha um enorme monte de terra em um caminho curto pelos fundos, perfeito para andar. Naquele dia, ensinei a Jamie como funcionam os freios, o acelerador, a embreagem e como trocar a marcha. Eu me sentia bem em ser o irmão mais velho, ensinando a ele como andar de motocicleta. Ele foi ótimo e foi um momento fantástico. No fim do dia, agradecemos a Tommy e Heather pela hospitalidade e falamos de repetir isso de novo qualquer dia. Tommy só queria brincar e se divertir o tempo todo. Ele era uma pessoa divertida e carinhosa, assim como eu. Dois bateristas que só queriam se divertir. Heather definitivamente estava tentando aprisioná-lo, mas caras como Tommy e eu aguentam muita coisa; então, cuidado com a gente.

Naquele fim de semana, foi lançado um filme que narrava a crescente popularidade do heavy metal, particularmente em Los Angeles. Ele se chamava Os Anos do Heavy Metal: O Declínio da Civilização Ocidental. No que me dizia respeito, a melhor parte do filme era que não estávamos nele. Todavia, Izzy tocava guitarra e Axl fazia backing vocals na trilha sonora da versão adaptada de "Under my Wheels" com Alice Cooper. Eu achei isso demais.

A maioria das bandas apresentadas em Declínio estava se esforçando para acontecer, mas era excessivamente confiante quanto à sua chance ao sucesso. No fim das contas, poucos deles conseguiram. Uma cena em particular, mostrando Chris Holmes, guitarrista da WASP, com uma cara de merda, era depressiva pra caralho. Ele estava sentado com a mãe e falava mal de tudo. Ficou falando sobre morrer, reclamando sobre ser uma estrela do rock, e sua mãe ficava lá sentada sorrindo. A coisa toda foi deprimente. Havia, no entanto, algum alívio cômico para mim ali. Em particular, a cena em que Paul Stanley está deitado na cama com jovens seminuas. A cena parecia muito artificial. Não pude deixar de imaginar que, depois de a cena ter sido gravada, alguém gritou "Corta!", pagamentos foram feitos e todos foram para suas casas.

Em 31 de março de 1988, fizemos outro show acústico, em que eu toquei bateria, em um programa de variedades chamado Fox Late Night. O apresentador era negro, então "One in a Million" estava fora do repertório. No lugar dela, tocamos uma versão mais lenta de "You're Crazy" e também "I Used to Love Her". Quando o apresentador chamou a segunda música, ele acabou com a força da nossa música ao anunciar: "A seguir, Guns N' Roses toca 'I Used to Love Her, But I Had to Kill Her'?!" [Eu costumava amá-la, mas tive que matá-la]. A primeira vez em que ouvi a letra daquela música foi na Hell House. Axl e Duff a criaram. Achei aquilo engraçado demais.

O motivo pelo qual me lembro tão bem daquele programa foi porque tocamos "Crazy" do jeito que ela deve ser tocada: mais lenta, mais suja e mais puxada pro blues, com mais feeling, e não na velocidade frenética de Appetite. Apesar de Axl ter se censurado para a TV e tirado todos os palavrões, ele fez um trabalho de mestre e foi, definitivamente, minha versão preferida de "Crazy". Confira no YouTube: https://www.youtube.com/watch?v=qbJFs25Hm_A.

CURTIÇÃO

Claro, a vida era uma festa sem fim. Axl saía com Del e Wes. No fim, Duff e Slash ficaram um pouco menos distantes de mim desde que minha mão melhorou. Mas, honestamente, quem precisava ficar encenando? Eu não precisava, então decidi sair com Tom Mayhue, meu novo técnico de bateria. Ele já tinha estado em várias turnês, principalmente com o Dokken, como técnico de Mick Brown. Eu estava usando quantidades pesadas de coca, mas descobri que, de tempos em tempos, eu ia me ferrar com ela. Então, muitas vezes, eu deixava os restos para Doug e dizia: "Faça o que quiser com isso, mas tire essa coisa de perto de mim".

Havia chegado a hora de gravarmos nosso segundo clipe, "Sweet Child O' Mine". Ele foi filmado no Huntington Ballroom, em Huntington Beach. Todos os caras levaram suas namoradas para aparecerem com a gente. Axl estava namorando Erin Everly havia alguns anos. Ela era filha de Don Everly, dos Everly Brothers. Era uma garota doce, e eu tinha certeza de que ela não aguentaria Axl por muito tempo. Eles estavam sempre discutindo por qualquer coisa e, às vezes, a coisa ficava muito intensa.

Quando ele surgiu com ela, pela primeira vez, ela era tão legal que eu honestamente pensei: "Tomara que o Axl não foda com tudo". Duff estava namorando e ficou noivo de uma garota chamada Mandy, que fazia parte de uma banda feminina de L.A. chamada Lame Flames. Slash estava com sua namorada da época e eu levei Cheryl. Um amigo meu trabalhava com os punks veteranos do TSOL, com quem tínhamos tocado várias vezes, e me perguntou se eu usaria a camiseta no clipe. Por que não? Usei-a com prazer.

Algumas semanas depois de gravar o clipe de "Sweet Child", nosso disco ganhou platina. Era uma conquista inacreditável para a banda e toda a nossa equipe. Nossa popularidade estava nas alturas, ao ponto de sermos chamados de "supergrupo" no meio roqueiro. Realmente éramos os rock stars que eu sempre havia sonhado em ser. Mas isso estava, finalmente, começando a afundar. Em pouco tempo ficou fácil perceber que, quanto maiores ficávamos, mais frios nos tornávamos.

CLINT E MINHA PRIMEIRA OVERDOSE

Logo depois de o clipe de "Sweet Child" ter se tornado sensação na MTV, a crescente popularidade da banda chamou a atenção da lenda do cinema Clint Eastwood. Alguém deve ter sugerido que ele nos colocasse em seu novo projeto cinematográfico, *Dirty Harry na Lista Negra*. Nessa mesma época, perguntei a Dougie: "Cara, você consegue nos colocar em um filme? Ou em programas de TV? Ou na porra de um desenho animado? Qualquer coisa?". Então foi uma bela coincidência que tudo tenha dado certo.

Mais tarde, Axl chamaria aquele filme de "um monte de merda", encorajando os fãs a *não* o assistirem. O filme tinha um roqueiro tipo o Axl, Johnny Squares, interpretado pelo ainda desconhecido Jim Carrey, dublando "Welcome to the Jungle". No roteiro do filme, ele é assassinado no que foi feito para parecer uma overdose, para que os participantes que apostavam em qual celebridade ia morrer se beneficiassem das apostas que haviam feito em um jogo mórbido.

Havíamos marcado dois dias para as filmagens. O primeiro foi no cemitério Forrest Lawn, em San Francisco, onde fomos escalados como os amigos roqueiros do finado Johnny Squares. Todos sabíamos que isso daria uma ótima exposição. Estaríamos no filme. Foi empolgante e até o Axl apareceu no horário.

Durante o primeiro dia de filmagens, me enrolei com uma stripper que era figurante. Ela morava próximo e fomos para a casa dela. Fumamos um pouco de erva e ela fez chá para nós dois. Percebi que ela havia colocado um pó marrom na minha xícara. Pensei que fosse algum tipo de tempero, ou coisa assim. A última coisa que me lembro era ela com a minha cabeça entre suas pernas e forçando meu rosto contra sua virilha. "Agora, *eu* vou te mostrar como comer uma boceta", ela ronronou. Ela estava no controle e eu flutuava numa nuvem de seda, sem me preocupar com o mundo.

Comecei a rir do comentário dela, enquanto aquela nuvem sedosa me envolvia e, então, *nada*. Apaguei enquanto ela montava em mim. Que momento para a minha primeira overdose de heroína. Acordei num quarto de hospital no que seria nosso segundo dia de filmagem. Eu não fazia ideia de quanto tempo tinha ficado desacordado. Na verdade, eu não tinha ideia de onde estava ou do que tinha acontecido, mas, à medida que minha visão clareava, percebi alguém fazendo vigília para mim. Alguém estava ao lado da minha cama pacientemente me esperando acordar, apesar de ninguém saber quando ou se isso aconteceria.

Pisquei. Pisquei de novo. Era o Axl. Ele se levantou, ficou ao meu lado e sorriu. Parecia realmente aliviado e disse: "Essa foi por pouco, Stevie". Ele era o único ali. Mais tarde, a enfermeira me disse que ele havia ficado sentado ao meu lado durante todo o tempo. Os outros caras seguiram em frente e fizeram o filme, mas Axl ficou no hospital.

O que Axl fez foi tão nobre, altruísta e surpreendente que eu chorei – lágrimas de alegria. Ele ficou meio deslocado quando viu o aguaceiro, mas não tem problema. Não senti nada além de um amor descontrolado por ele naquele momento e não me importa que ele tenha me visto chorando.

Ali estava ele, acabando com a chance de aparecer em uma cena de um grande filme, ficando do meu lado, fazendo sua própria vigília, só Axl. Caramba, Axl. Quando achei que já o havia decifrado, ele foi e fez a coisa mais tocante e significativa que alguém já fez por mim. Aquilo foi muito legal. Obrigado, Axl.

Eis o lance de Axl. Ele demanda emoções. "Me ame, me odeie, mas não ouse me ignorar, caralho." Ele não tolera o vácuo. Às vezes, acho que é por isso que ele fazia nossos fãs ficarem esperando por três horas antes de entrarmos. Ele exigia uma atmosfera emocionalmente carregada o tempo todo. Queria ter uma vida frenética, no limite, e é por isso que ele conseguia passar aquela urgência singular em suas letras: ele vivia aquilo.

Ter Axl ali causou um efeito bem forte em mim. Rapidamente levantei da cama. A enfermeira chamou isso de "O poder da juventude". Estava mais para o poder da estupidez. Qualquer um com só um pouco de sensatez saberia esperar pela alta do médico, mas não eu. Assim que consegui sair da cama sem cair de cara no chão – e isso aconteceu pelo menos uma dúzia de vezes –, eu fui embora. Finalmente, arranquei as sondas do braço e saí tropeçando.

IRON MAIDEN

Em seguida, veio uma turnê com o Iron Maiden. Eu curtia a banda. Lembro-me de sempre tocar junto com o disco *Piece of Mind* quando estava ficando na casa do Brad Server, em 1983. Saí com Nicko McBrain, o baterista do Maiden, uma noite em Quebec, uma linda cidade. Estávamos conhecendo os pontos turísticos, tomando uns drinques, e Nicko começou a falar merda para mim. Não disse nada para não começar uma confusão, e também não dei nenhuma *resposta*. Ele estava muito bêbado e começou a ficar puto comigo sem motivo nenhum. Não sei por quê. Ele é um cara bem grande e achei que ia acabar comigo. Felizmente, ele bebeu até cair num estado de torpor e ficou quieto. Eu dei o fora e peguei um táxi de volta para o hotel.

Lembro-me de um momento dessa turnê quando, provavelmente algumas horas após o fim do show, entrei em uma sala de recepção, onde uns 20 fãs estavam esperando para conhecer as bandas. Como disse antes, os caras da minha banda não curtiam se encontrar com os fãs, autografar discos, nem nada disso. Então eu entrei e estava completamente em silêncio. Todos os garotos pareciam chateados: todos estavam cabisbaixos, uma cena bem triste. Então eu disse: "Ei, qual é, isso é uma porra de uma festa!". De repente, todos olharam para mim e a festa começou. Me senti ótimo. Um grande "YAAAAAAY!" preencheu o ambiente. Um dos caras tinha alguns baseados, e eu acendi um atrás do outro e passei para as outras pessoas. Conversei com todo mundo e dei autógrafos. Fiquei muito surpreso com o que um pouco de atenção pode fazer. Quer dizer, levantar o moral daqueles garotos poderia acontecer sempre. Foi muito recompensador para mim e sempre desejei que fizéssemos mais coisas assim como banda.

A turnê com o Maiden passou pelo Canadá, pelos Estados Unidos e terminou em Sacramento, na Califórnia. Nosso equipamento estava montado e, umas duas horas antes de começarmos a tocar, ouvi falar que Axl não conseguiria fazer o show, que suas cordas vocais estavam detonadas. Apesar de vários dos nossos fãs ficarem chateados, a banda estava ciente das verdadeiras intenções de Axl e entendeu o que realmente estava acontecendo, como você descobrirá em breve.

Então, no último minuto, o Tesla, uma banda de Sacramento, nos cobriu. Acho que eles até usaram o nosso equipamento. Fiquei desapontado porque o próximo show seria no L.A. Forum, um lugar onde eu havia visto várias bandas quando era mais novo. "Ah, cara. Sempre quis tocar na porra do Forum." Nossos camaradas do L.A. Guns ficaram com a data e seguiram abrindo os shows do Maiden. No Irvine Meadows Amphitheater, todos nós – menos Axl – subimos ao palco com o L.A. Guns e tocamos duas músicas para um público em êxtase. Havíamos cancelado aqueles shows no último minuto e muitos daqueles garotos tinham ido para nos ver, então nos sentimos obrigados a fazer isso.

SONHO REALIZADO

Poucos dias depois, nosso sonho se tornou realidade novamente quando uma turnê com o Aerosmith começou em Illinois. Lembro-me de haver uma interminável estrada de mão única que ia até o local do show. Então pegamos um helicóptero do hotel até a área do backstage. Foi muito legal, bem rock'n'roll. Depois do show, estávamos no camarim e todos os caras do Aerosmith apareceram – Tyler, Perry, Whitford, Hamilton e Kramer – e disseram: "Vocês detonam. Vocês definitivamente detonam". Foi a primeira vez que me encontrei com eles e não teria acontecido de um jeito melhor em um sonho. Nossos heróis *nos* dizendo que gostaram do jeito como tocamos. E um dos principais motivos de terem ficado impressionados era porque a voz do Axl era incrível pra caralho, tanto em alcance quanto em intensidade.

Isso aconteceu porque ele havia abandonado a turnê com o Iron Maiden para dar um descanso à sua voz. Veja bem, o Aerosmith significava tanto para ele, e para nós, que ele não queria detonar sua voz. Queria estar bem descansado. E ouvir Joe Perry nos dizendo que arrebentamos fez tudo valer a pena.

Houve um show que fizemos, acho que em Indiana, em que até os ingressos para lugares *atrás* do palco estavam esgotados. Definitivamente, levamos *um monte* de gente. Todos estavam cantando as músicas com muita energia. Havia tanta excitação que tive que gritar com Tom o mais alto que conseguia: "Me dê um balde! Me dê um balde!".

Devo ter soado como se estivesse em um maldito filme do Monty Python. Fazer aquele show foi tão incrível que meu estômago deu piruetas e, de repente, eu precisava vomitar. Assim que a música terminou, vomitei diretamente no balde. Depois de espantar o nervosismo, foi ainda mais divertido do que eu podia imaginar. Eu era como uma criancinha ali, olhando embaixo da árvore de Natal.

Os caras do Aerosmith são meus heróis. Ponto final. Respeito Steven Tyler mais do que qualquer outro *frontman* no mundo. Ele realmente era o cara mais legal, o maior e mais pé no chão. Além do fato de ser um artista incrível e uma lenda do rock, ele era realmente o cara mais gente boa e verdadeiro. Lembre-se, ele é um Tallarico e eu sou um Coletti, então tínhamos alguma ligação italiana.

Os empresários nos disseram para mantermos as bebedeiras e as drogas escondidas, já que os caras do Aerosmith estavam todos se recuperando de seus vícios. Depois de uma das passagens de som nos teatros ao ar livre, Tyler e eu saímos em carrinhos de golfe e apostamos corrida pelo lugar.

Ele me contou histórias incríveis sobre sua batalha contra as drogas, sobre como, nos velhos tempos, ele dançava no palco enquanto seu assistente ficava ali, com uma seringa preparada. Também confessou que em sua famosa roupa listrada havia um bolso na echarpe onde ele escondia quaaludes, Valium, Percodan – a porra de uma farmácia. Então, ele me olhou bem nos olhos e disse: "Não *se* deixe envolver demais com essa merda".

Olhei bem nos olhos dele e respondi: "Não se preocupe, Steven. Não vou". Rá! As *famosas últimas palavras...*

Uma noite, Steven e eu levamos umas dez garotas para o ônibus de turnê. Mandamos elas ficarem nuas e Steven assumiu o papel de diretor. "Agora, vocês três, chupem o pinto dele. Você, sente no rosto dele enquanto ele come sua boceta. Vocês duas, comecem a se agarrar." Steven Tyler, o novo diretor pornô do ano. E eu, o novo rei da pornografia. Aquela foi a noite mais memorável da turnê e uma das dez mais memoráveis noites da minha *vida*. Tyler é diversão sem fim.

Fomos a Nova Jersey para tocar no estádio dos Giants e, depois de um show incrível, eu voltei para o hotel querendo muito me reencontrar com Cheryl. Comecei a pensar seriamente sobre o nosso relacionamento porque percebi que estava bem envolvido com uma banda de rock bem-sucedida pra caralho e tinha um bom dinheiro vindo daí. E, sei lá, talvez o papo de coração aberto com Tyler, no outro dia, havia surtido efeito na minha cabeça dura. Talvez fosse hora de me aquietar um pouco.

Então, assim que chegamos à recepção, levei-a ao quarto do hotel e disse: "Tire suas roupas". Fizemos amor como nunca havíamos feito antes. Ela podia sentir minha paixão e respondeu com o mesmo entusiasmo. Depois, nos deitamos na cama e, pelo que eu sabia, ela era *a pessoa certa* para mim.

Capítulo 15
TRAGÉDIA E POLÊMICA

FRACASSO EM DONINGTON

No meio da turnê, voamos para Donington para tocar no festival anual Monsters of Rock, na pista de corrida do Castelo de Donington, na Inglaterra. Era 20 de agosto de 1988. Quem abriu o show foi uma banda de metal da Alemanha, Helloween, então nós, Megadeth, David Lee Roth, Kiss e Iron Maiden. Para chegarmos lá mais rápido, um Concorde, o jato comercial mais veloz do mundo, foi providenciado. Levou só três horas e meia para atravessarmos o Atlântico. Um voo normal teria levado umas oito horas. Todo o avião era de primeira classe, com costelas de primeira, fones Sennheiser no sistema de som e uma mala que davam de presente quando você chegava ao seu assento. Olhávamos para fora quando estávamos em altitude de cruzeiro, a uns 65 mil pés, e conseguíamos ver azul, azul escuro, anil e, se inclinasse a cabeça para olhar para cima, preto! Além disso, se você olhasse diretamente para fora, conseguia ver a curvatura da Terra, suavemente, mas estava lá. Legal pra caralho.

Chegamos na véspera do show. Lars, do Metallica, estava lá e cheirávamos *qualquer* coisa em pó. Estávamos usando uma coisa rosa, não sei o que era. Poderia ser aspirina infantil esmagada que nem perceberíamos.

Lemmy também estava lá e tinha uma pilha de speed numa mesa de uns 30 centímetros de diâmetro. Ele só usava speed. Ele me ofereceu e eu usei um pouco, bem pouco mesmo. Parecia fibra de vidro entrando pelo meu nariz. Dave Jr. (era assim que chamávamos o baixista do Megadeth, Dave Ellefson) e Dave Mustaine também estavam lá. Havíamos nos drogado muitas vezes antes, até fumado heroína.

No meio da tarde, subimos para tocar. Foi uma loucura. Mais de 100 mil garotos estavam se espremendo na frente do palco. A pista de corrida estava vendendo cervejas grandes de 900 ml. Os garotos estavam bebendo e não iam passar no meio de toda a multidão para urinarem no banheiro, então eles mijavam em garrafas. Antes de começarmos, estávamos na lateral do palco olhando o tamanho do público.

De repente, vimos o que parecia um enxame de gafanhotos voando. Eram na verdade centenas de garrafas de plástico com urina voando sobre o público. Dissemos: "Que porra é essa?". *Bam, poff!* Pessoas estavam sendo atingidas no rosto e ficando cobertas de mijo. Mas isso não ia mudar nada. Já cuspiram em nós, atiraram garrafas de birita e cerveja e nos envolvemos em disputas com fãs e outras bandas, então qual o problema com um pouco de mijo?

Fiquei surpreso em ver tantas faixas do Guns N' Roses no público. Quando entramos no palco, havia 120 mil pessoas gritando e pulando. Foi uma visão realmente impressionante para todos nós. Todos estavam descontrolados e tivemos que parar o show várias vezes porque as pessoas ficavam subindo e correndo pelo palco. Axl pediu para o público se acalmar e ir para trás. As pessoas estavam sendo esmagadas na grade frontal. Foi só no dia seguinte, depois de voarmos de Concorde de volta aos Estados Unidos, que nos disseram que dois garotos morreram durante o nosso show. Foram pisoteados até a morte.

Fiquei muito chocado. Paralisado. Não conseguia acreditar. Claro, a imprensa culpou a banda, inflamando a nossa já conhecida imagem de bad boys. Quando isso aconteceu, estávamos começando a conquistar uma imagem mais ampla e amigável, parcialmente porque "Sweet Child O' Mine" tinha um apelo de hit mais amplo do que "Jungle". Conquistamos um número maior de seguidores com aquela música, atingindo fãs de rock mais mainstream e pop.

Liguei para minha mãe e contei sobre a terrível tragédia. Nunca parei para pensar por que liguei para Deanna em vez de ligar para Cheryl ou Big Lily, mas imediatamente senti um pouco de consolo assim que dividi essa notícia horrível com ela. Ela ficou chocada, mas não desmoronou. Conseguiu ser muito afetuosa e verdadeira comigo, falando que eu não deveria me culpar. Ela explicou que os promotores têm que controlar os números e a forma como os lugares estão organizados. Eu entendi, mas isso não fez eu me sentir muito melhor. Me senti, de algum jeito, como se eu fosse uma peça de uma grande máquina que machucou aqueles garotos. Levei semanas para me sentir perto do normal de novo. Contei para minha mãe que eu voltaria logo para a cidade e que ligaria para ela. Até hoje, a tragédia de Donington ainda me assombra, é como acordar de um pesadelo.

FAMÍLIA É IMPORTANTE

Tínhamos dois shows com o Aerosmith no Pacific Amphitheater em Costa Mesa, Califórnia, em setembro. Convidei minha família para o primeiro show, mas acho que depois eles tiveram a ideia de aparecer do nada e fazer uma surpresa no hotel. Afinal, eles não me viam há um ano. Ronnie e eu tínhamos ficados acordados a noite toda usando um monte de cocaína. Eu tinha uma enorme pilha do "krel" na cômoda, que estava arrumada como se fosse uma mesa. Estávamos muito loucos. Às oito da manhã, alguém bateu na porta.

Consumido pela paranoia, perguntei ao Ronnie se estava esperando alguém, mas ele balançou a cabeça negativamente. Outra batida. Fiquei em pé lentamente e fui caminhando para a porta. "Ei, Stevie, abre a porta.". Aquela voz, conheço bem aquela voz.

Então eu abri, e lá estavam minha mãe, meu pai e meu irmão mais novo, todos com um sorriso enorme. Eu estava horrível, excessivamente nervoso. "Que porra vocês estão fazendo aqui? Não apareçam sem avisar." Por um instante, apenas vi a expressão de felicidade deles se transformar em descrença e, depois, em horror. Fodam-se eles. Bati a porta e tentei tirar um cochilo antes do show. Vamos encarar, eu fui um idiota e ainda me sinto mal por isso. Ei, mãe, você está aí? Desculpe-me por isso.

No dia seguinte, fizemos nosso último show junto com o Aerosmith. Enquanto a equipe estava montando o palco, encontrei com um antigo amigo baixista, para quem eu tinha arrumado ingressos e credenciais. Ele mencionou que ia usar drogas e eu disse: "Sabe, tenho 20 dólares. Foda-se, arruma um pouco para mim". Abri o zíper da pochete em minha cintura – eu a chamava de bolsa "hippie" – e entreguei uma nota de vinte. Eu tinha usado essa merda apenas algumas vezes até aquele momento; não é que eu tivesse uma conexão ou qualquer coisa do tipo. Depois do show, umas três horas mais tarde, ele voltou e me deu a droga. Rasguei um pedaço de folha de uma mesa de buffet e fui para o ônibus. Fui direto para o fundo para ter privacidade e fumei aquela heroína de má qualidade.

O KARMA MATA

Eu estava me sentindo feliz e sortudo, nas nuvens. Estava indo me divertir com o Aerosmith. Eu estava sorrindo, no topo do mundo, enquanto andava me gabando em direção à sala de recepção, mostrando a minha melhor pose de estrela do rock, observando a cena. Lá, a um metro de distância, estava Steven Tyler. Ele sorria, conversando com alguém. Quando se virou para mim, olhou nos meus olhos e seu sorriso desapareceu. Ele *sabia*. Steven balançou a cabeça como se pensasse "Ai, cara" e olhou para o outro lado. Não tinha entendido nada naquele momento exato, mas ele estava triste por mim. Depois tudo afundou e meu próprio sorriso sumiu tão rápido quanto o da minha família no hotel.

Fiquei estupefato. Me virei e fui embora rapidamente. Não ser legal com Steven Tyler é o pior que você consegue chegar. Ele me conhecia, mas eu só estava seguindo o ritmo, falando as coisas que ele queria ouvir para que ele não pensasse que eu não faria essa merda. Steven me contou sobre como ele era um perdedor por fazer isso. E lá estava eu com aquele olhar de culpa: fui pego. Senti como se o tivesse decepcionado muito mais do que a mim mesmo. Me senti um miserável durante dias. Queria estourar a porra dos meus miolos para acabar com a dor.

Na minha cabeça, eu tinha identificado aquele momento como o ponto decisivo, o momento exato quando as coisas começaram a ir de ocasionalmente fora do controle para um lado sombrio e errado na minha vida. Quebrar a mão foi o primeiro aviso, mas eu continuei, ganhando impulso, soprando diretamente através das barreiras de cavalete na estrada da vida, pisando fundo no meu pedal metafórico até o momento em que corri para fora da estrada, bati e explodi.

QUEDA DA HONRA

Doug me ligou um dia depois do nosso último show na turnê do Aerosmith e disse que perguntaram se eu estaria interessado em gravar um vídeo. O comediante Sam Kinison era o cara do momento naquela época e estava fazendo um vídeo de música para promover seu novo álbum. Eu já conhecia Sam há algum tempo. Alguns meses antes, levei alguns amigos para vê-lo na Comedy Store, na Sunset. Ele nos convidou para irmos ao camarim cheirar umas carreiras. Ele era louco, um de nós sem dúvida.

O vídeo era para a sua paródia provocadora da música "Wild Thing", uma adaptação hilária dos Troggs, clássico dos anos sessenta. A sua ideia era dar uma grande festa, convidar todos os seus amigos roqueiros e juntar as duas coisas com o elenco e o cenário para o seu vídeo. Slash e eu recebemos o convite de Sam e fomos juntos. Quando chegamos, estávamos empolgados por nos encontrarmos em meio a companhias incríveis. Nosso amigo mais querido do Crüe, Tommy Lee, estava lá, e o Bon Jovi apareceu com sua comitiva. Apenas olhei para todos esses roqueiros amantes da diversão ao meu redor e disse: "Que foda". Era como se fosse uma validação perversa; fiquei muito orgulhoso de estar incluído nesse grupo genuíno de estrelas do rock.

A estrela principal do clipe era Jessica Hahn, recém-saída de um enorme escândalo religioso envolvendo o evangelista da TV Jim Bakker. Sozinha, ela acabou com a grande mentira e hipocrisia bíblica de Bakker e sua esposa hipermaquiada, Tammy, e agora era a atual namorada vagaba do Sam. Imagine como isso soou para os religiosos? Hipócritas do caralho.

Achava a Jessica uma porca. Ela usava tanta maquiagem que parecia uma manequim. Mas Sam a adorava, então a gente a tratava bem, porque ele era o nosso anfitrião consagrado e amigo. Seus peitos enormes realmente me desanimavam; eles ficavam ameaçando furar os nossos olhos. Sam ficava com ela por ali num pequeno poço do amor e todo mundo apontava para eles, aplaudindo.

Eles tinham um barril de cerveja para nós e todos estavam bebendo violentamente. Enquanto filmavam as cenas de que não participávamos, Slash e eu acampamos na torneira do barril e ficamos muito bêbados. Eu nem me lembro das cenas de que participamos, mas lembro que, mais tarde, eles insistiram em fazer algumas cenas adicionais, incluindo uma de um Slash bêbado caindo desajeitadamente em uma lata de lixo. O vídeo teve exibição regular na MTV do final de 1988 até 1989. Foi uma grande ideia e uma época muito divertida.

O MTV Awards anual aconteceu, naquele ano, no dia 7 de setembro no Universal Amphitheater, em Los Angeles. Não há dúvidas de que a gente era a banda mais quente do pedaço. Fomos indicados para o prêmio de Melhor Novo Artista, que hoje é considerado o "prêmio do beijo da morte". Muitas bandas ganharam esse prêmio, mas afundaram no segundo disco. Deveriam bani-lo. É como estar na capa da *Sports Illustrated*: azar instantâneo.

Nessa época, Slash estava saindo com a conhecida atriz pornô Traci Lords. Durante a cerimônia, quando o envelope foi aberto e fomos anunciados como os vencedores, o produtor decidiu que Slash e Traci deveriam recebê-lo. Quanto ao resto da banda, honestamente, não nos importávamos com quem iria subir, contanto que fosse um de nós.

"Eu sou Traci Lords", ela anunciou.

"Eu sou Slash", ele murmurou.

Traci continuou: "O Guns N' Roses está muito feliz em receber o prêmio, obrigada [risinhos]". Que profundo. Mais tarde, naquela noite, tocamos "Welcome to the Jungle" ao vivo para um público desanimado. Hoje, a MTV ficou mais esperta e enche a frente do palco com fãs loucos indo ao delírio na frente das câmeras. Naquela época, eles organizavam como o Academy Awards, com todas as grandes estrelas na frente. No final da música, joguei uma baqueta o mais forte e o mais longe possível; a outra eu cuidadosamente atirei para Steven Tyler, que estava sentado na primeira fila, esperando que ele abrisse um sorriso. Tyler nem se mexeu e a baqueta ficou no chão sem ninguém dar importância. Isso me magoou, mas não me surpreendeu.

Depois de tocarmos, o apresentador, Arsenio Hall, fez uma brincadeira sobre bateristas: "Nunca vou entender, eles jogam suas baquetas para a plateia e então vem um fã com uma baqueta no olho falando: '*Eu amo esses caras!*'".

Em 17 de setembro de 1989, fizemos o show final da turnê de *Appetite for Destruction*. Foi em um grande festival no Texas que também contava com os ícones do pop australiano INXS e o artista reggae Ziggy Marley, filho do lendário Bob Marley. Voamos para lá no dia anterior ao show. Lembro-me de estar sentado no meu quarto de hotel assistindo a desenhos quando dei uma olhada pela janela. Tinha um monte de caras rasta jamaicanos andando por ali, e eles pareciam ameaçadores, mas era só coisa da minha cabeça doentia.

Meus olhos desviaram para a piscina, onde Michael Hutchence, cantor do INXS, estava sentado de modo soberano. Ele estava com uma garota linda que parecia ser uma supermodelo. Eles estavam descansando em cadeiras de piscina, conversando um com o outro. Pensei: "Como isso é demais. Vi esse cara em vídeos durante anos e aqui estou, prestes a tocar em um grande show com ele".

O show foi absolutamente o pior que já fizemos. Por alguma razão, os caras não estava empolgados e o motivo era simples: eles queriam ir para casa. Então me dei conta: "Ei, *eu* quero ir pra casa. Estivemos na estrada há umas dez vidas e está na hora de dar uma parada por um tempo".

Para piorar, estava chovendo naquele dia. Estávamos no Texas Stadium, uma arena parcialmente coberta com uma abertura enorme na parte do campo. Do palco, eu podia ver a chuva caindo na multidão, mas nos mantivemos secos, menos quando caía aquela tempestade. Foi uma situação bem estranha. Tocamos nosso set em tempo recorde, querendo que acabasse logo. "Sweet Child O' Mine", nosso hit de andamento médio, foi tocada praticamente duas vezes mais rápido.

Meu Deus, na realidade a gente estava na estrada por dois anos. Era hora de dar um tempo. Claro que foi um grande show, mas eu *nunca* pensei que não teria mais centenas de grandes shows no meu futuro, por isso não tive a menor nostalgia melancólica quando saudamos o público no fim do show e demos o fora de lá.

Ao voltar pra casa, aproveitei minha tão esperada folga com Cheryl. Ela estava comigo o tempo todo. Foi me ver e, a partir da hora em que nos abraçamos, houve um momento de qualidade e de silêncio. Lençóis limpos, cortinas fechadas e estávamos dormindo. Olhando para trás, pelo menos até aquele ponto, pode ter sido a época mais feliz da minha vida. Eu acordava com o cheiro maravilhoso de Cheryl toda manhã e dormia com ele à noite. Finalmente tinha tempo para o amor da minha vida e para a vida que eu amava.

Imagine ter uma renda segura e estável aos 20 e pouco anos, tornar-se famoso fazendo o que você ama para viver e passar todos os dias com a mulher dos seus sonhos, sem se preocupar com o mundo. Não dá para superar isso, mas dá para destruir.

Eu estava experimentando coisas na vida que estavam além dos meus sonhos mais loucos, como quando fizemos a capa da *Rolling Stone*. Estávamos levando tudo na esportiva, como se não fosse nada de mais. Eu vestia uma camiseta que Tom Mayhue me deu por meio de Mick Brown, da banda Dokken. O Dokken estava em turnê com o Van Halen, o Metallica e o Scorpions. A turnê se chamava Monsters of Rock (não confundir com o festival Monsters of Rock, no Reino Unido). A camiseta era uma paródia brilhante daquilo, um jogo de palavras sarcástico apelidando de "Hamsters of Rock".

Alguns dias depois de a capa da *RS* chegar às lojas, eu estava no chuveiro quando Cheryl veio correndo ao banheiro. "Steven, adivinha quem ligou?"

Desliguei o chuveiro. "Quem?"

"Eddie Van Halen", ela disse.

"Mentira! O que ele queria?"

Cheryl disse: "Ele estava puto. Perguntou que merda é essa de você estar vestindo uma camiseta '*Hamsters* of Rock'".

Eu não acreditava que Eddie poderia levar uma coisa tão pequena a sério, mas estava muito animado por uma lenda do rock ter me ligado. "Ah, para... Ele deixou um número para ligar de volta?"

"Não", ela disse, "ele só desligou!". Eu já tinha ouvido que o temperamento de Eddie se exaltava quando ele bebia, então tirei o peso das costas bem rápido.

No fim de novembro, nosso EP *GNR Lies: The Sex, the Drugs, the Violence, the Shocking Truth* foi lançado. A capa era uma paródia de recortes de tabloides ingleses etiquetada com todo o tipo manchete sensacionalista, do tipo *homem processa ex-mulher, "ela pegou o meu esperma sem minha permissão"* e *cabeça decepada encontrada em um bar de topless*.

De novo, me deram algumas fotos para escolher qual seria usada na capa. O disco incluía três novas músicas, uma versão acústica de "You're Crazy" e um relançamento do EP original *Live?! Like a Suicide*, que no vinil e no cassete era o lado G (também conhecido como lado A). O lado B foi rotulado como lado R. Gravamos as novas faixas no estúdio Record Plant, saindo da Sunset, perto do Paramount Studios. O processo inteiro foi feito em um único fim de semana. Toquei três músicas e não fiquei um segundo a mais do que precisava. Mal podia esperar para estar com Cheryl e me divertir com ela.

Hoje, me arrependo de ter ido embora tão rápido. Acredito que perdi alguns momentos especiais com a banda. Mas não tinha como eu saber disso naquela época. Para mim, meu trabalho estava completo, feito. Nunca deixei o estúdio sem que todo mundo aprovasse o meu trabalho. É que algumas músicas, como "Patience", não precisavam de percussão. Eu estava familiarizado com a música e realmente achava que era uma ótima ideia manter estritamente acústica, sem bateria.

É assim que eu sou com um monte de coisas. Muito maduro quando se diz respeito à interpretação artística. Não tenho ego quanto à bateria. Se ela não cai bem, sem problemas. Dá para imaginar Charlie Watts, dos Stones, tentando colocar bateria em "Lady Lane"? Eu estava tranquilo em não tocar em todas as faixas até o GNR dizer que eu não podia tocar bateria em *nenhuma* faixa... nunca mais. Falo mais sobre isso daqui a pouco.

"One in a Million" apresentou uma das letras mais extravagantes e polêmicas sobre "polícia e pretos" e "imigrantes e bichas". Eu achava que era uma ótima música, que precisava de palavras fortes. Ela expressava um sentimento forte que precisava ser entregue sem dar nenhum alívio. Eu sabia que as palavras não eram direcionadas à maioria dos negros, gays ou imigrantes. Ela simplesmente descrevia os canalhas do mundo. É o que Lennon fez quando escreveu "Woman is the Nigger of the World". "Nigger", para ele, significava "escrava". E a gente queria dizer "marginais". A música explicava a merda pela qual Axl, um caipira ingênuo de Indiana, tinha passado.

Ninguém pensou duas vezes nisso, nem mesmo Slash, embora mais tarde eu tenha ficado sabendo que sua mãe ficou ofendida. Quando Axl cantava "Immigrants... come to our country and think they'll do as they please, like start a mini-Iran" ["Imigrantes... vêm ao nosso país e acham que vão fazer o que quiserem, como criar um mini-Irã"], eu achava que ele queria dizer: "Olha como o Irã está fodido. Não traga essa merda pra cá". Essa era a minha interpretação. Além disso, como amávamos aquela música, queríamos que chamasse muita atenção, e essa foi a forma de atiçar as chamas.

Os únicos shows feitos para promover *Lies* foram no Japão e na Austrália. Tivemos só uma pausa de dez semanas desde o nosso último show, abrindo para o INXS no Texas Stadium, próximo a Dallas. O Japão era incrível. Especialmente para um cara loiro como eu. Tive a impressão de que eles idolatravam os loiros por lá, dando atenção especial a eles. Quando chegamos ao hotel, fui direto para o meu quarto. Abri minha mala e joguei tudo na cama, como sempre fazia. Fui dar uma volta pela cidade e, quando voltei para o quarto, tive uma agradável surpresa. Descobri que todas as minhas roupas tinham sido muito bem dobradas, perfeitamente. Nem queria tocar nelas para não estragar todo aquele trabalho. "*Que porra é essa?*", falei.

Então, escutei umas risadinhas bem fofas. Havia uma japonesinha gostosa se escondendo atrás da cortina. Ela estava cobrindo a boca com as mãos, tentando esconder sua excitação. Em seguida, escutei uma risada vinda do banheiro. Lá estava outra garota se escondendo no chuveiro. Juntas, elas me deram boas-vindas ao seu país de um jeito bem especial. Japão: a terra dos traseiros nascentes.

O *cara* do Japão, o maior produtor e um incrível líder em diversas empresas, era um distinto cavalheiro chamado Sr. Udo. Ele levava toda a equipe a jantares fabulosos. Os iluminadores, os técnicos de som, todos se beneficiavam de sua extrema hospitalidade. Em uma ocasião, eles nos pagaram vinte pratos de entrada. Colocaram uma tigela de sopa na minha frente e eu disse "*Domo arigato*", que significa "Muito obrigado". Todos sorriram e se curvaram em respeito. Até a banda ficou impressionada. Esse, no entanto, era todo o alcance do meu vocabulário. Aprendi isso com a música "Mr. Roboto", do Styx, em que eles cantam "*Domo arigato*, Mr. Roboto". Olhei para o meu prato e fiquei hipnotizado pelos peixinhos que nadavam pelo caldo. Aquilo me deixou confuso, mas não deixei de apreciar a iguaria.

COMIDA CELESTIAL

Sem dúvida, a melhor comida que eu experimentei lá foi a carne Kobe. Explicaram que era feita de vacas que foram alimentadas com quantidades monstruosas de cerveja durante toda a vida. Elas foram criadas para terem músculos macios, sendo massageadas todos os dias, durante horas. Disseram que, quando as matavam, as vacas nem percebiam. A carne era muito macia e cortada em quadradinhos. Colocam uma pedra quente na sua frente, onde você põe um pedaço de carne, grelha e vira, para grelhar o outro lado. Ela simplesmente derrete na sua boca. Definitivamente, a melhor carne que eu já comi.

Viajamos no famoso trem-bala, onde serviam a melhor comida no vagão-restaurante. Durante a nossa viagem, conheci a neta do magnata das motocicletas Kawasaki. Ela era bonita e atraente. Senti que, quando estava na estrada, podia brincar. Então joguei meu charme nela e consegui levá-la para se agarrar comigo.

FÃ-NÁTICOS

Os fãs japoneses são loucos. Tenho uma foto de Dougie me levando por uma multidão de centenas de jovens asiáticas. Parecia uma cena do filme dos Beatles, *Os Reis do Ié, Ié, Ié*. Tem uma cena que mostra os caras correndo pela rua e sendo perseguidos por centenas de fãs. George Harrison tropeça, fazendo ele e Ringo caírem. Era uma coisa bem engraçada, dava para ver que aquilo era de verdade. Nada daquelas besteiras de dublês.

Bem, Duff e eu passamos por algo similar. Uma noite, saímos do hotel em direção ao Hard Rock para jantar e tomar uns drinques. Evitamos a saída principal e saímos por uma porta lateral. Andando pelo quarteirão, a uns 45 metros de distância, podíamos ver uns oito garotos esperando pela banda, armados com discos para serem autografados. Tínhamos autografado coisas o dia inteiro, e perguntei a Duff: "Você quer mesmo fazer isso?". Simplesmente nos entreolhamos e começamos a correr o mais rápido que podíamos para o outro lado da rua, torcendo para não sermos notados. No entanto, fomos vistos e todos aqueles garotos começaram a nos seguir. Entramos correndo no Hard Rock e os seguranças não deixaram que eles entrassem. Sentamos para jantar e tomar uns drinques enquanto a garotada continuava gritando do lado de fora. Acenamos para eles pela janela do restaurante, não para provocar, apenas sendo amigáveis, e eles ficaram completamente malucos. Foi outra experiência de rock star.

Perguntamos onde eram os melhores clubes da cidade. Eu queria dançar e beber. Várias pessoas nos disseram que o Lexington Queen era o lugar, então aceitamos o conselho e fomos uma noite para lá. O dono do estabelecimento era um gay asiático que me deu atenção especial. Foi meio constrangedor, porque ele realmente *me amava* e nos tratou muito bem lá. Eu estava na pista de dança, curtindo com umas garotas asiáticas, e tirei minha jaqueta de couro. Um minuto depois, fui pegá-la de volta e ela havia sumido. Fui até o proprietário e disse: "Ei, estava ali dançando e alguém pegou minha jaqueta".

Ele respondeu: "Deve ter sido uma modelo americana. As pessoas asiáticas não te roubariam, Steven. Espere aqui". E voltou com uma jaqueta de couro novinha com o logo do Lexington Queen bordado nas costas. Depois, dei aquela jaqueta para o meu pai, Mel, e ele adorou.

MAIS PROBLEMAS COM AXL

Havia muitas modelos americanas no Japão. Descobri que elas trabalhavam durante algumas semanas a cada vez que iam. Seus empregadores as hospedavam em seus próprios apartamentinhos. Então, naturalmente, eu me envolvi com uma delas. Uma loira alta e magra; não era tão especial. Ela me levou para sua casa. Fomos para a cama e não achei que aquilo fosse grande coisa. No dia seguinte, Axl conheceu a mesma garota. Acabou que ela era uma vadia causadora de problemas. Ele trepou com ela, e ela começou a contar que eu havia falado todo tipo de merda sobre ele. Por que eu compartilharia coisas negativas sobre ele com uma garota qualquer que eu nem conheço? Axl era meu irmão e estávamos conquistando o mundo juntos. Se eu tinha algum problema com Axl, falaria isso na cara dele. Era assim que rolava comigo. Sempre.

Então Axl veio até mim e disse algo do tipo: "Essa é minha mulher, e ela me contou que você falou mal de mim".

Eu disse: "Sua mulher? Você acabou de conhecê-la, Axl. Nós trepamos ontem. Foi apenas isso. Não falei porra nenhuma para essa puta". A discussão meio que virou um fiasco depois desse momento, com Axl murmurando alguma coisa enquanto ia embora. Normalmente, ele ficava tranquilo desde que tivesse a última palavra, independentemente de você a ter escutado ou não. Infelizmente, incidentes como esse só serviram para enfraquecer minha relação com Axl.

Capítulo 16
FILMANDO E INJETANDO HEROÍNA

CONQUISTANDO O ORIENTE

Os shows no Japão foram incríveis, todos esgotados. Os japoneses criaram seus próprios cartazes coloridos anunciando os shows, e os fãs eram ótimos. Assim como os alemães, eles sabiam todas as letras de todas as músicas. No dia 4 de dezembro, tocamos no NHK Hall, em Tóquio. No dia seguinte, tocamos no Festival Hall, em Osaka, e voltamos para Tóquio para três shows, começando no dia 7 e indo até o dia 10. No último show, realizamos um sonho da banda. Tocamos no Budokan, uma casa mundialmente famosa onde todo mundo – de Dylan e Clapton a Cheap Trick – já tinha tocado. O disco ao vivo do Cheap Trick, *At Budokan*, foi gravado lá, e adorávamos aquele álbum. Foi um dos primeiros discos que eu e Slash tivemos. Devemos tê-lo escutado umas mil vezes quando éramos moleques. Durante o show, Axl até anunciou que ele tinha nos influenciado. Lembro-me de estar tocando e olhando para o público e pensar: "Uau, foi aqui que gravaram todas aquelas canções".

Estávamos exaustos e a voz de Axl estava desgastada, mas tivemos que nos esforçar, porque era nosso último show. Axl chegou a se desculpar por "tocar mal" na noite anterior, no NHK. Eu fiz um solo de bateria maior durante "Rocket Queen" e fechamos com uma versão épica fodona de "Paradise City".

Turnês no Japão geralmente seguem para a Austrália, e foi o que fizemos. Três dias depois do Budokan, fizemos o primeiro de dois shows no Entertainment Center, em Melbourne. Era uma enorme arena ao ar livre. A primeira apresentação estava esgotada. A segunda tinha cerca de dois terços da capacidade total. Lembro-me com carinho daqueles shows porque pude preparar meu solo de bateria até que soasse bem redondo, leve e divertido no início e explodisse no final. Nunca planejamos essas coisas, e acho que o solo simplesmente cresceu no meio da música, quando Duff fez um riff com slaps bem legal no baixo e eu o acompanhei com viradas de bateria. Ninguém voltou ao palco, então eu continuei a tocar e fui cavando um pouco mais de tempo de solo. Foi um desenvolvimento totalmente espontâneo e natural e eu␣sorria de orelha a orelha.

Também tocamos em Sydney no dia 17 e seguimos para Auckland, na Nova Zelândia, para o nosso último show em 1988. Fizemos aquela apresentação para divulgar *Lies* e 10 mil *kiwis* gritavam e adoravam cada minuto daquilo.

Eu vi a supermodelo Rachel Hunter, então com 18 anos, conversando com uns amigos na lateral do palco. Todos estavam intimidados por sua beleza, literalmente com medo de se aproximar dela, mas eu não me importava. Eu tinha o sorriso e o charme, além de estar armado com o fato de estar na maior banda de rock'n'roll do mundo. Fui diretamente até ela depois do show e começamos a conversar. Sabia que teria de investir algum tempo naquela beldade, algum tempo falando cara a cara. Voltamos juntos para o hotel e conversamos a noite inteira. Na manhã seguinte, tomamos café e ela me levou para conhecer alguns lugares bem legais em Auckland. Foi um momento muito agradável e descompromissado, e ela foi muito graciosa e hospitaleira. Nunca passamos do ponto de ficarmos de mãos dadas, abraços e alguns beijinhos, mas tudo bem. Eu estava no paraíso e ela beijava muito bem mesmo.

ASSÉDIO NOS ESTADOS UNIDOS

Quando voamos de volta para L.A., percebi que havíamos nos tornado ainda mais populares do que antes. No aeroporto, fomos cercados por pessoas querendo autógrafos. As pessoas nos reconheciam em qualquer lugar. Algumas só olhavam e suspiravam. Acho que eram muito tímidas ou achavam estranho se aproximarem de nós. Me acostumei com aquilo rapidamente. Em todo lugar que eu fosse, alguém sabia meu nome. No lugar onde eu mais gostava de ir, o Rainbow, os caras me tratavam como sempre e isso era ótimo. Esse era um lugar onde eu havia passado bastante tempo. Tinha me drogado em cada mesa e cada cadeira, e tinha escapulido para trepar em todos os cantos de lá. Diferentes garotas tinham se encolhido embaixo das mesas para fazerem boquetes em mim. Depois que a banda deu certo, me sentia especialmente orgulhoso de ir ao Rainbow.

Muitas pessoas que frequentavam o Rainbow tinham o visual e faziam parte daquilo. Todas tinham aquele lance de rock star. Mas elas tocavam de verdade? Poderiam realmente fazer acontecer? No nosso caso, sim. Sempre abraçava e conversava com os donos Michael, Mario e Steady. Perguntei a Michael: "Ei, se eu trouxer algo, você penduraria na parede?".

"Claro, Stevie. Com certeza." Dei a ele uma caixa de bateria autografada e uma foto emoldurada, e me senti honrado de ter algo nas paredes, ao lado de tantas outras relíquias de rock stars. O Rainbow é como a versão de L.A. do Rock and Roll Hall of Fame e, até hoje, minha foto e a caixa estão penduradas no teto.

Depois dos nossos últimos shows, voltamos para casa por tempo indeterminado. Não tínhamos planos sólidos para o futuro próximo, nem itinerário. A Tama tinha me contratado para ser patrocinado pela marca e me levaram com Cheryl para a Filadélfia, onde eu faria uma aparição e uma sessão de fotos para anúncios de bateria. Passamos alguns dias lá com a família de Cheryl. Eles eram as pessoas mais pé no chão, cuidadosas e trabalhadoras, e eu os amava.

A LONGA QUEDA

Quando voltamos para casa, Cheryl e eu fomos para o meu apartamento, que ficava ao lado da casa dos meus avós. Não os visitava muito, era apenas onde eu tinha alugado. Eu só farreava e fazia as minhas coisas. Fiz amizade com um garoto chapado de uns 20 anos e cabelo bagunçado que morava do outro lado da rua. Dei a ele vinte ou quarenta pratas, e ele conseguiu alguma heroína para fumar. No começo, uma de manhã e uma à noite estava bom. Eu tinha minha cama d'água na sala e ficava deitado lá, assistindo TV. Mas, depois de algumas semanas, eu dava de US$ 150 a US$ 200, então ele conseguia o suficiente para três ou quatro fumadas por dia. Hmmmmm.

A princípio, Cheryl era bem indiferente em relação a isso. Ela não se drogava comigo. Geralmente saía por volta do meio-dia para fazer compras ou se encontrar com suas amigas. Voltava antes do anoitecer e eu estava deitado lá chapado, doido e entorpecido para o resto do mundo. Ela me dava um sorriso enorme e me mostrava o que havia comprado. Eu fingia estar interessado e retribuía com meu sorriso típico.

O declínio aconteceu muito rápido. No começo, escondia meu uso de drogas dela. Mais por vergonha do que qualquer outra coisa. Simplesmente não queria que ela soubesse, porque não queria discutir esse assunto e era fácil esconder, já que ela não procurava nada. Ela era ingênua quanto às minhas coisas. Então, desde que eu fosse cuidadoso, não precisaria me preocupar. Talvez ela também estivesse olhando para o outro lado. Nos amávamos muito e, quando se está nessa fase do relacionamento, você tenta evitar confrontos mais sérios.

Eu entrei numa espiral descendente quando as drogas tomaram conta e, rapidamente, me tornei um babaca egoísta. Costumava ficar ansioso pela volta de Cheryl para casa. A simples alegria de jantarmos juntos, assistir a um filme ou mesmo foder sem parar havia sumido. Logo, eu comecei a me incomodar quando ouvia suas chaves na porta. Isso fazia minha pele se arrepiar. Eu me incomodava com o fato de ter que esconder minhas coisas antes que ela voltasse. Esse é um clássico comportamento de viciado em heroína, mas eu não pretendia acabar com isso para salvar o amor da minha vida.

Pouco depois, comecei a me aborrecer com o fato de ter que manter aquele sorriso enorme para ela. Comecei a ficar desleixado e, um dia, minhas tralhas estavam todas espalhadas pela casa quando ela voltou. Havia buracos queimados nas cobertas, cachimbos no carpete, e eu não dava a mínima. Ela fingiu não ver quando se abaixou para me beijar. Então ela disse que ia tomar um banho rápido, o que entendi como minha chance de esconder tudo. Até isso me incomodou. Toda culpa persistente foi extinta e só as drogas passaram a importar. O Steven egoísta, viciado e filho da puta se assumiu de vez e a luz se apagou completamente em minha vida.

Literalmente. Eu realmente pendurava cobertores nas janelas porque as cortinas não eram suficientes para cobrir toda a luz e escurecer todo o ambiente. No início, Cheryl achava engraçado e tentou fazer graça disso. Mas aí eu ficava emburrado e passava uma hora no banheiro.

Quando olho para trás, acho tudo isso muito trágico. Eu eliminei o amor que essa doce criatura tinha por mim porque os outros amantes na casa, Mr. Brownstone, Mary Jane e Joe Cheirada, não a suportavam. Cheryl aprendeu a parar de sugerir coisas para nos divertirmos juntos e aprendeu a deixar de falar comigo. Ela sentia meu corpo se recolhendo ao seu toque, então ela deixou de me abraçar.

Qualquer coisa me incomodava, então Cheryl começou a passar o máximo de tempo fora de casa. Eu parei de tomar banho. Usava a mesma camiseta por duas ou três semanas. Não pensava nem me importava. Estava totalmente voltado a mim mesmo. Era isso, a vida do vagabundo chapado.

PROCURANDO CASA

Quando o Natal chegou, eu já não tinha contato com os caras havia algum tempo, desde que tínhamos voltado da Nova Zelândia. Então, não fiz nenhum esforço para encontrá-los durante as festas de fim de ano. Dougie mandou para cada um de nós uma enorme impressão emoldurada da arte de *Appetite for Destruction*, assinada pessoalmente pelo artista Robert Williams. Foi um presente legal e bem pensado que ainda está pendurado na parede da minha sala de estar.

No começo de 1989, Cheryl finalmente conseguiu o que queria. Levantei minha bunda e fomos procurar uma casa. Dougie me arrumou uma corretora de imóveis. Ela me perguntou onde eu gostaria de morar e eu disse: "Studio City". Eles tinham uma lista de imóveis disponíveis lá e levaram Cheryl e eu até o local. Cheryl tinha uma relação de casas que achou que eu amaria, mas, como um imbecil, simplesmente escolhi a segunda que visitamos. Não queria conhecer as outras. Era uma casa de dois quartos próxima a Laurel Canyon, ao lado de uma escola primária. Rapidamente reformei o quarto principal para deixar o pé direito mais alto, mas essa foi a única decoração que eu fiz porque passava 99% do meu tempo enfiado naquele quarto.

No mesmo mês, Slash comprou uma casa ao lado de uma loja de artigos para agricultura em Lookout Mountain. Estávamos a uma montanha de distância um do outro. Ele estava na parte Hollywood e eu, na parte Studio City. Não era nada longe, então voltamos a nos encontrar de novo.

Um dia, ele me ligou perguntando se eu tinha algum dinheiro. Eu disse: "Sim, tenho dinheiro. E você também tem dinheiro, babaca". Ele riu e disse: "Bem, venha aqui". Ele já estava com a mão para fora quando cheguei até a porta. Dei US$ 300 a ele e ele me deu um pouquinho de heroína. Eu sorri e saí com o pedaço de papel alumínio amassado. Na época, eu não percebia que ele estava passando a perna em mim. Eu pegava montes que valiam US$ 20 aqui e ali, então não sabia a quantidade certa que ele deveria me dar. Enquanto isso, ele tinha um pedaço enorme daquela merda. Ele injetava, eu fumava.

De algum jeito, tinha na minha cabeça que não injetar me dava uma superioridade moral para achar que Slash tinha perdido o controle daquela merda. Apesar de eu ter me envolvido com agulhas, tinha me afastado um pouco e estava um pouco assustado com o comportamento dele. Pouco depois daquele dia em que compramos juntos, Slash começou a se perder de verdade. Tínhamos nos drogado durante alguns dias e, quando o sol estava nascendo, não consegui encontrar Slash em casa.

Fui até os fundos e Slash estava sentado à beira da piscina. Ele estava totalmente fora de si, repetidamente batendo com a seringa contra o braço. Eu disse: "Cara, pare com isso. Venha, vamos entrar em casa. Vamos ver um filme e, depois disso, se você quiser farrear mais, vamos nessa. Mas pare com isso agora". Ele não escutava. Apenas olhou para mim, mas pelo menos parou com as agulhadas. Uma meia hora mais tarde, eu estava na sala de estar da casa dele assistindo TV, quando ele chegou, passou direto por mim e subiu as escadas. A última coisa que ouvi foi ele batendo a porta do quarto.

IZZY, SLASH, EU E MR. BROWNSTONE

Outra noite, Slash e eu visitamos Izzy em sua nova casa. Ele tinha um sótão em seu apartamento, onde se escondia do mundo, injetando heroína e fumando coca. Fomos sem avisar e, evidentemente, o perturbamos. Ele estava todo estranho e chapado por causa das drogas. Apenas cumprimentou e meio que deu algumas voltas pela sala, coçando os ombros e a cabeça, como se tivesse piolho ou coisa assim. Alguns minutos depois, ele foi para o seu sótão. Ele estava completamente chapado, mas não demos atenção àquilo na época.

Slash e eu continuamos lá, imaginando que Izzy aparecesse quando tivesse terminado o que estivesse fazendo. Finalmente, naquela nossa brisa idiota, percebemos que Izzy não queria companhia, então fomos embora. Parecíamos zumbis, sem direção nenhuma. Passamos pelo Rainbow e pelo Barney's. Slash apagou com a boca cheia de chili, que começou a escorrer e sujou toda sua camisa. Quando voltei para o bar, eu o sacudi para que acordasse. Passamos por três bares e voltamos para Laurel.

NA REABILITAÇÃO

Durante a última semana de janeiro de 1989, Dougie sugeriu que eu fizesse reabilitação. Lembro que seus comentários não me deixaram bravo nem me surpreenderam ou feriram meus sentimentos. Mas, como todo viciado de verdade, não achava que eu tinha nenhum problema com as drogas. Dougie se sentou comigo e, sem dar sermão nem ser babaca, me convenceu de que poderia ser uma boa ideia. Eu confiava nele e vi que tinha afundado e poderia ter ajuda para me levantar um pouco, o que foi provado pelo fato de eu não ter feito alarde sobre isso. Seria minha primeira vez na reabilitação e eu não sabia bem o que estava envolvido, mas acho que fiquei curioso e meio que aceitei para seguir em frente.

PQP!

Quando saí, alguém me perguntou por que eu não tinha participado do American Music Awards. Eu não fazia ideia do que estavam falando. Disseram-me que o GNR tinha tocando "Patience" durante o American Music Awards, no Shrine Auditorium, com outra pessoa tocando bateria. Mais tarde, descobri que era Don Henley, dos Eagles, que assumiu meu lugar. Fui totalmente pego de surpresa, fiquei tão atordoado e magoado que nem consigo descrever o sentimento de traição. Ninguém da nossa equipe nem mencionou nada sobre o AMA comigo. Meu primeiro pensamento foi: "E eu nem precisava da porra da reabilitação!".

Para ser justo, a espiral descendente já havia tomado conta e eu sou, com certeza, parcialmente culpado pelo que seria o início do fim entre mim e a banda. Como no incidente do dedo quebrado, tenho certeza de que fiz o bastante para irritá-los. Eu os cutuquei o suficiente para que ficassem indiferentes para insistir que eu continuasse no círculo.

Para completar, tem o fato de eu nunca deixar as pessoas saberem que eu estava magoado ou me sentia traído. Olhando para trás, se eu tivesse sido mais verbal, poderia, ao menos, ter uma noção de como os caras estavam pensando e se eles estava furiosos comigo a respeito de algo. Pelo menos teríamos falado sobre isso. Eu deveria ter pensado e visto que o problema já estava fervilhando. Mantinha as coisas tão guardadas que nunca me preocupei em descobrir por que Dougie tinha sugerido a reabilitação, só para me tirar do caminho e colocar Henley no meu lugar. Francamente, nunca saberei.

Na época, fiquei mais irritado por eles terem tocado "Patience" com *qualquer* baterista. Como as atemporais "Lady Jane", "Going to California" e "Yesterday", a música não *precisava* de merda nenhuma de percussão. Eles poderiam ter sido nobres e dizerem às pessoas que haviam escolhido "Patience" porque o baterista estava em reabilitação e queriam uma música que não precisassem de mim para tocar.

Então todos vocês, babacas que conspiraram contra mim enquanto fingiam que eram amigos confiáveis, estão perdoados. Como disse no começo dessa história, Deus me deu uma enorme fortuna e fui eu quem fodi com tudo. A culpa é minha, e hoje posso lidar com os fatos, me lembrar das coisas e apenas reconhecer tudo isso.

HORA DO VIDEOCLIPE

No dia dos namorados de 1989, filmamos o clipe de "Patience". A locação foi um local histórico antigo e abandonado, o Ambassador Hotel. Foi onde Bobby Kennedy foi assassinado em 1968, quando concorria à Presidência. Eu fiquei fumando maconha na cozinha, dando uma volta, pensando na tragédia que havia acontecido entre aquelas paredes. Tive a mesma sensação de perda e destruição de quando estive na Alemanha, pensando sobre o Holocausto. Aquilo me corroeu por dentro.

O lugar era grande, escuro e vazio. Realmente, tinha um clima assombrado. Muito quieto, sem ninguém por perto. Eu explorei todo o prédio. Um dos seguranças do local me perguntou se eu gostaria de ver o lugar exato onde Kennedy foi baleado e eu meio que só olhei sem responder. Ele me levou até um canto escuro da cozinha e me mostrou onde alguém fez um "X" no cimento vermelho do piso. Me abaixei e fiquei olhando aquilo por uns 10 minutos. Pensar nesse pai de 11 filhos, que trabalhou tanto para capturar as esperanças dos jovens americanos, ter chegado a um fim tão trágico me deixou mal. Eu era muito novo para me lembrar do assassinato em si, mas me lembro da minha mãe chorando na cozinha quando aconteceu. Com a morte de Martin Luther King Jr. no mesmo ano, deve ter sido um dos capítulos mais sombrios da história dos Estados Unidos. Todos amavam o que Kennedy e King defendiam, e esses homens incríveis pagaram pelo que acreditavam com suas vidas.

Saí daquele local miserável e fui para o andar de cima, onde estavam organizando tudo. No clipe, disseram que cada integrante teria a oportunidade de criar um sonho em que ele aparecesse. Na verdade, o Zeppelin tinha feito algo parecido no filme *The Songs Remains the Same*. Duff carregou uma bandeja e fumou um cigarro. Não tenho certeza do que o levou a escolher essa cena. Slash apareceu na cama com uma cobra enorme e uma gostosa. Eu imaginei uma cena em que estava sentado entre duas vagabundas irritantes que ficavam tagarelando. Quando a câmera se aproximava de mim, eu dizia algo do tipo: "Me tire daqui".

Filmamos as cenas da banda tocando no Record Plant, onde realmente gravamos a música. Mike Clink aparece no clipe trabalhando na mesa de mixagem. Eles organizaram o estúdio como um espaço hippie, com miçangas e tapetes de luxo. Eu apareci queimando um incenso. Foi ótimo, mas não pude deixar de sentir uma brisa fria vindo em minha direção. Droga, os caras mal falavam comigo. Talvez eu estivesse sendo muito sensível, mas tenho certeza de que o clima "nós contra o Stevie" estava começando a tomar conta.

HORA DA CIDADE DOS VENTOS

Em março, recebi a notícia de que um estúdio dos sonhos estava agendado para nós em Chicago. Ele seria exclusivamente nosso por duas semanas. Antes de irmos, perguntei a um camarada se poderia arrumar um contato para mim, quando chegasse. Ele tinha conexões em Chicago, providenciou o número de um cara e eu liguei para ele. Slash, Duff e eu fomos os primeiros a chegar. Tínhamos a impressão de que Izzy e Axl iriam aparecer pouco depois. Nos colocaram em dois apartamentos, que ficavam no segundo e terceiro andares do prédio.

Foi incrível: no momento em que chegamos ao apartamento, meu "novo melhor amigo" se aproximou – o traficante com quem meu camarada tinha me colocado em contato. Peguei 28 gramas com ele assim que entramos em nosso lar temporário. Ao todo, tínhamos quatro quartos para nós e para a equipe: Tom, Mike e Adam. Tivemos várias ideias para músicas – canções ótimas em que Duff, Slash e eu estávamos empolgados para trabalhar – e imediatamente começamos a compor para o próximo álbum.

O estúdio ficava no fim da rua onde estavam os apartamentos. Era ótimo. Tinha uma aparelhagem de primeira linha, um grande piano e minha bateria era microfonada. Ficava no quarto andar de um arranha-céu. No porão do complexo, havia uma casa noturna popular. Nossa presença foi mantida em segredo para que os fãs e a imprensa não nos incomodassem. Além disso, havia forte segurança 24 horas, sete dias por semana. À noite, Duff, Slash e eu descíamos até a casa noturna, onde pegávamos garotas e as comíamos ali mesmo. Raramente as levávamos até os apartamentos.

Sempre tínhamos cocaína no estúdio. Mas, quando eu me oferecia para fazer uma carreira, eles recusavam. Então, Slash e Duff iam até outro cômodo para usar. "Ei, onde estão indo?" Comecei a segui-los para descobrir por que eles haviam fechado a porta para mim. Até hoje, não imagino o motivo, além de ter sentido que não me achavam mais legal o suficiente para ficar com eles. Acabei cheirando minha carreira sozinho, enquanto eles curtiam juntos.

Em vez de confrontá-los e eliminar o que quer que fosse que estivesse piorando as coisas, deixei as drogas me levarem ao vale negro do desespero, onde eu poderia me enfiar em minha própria autopiedade. Minha autoestima estava no ponto mais baixo, e as drogas haviam se tornado minha única amiga, porque me anestesiavam completamente e mantinham o medo e a depressão afastados.

Nos ensaios, senti que eu também havia sido excluído do círculo de composição. Quando estávamos trabalhando as dinâmicas de uma música, nós três jogávamos ideias. Mas as trocas passaram a ficar limitadas entre Duff e Slash. Aprendi a me sentar e esperar pacientemente. Quando eles concordavam em alguma coisa, se viravam para mim e diziam: "OK, Steven, é *assim* que vamos fazer".

Será que eu estava tão fodido que não percebia que meu jeito de tocar bateria estava sendo prejudicado? Eu estava lúcido o bastante para me fazer essa pergunta naquela época? Acho que estava me esforçando ao máximo para contribuir com aquelas músicas. Mas, se Slash e Duff tivessem percebido isso, teriam me deixado voltar ao centro criativo? Ou eu já estava perdido? Não sei, caralho. Simplesmente não sei, porra. E acho que isso meio que responde à pergunta. Talvez eles sentissem que eu não me importava o bastante para corrigir o rumo. Estou tentando ser o mais honesto aqui, mas minhas emoções foram viradas do avesso, então tenho dificuldade de olhar para trás e entender o que realmente estava acontecendo.

Tudo o que eu sei é que minha opinião não importava mais. Eles me excluíram. Sempre fomos uma equipe; sempre foram esforços combinados. Mas não era mais assim e isso estava afetando a música. Não me importa o que dizem, nenhum disco do GNR é tão bom quanto o primeiro. Em Chicago, havia um esforço consciente para superar *Appetite*. Mas acredito que tínhamos que nos levar bem menos a sério e nos concentrarmos na alegria e na espontaneidade que nos inspirou e que funcionou tão bem em *Appetite*. Em alguns momentos, conseguimos isso, mas parecia muito mais difícil agora. Trabalhávamos pra caralho.

Nos dois meses seguintes, compusemos 33 músicas inteiras. Ensaiamos e polimos algumas músicas antigas que tínhamos, como "You Could Be Mine", "Don't Cry" e "Back Off Bitch". Demos um gás enorme a elas. Estávamos orgulhosos daquelas músicas. Elas representavam não só o fato de estarmos mais comprometidos, mas também que o nosso processo de composição estava evoluindo.

Sete semanas e cinco dias depois, Axl finalmente chegou. Tínhamos mais dois dias de estúdio e estávamos ansiosos para mostrar o novo material para ele. Ele ficou sentado lá parecendo que estávamos colocando-o sob algum tipo de tortura. Axl simplesmente não estava interessado em nosso material! Só queria gravar uma música nova em que estava trabalhando, chamada "November Rain". Ele sentou no grande piano do estúdio e a tocou para nós. Pensei comigo mesmo: "É legal, mas é só isso?". Ele só tinha dois versos prontos. Duff, Slash e eu tínhamos 33 músicas na manga, prontas, mas Axl não queria dar a elas a chance de ver a luz do dia.

Quanto a Izzy, ele nem apareceu.

Depois que Axl se acomodou, o levamos até a casa noturna, no andar de baixo. Nesse momento, as garotas gostosas já iam até lá na esperança de ficar com algum de nós. Axl pegou uma garota linda e a levou para o apartamento. Ele fez o seu lance, que era ficar conversando a noite inteira com a garota. Nessa hora, sua estratégia de falar, falar, falar até esgotá-la não funcionou. Ela resistia a todas as suas abordagens.

Subi para falar com Tom e, de repente, ouvi um barulho bem alto e vi essa garota sair voando do quarto. Inacreditável. Axl estava logo atrás dela, com uma aparência de completamente louco.

Duff, Izzy e eu ficamos parados, em choque. Ela estava histérica, levantou-se e foi embora.

Olhei pela janela e pude vê-la correndo pela rua, indo embora o mais rápido que podia. Virei para Axl e disse: "Agora, você vai cair, cara. Você vai apanhar por causa disso!".

Ele disse "Foda-se" e voltou para o seu quarto.

Nada nunca veio à tona em relação a isso. Acho que a garota nunca disse nada.

DE VOLTA A L.A.

Quando voltamos a L.A., continuamos ensaiando no Bob Mates Studios, em North Hollywood. Foi nesse período que fizemos a música que viria a se chamar "Civil War". É incrível que ela tenha sido terminada porque, na maioria dos dias, quando eu ia ensaiar, Slash e Duff apareciam bêbados. Ficava louco de raiva com os caras. Eu entendia que as drogas andavam junto com o rock'n'roll, mas tínhamos um disco a fazer. Apesar disso, nunca botei os caras para baixo. Acabou que Slash e Duff simplesmente pararam de aparecer. Talvez eles tivessem ficado magoados ou intimidados pelo fato de Axl só querer trabalhar nas coisas dele.

Nesse ponto, Dougie era o único cara com quem eu sentia que tinha alguma proximidade. A banda não parecia mais uma banda de fato, com tantas merdas de acontecimentos dramáticos, sussurros atrás das portas e integrantes se separando em duplas. Não era mais o GNR, era uma imitação. Eu me sentia completamente afastado da banda.

TRABALHO DE CÃO

Meses se passaram e os momentos em que me encontrei com os caras foram poucos e espaçados. A única vez em que vi Duff foi quando o convidei para ir comigo comprar um novo cachorro. Sempre tive carinho pelo pug irlandês que meu velho amigo Matt Cassel tinha. Sempre disse "Quando tiver minha casa, vou ter um pug", então Duff e eu fomos de carro até o shopping Galleria. Fomos à loja de animais e vimos alguns filhotes. Pedimos que pegassem um filhotinho de pug e o fizemos sentar. Ele era só uma bolinha de pelos correndo de um lado para o outro. Foi até o pé de Duff e mijou em sua bota.

"Ei, buster. Qual é?", ele disse. Foi um momento muito fofo. Fiquei apaixonado pelo cachorro e o nome "Buster" pegou. Eu o comprei e, algumas semanas depois, comprei outro pug, Benson, para fazer companhia para ele, e para os dois me fazerem companhia.

O DICE MAN

Duff se casou com sua namorada Mandy Brix e fez uma despedida de solteiro no estúdio. Andrew Dice Clay foi contratado para nos entreter. Ele era o maior comediante do mundo naquela época. Era o único comediante que se apresentava em espaços enormes, geralmente reservados para eventos de esporte profissional e grandes shows de rock, como o Madison Square Garden, e enchia os lugares.

Aquilo era o Dice Man em seu auge. E lá estava ele, um amigo da banda tentando fazer sua apresentação neste pequeno evento privado. Ronnie tinha descolado um ácido. Cerca de meia hora antes do show, nós o tomamos. Durante a apresentação de Andrew, estávamos viajando alucinadamente e rindo do fundo dos nosso pulmões de tudo que ele dizia.

EVENTO DE CARIDADE DA MTV

A MTV entrou em contato com nosso agente na esperança de conseguir alguém da banda para participar do jogo de softball Rock 'N' Jock 1989. Era um evento anual para levantar fundos para caridade que contava com celebridades, estrelas da TV, rock stars e jogadores de baseball de verdade jogando entre si em uma partida televisionada de softball. Fui o único da banda que participou.

Levei comigo Jamie, meu irmão mais novo, e nos divertimos muito. Quando chegamos, fomos direto para o vestiário, onde vimos Sam Kinison sentado no que parecia uma cadeira de barbeiro, com um profissional fazendo retoques em sua maquiagem. Eu me aproximei e sorri. "Ei, Sammy", disse. Ele estava com os olhos fechados e murmurou algo, nada coerente. Na verdade, parecia que ele estava acenando com a cabeça. "Caralho, como *ele* vai jogar?", pensei.

Fomos até o banco de reservas, onde nos encontramos com os outros caras do time. Tone-Loc, uma estrela do rap que tinha alguns grandes hits na época, como "Wild Thing" e "Funky Cold Medina", foi muito amigável. Ele acendeu um baseado e o fumamos bem ali, no banco de reservas. Ele tinha o melhor bagulho. Logo antes do começo do jogo, Sam Kinison veio correndo e gritando alto. Ele era um cometa de energia, e eu imaginei que tivesse tomado alguma parada da boa porque, pouco antes, o cara parecia estar sedado, totalmente fora de si.

Os cinegrafistas da MTV estavam por todo o lugar, entrevistando as celebridades. Dei uma entrevistinha e fizeram a pergunta que todos estavam fazendo: "Quando sai o disco novo?". Disse que ainda estávamos trabalhando nele e esperava que fosse mais pesado e melhor que *Appetite*. Claro.

O jogo começou e, no início do primeiro tempo, eles me colocaram na lateral esquerda. Estava muito chapado e comecei a tropeçar, pensando: "Deus, por favor, não deixe a bola me acertar". No primeiro lance do jogo, o rebatedor mandou a bola com força bem na minha direção. "Que merda", pensei. Quando ela veio na minha direção, eu pulei, escapei da bolada e caí de bunda. Antes de conseguir me levantar, o jogador do centro do campo já estava lá. Ele jogou a bola para a segunda base e fez a corrida pela bola fora. Depois de três jogadas pra fora, todos voltamos para o banco de reserva e eu falei: "Que se foda isso". Sentei no banco de reserva sem a menor intenção de voltar a jogar.

Tone era dono de uma churrascaria e mandou dois amigos buscarem comida. Eles voltaram com toneladas de costelas, salada de repolho e feijão, e foi uma comilança intensa. Eddie Money também estava lá com a gente. Ele tinha sido bem grande nos anos 70 e vinha tendo sucesso com uma faixa mais recente, "Take Me Home Tonight". Conversamos sobre música e, claro, drogas. Ele levantou a calça e me mostrou cicatrizes enormes que conseguiu injetando. Era nojento e eu não podia acreditar naquilo. Eddie Money, aquilo virou minha cabeça. As drogas pesadas são o preço para se tornar um rock star? Ele era só mais um exemplo.

Capítulo 17
CASAMENTO E DIVÓRCIO

A CAMINHO DO ALTAR

Depois do jogo de softball, minhas defesas naturais se reanimaram e deixei as coisas pesadas de lado por um tempo para reconquistar um certo grau de clareza. Na verdade, rapidamente fiquei em forma e esperto o bastante para desenvolver uma maneira para ficar 100% melhor. Percebi que Cheryl havia sido incrível comigo durante todo o calvário de me manter em pé enquanto eu estava pegando pesado e, mesmo assim, nunca me abandonou. Ela nunca me cobrou, me deixava fazer minhas coisas e, fosse fazendo almoço ou fazendo amor, ela estava totalmente presente.

Então perguntei se Cheryl queria se casar comigo. Quando fiz o pedido, ela não poderia ter ficado mais feliz. Agendei um voo para Las Vegas e decidimos viajar para atarmos nossos laços. Simples assim. Liguei para Dougie e dei as boas notícias. "Oh, não. Você não vai fazer isso", ele disse. "Veja, Steven, você não sabe na merda em que está se metendo."

Não me importei com o que ele disse e respondi: "Eu a amo, Dougie".

Doug retrucou: "Bem, espere algumas horas, por favor. De qualquer jeito, tenho que levar uns papéis para você assinar". Naquela tarde, ele trouxe um acordo pré-nupcial com o qual Cheryl não teve nenhum problema. Eu sabia que essa seria sua reação. Estávamos apaixonados e ela era a garota mais sincera e honesta que eu já tinha conhecido.

Chegamos a Las Vegas e nos casamos no mesmo dia. Sem despedida de solteiro, sem madrinhas ou padrinhos de casamento, sem festa – só Cheryl e eu no altar. Lembro-me de olhar para a certidão de casamento e achar graça da data. Totalmente aleatório, nos casamos no dia 7 de junho de 89 [6/7/89, em inglês]. Muito bonito isso. Até eu consigo lembrar a data.

UMA FAMÍLIA MAIS PRÓXIMA

Voltamos para casa uma semana depois e recebi uma ligação da minha mãe. Ela estava mais do que chateada. "Steven, por que não me contou? Eu estava na fila do mercado e vi na capa da National Enquirer que meu filho havia se casado!" Ela leu a manchete para mim: "Baterista do GNR se casa. Esposa assina acordo que permite traição". Achei aquilo tão engraçado que fiz a besteira de rir alto no telefone. Mamãe não achou graça.

Claro que a manchete era falsa. "Essa não é a maneira certa de descobrir o que você está fazendo, Steven. Quero que sejamos uma família amorosa. Seu casamento deveria ser um dos momentos de maior orgulho da minha vida. Ao invés disso, trouxe dor e humilhação." Honestamente, não me sentia tão mal em relação ao que tinha feito. Mas, no fundo, deve ter me incomodado, porque levei Cheryl para conhecer meus pais naquela mesma noite. No começo foi tenso, mas, depois de alguns brindes e do trato carinhoso de Cheryl com Mel e minha mãe, as coisas ficaram ótimas. Antes de sair, dei um longo e apertado abraço em minha mãe e, para minha surpresa, fui eu quem ficou com os olhos mareados.

Depois disso, fiz esforços conscientes para ter mais contato com a minha família. Eu até ia buscar meu irmãozinho na escola de vez em quando, algo que Jamie adorava. Dirigia até a escola com minha Mercedes ou meu novo Ford Bronco preto, que eu tinha acabado de comprar Quem me vendeu foi Andrew Ridgely, famoso por fazer parte do Wham!, banda que ele tinha com George Michael.

Dizia a Jamie que o encontraria no estacionamento ao lado do campo de futebol americano da escola. Vários garotos esperavam por mim ali e, às vezes, parecia que todo o corpo estudantil estava lá. Finalmente eu dizia: "OK, amigo, temos que ir". Ele subia e íamos embora. O sorriso no rosto de Jamie dizia tudo. De vez em quando, eu conseguia ser um ótimo irmão; mas não o tempo todo.

No seu aniversário de 16 anos, levei-o para comprar um carro. Eu disse: "Escolha o que quiser". Sugeri que pegasse uma caminhonete, mas ele finalmente escolheu um Chevy Camaro Z28 novinho, todo equipado com um excelente sistema de som, rodas especiais, interior de couro e o "pacote corrida", que adicionava uns cem cavalos de potência ao já forte motor. Me senti ótimo só de ver a alegria nos olhos dele. Olhando para trás, percebo que, enquanto a banda e eu ficávamos mais distantes, minha família se tornou mais importante para mim.

Em setembro de 1989, Dougie me ligou para contar que a banda iria abrir para os Rolling Stones no Los Angeles Coliseum, no fim do mês. Fiquei paralisado. Talvez meus medos fossem sem fundamento, já que todos os meus sonhos estavam se tornando realidade.

Íamos fazer cinco shows com os Stones no final de setembro e, então, voltaríamos para um lugar chamado Mates Rehearsal, em North Hollywood, para ensaiarmos as músicas de *Use Your Illusion*. Me senti ótimo depois do encontro com Dougie. Tudo estava indo muito bem de novo. E talvez toda essa minha preocupação de ter sido marginalizado pela banda tenha sido uma encanação infundada.

Nessa época, o Living Colour estava ganhando popularidade como banda de rock/metal negro com um hit chamado "Cult of Personality". O guitarrista deles, Vernon Reid, era um ativista negro e disse publicamente ter se ofendido com a letra de "One in a Million". Sua carreira musical deve ter superado suas crenças, já que o Living Colour concordou em abrir *para nós* durante os shows com os Stones.

Axl tinha uma limusine para buscá-lo em casa e levá-lo até os shows. Slash, Duff, Izzy e eu estávamos hospedados em frente ao Coliseum. Cheryl e eu ficamos lá, e eu podia ir andando até o quarto de Slash para conversar ou farrear. Infelizmente, todos os traficantes da Costa Oeste estavam rondando pela região do show e eu me senti tentado novamente. Nesse momento, Slash não tinha largado e estava sendo sugado pelas drogas pesadas. A heroína vinha embalada em balões de borracha e, depois de fazermos check in naquela noite, comprei seis desses balões e fui até o quarto dele. Entrei e vi Slash no banheiro com vinte desses mesmos balões espalhados, já abertos e usados. Estava sentado na privada, olhando para os azulejos, totalmente chapado. Ele não queria se divertir, então virei as costas e fui embora.

A MAIOR BANDA DE ROCK DO MUNDO

Conhecemos nossos heróis na primeira noite, antes da nossa apresentação. Fiquei surpreso com a aparência de Mick Jagger. Eu pensava que ele era um cara magro e baixinho, por causa dos clipes, mas, quando ele chegou, tinha a presença de um gigante e estava em ótima forma, muito bem mesmo. Quer dizer, ele estava enxuto. A revista *Life* tinha feito uma matéria sobre a preparação de Mick para as turnês dos Stones, como ele entrava em uma dieta rígida, correndo todas as manhãs e levantando pesos como um boxeador se preparando para uma luta. Parece que ele ainda estava devotado àquela rotina.

A banda inteira estava lá, exceto Slash, que não foi por estar se drogando. Na verdade, ele chegou bem na hora do nosso show. Todos estávamos farreando pesado naquela época. Ao me aproximar do palco, consegui ouvir os fãs. Quando estava entrando no palco, pude ver a multidão gritando enlouquecidamente.

O som do público era tão poderoso que aquilo me deu um barato incrível, de verdade. Quando o público nos viu, explodiu de emoção. Foi como uma onda gigante de energia, intensamente estimulante. Éramos os filhos pródigos e bastardos dos Rolling Stones e detonamos aquela noite. Estávamos lá para mostrar ao mundo que o rock estava vivo e maior do que nunca. E tivemos sucesso, em todos os sentidos.

BALANÇAR O DEDO

Mas, quando devíamos estar nos regozijando de alegria, Axl resolveu balançar o dedo. Ele tinha se tornado ciente das farras fora de controle que estavam acontecendo dentro da banda e fez um longo discurso durante o segundo show. "Se alguém nessa equipe não se recompuser e não parar de dançar com o Mr. Brownstone, esse será o último show do Guns N' Roses. Para sempre!"

Axl continuou falando, ameaçando nos eliminar se o abuso de carreiras de cocaína continuasse. Talvez ele tenha feito isso para ganhar publicidade, talvez por preocupação verdadeira, não sei. Mas foi exagerado. Separar o GNR por abuso de drogas é como prender um pássaro por voar.

Então todos começamos a rir quando os Stones tomaram o palco e Jagger decidiu encher o saco de Axl por causa de seu sermãozinho. Ele ficou parado lá, sorriu e segurou o microfone como se fosse o dono do mundo inteiro. Marchou até a frente do palco, inclinou-se e abanou o braço perguntando para o público se já tinha "ouvido merda o bastante de Axl" e se estava pronto para o rock'n'roll. Claro que a resposta do público foi ensurdecedora e positiva.

O discurso de Axl virou assunto nacional nos noticiários de entretenimento no dia seguinte, e ninguém disse merda nenhuma sobre isso. Tinha aprendido minha lição, então não seria eu quem ia puxar o assunto. Mas, infelizmente, mais ninguém começou.

Nessa época, Axl estava me ignorando na maior parte do tempo, mas a culpa também era minha. Nunca tomei a iniciativa de falar com ele e descobrir o que estava rolando naquela cabecinha. Gostaria de ter insistido em arranjar tempo para sentarmos, consertar as coisas e deixar o ar mais leve.

Além de nossos quartos próximos, cada um de nós tinha seu próprio trailer no backstage do Coliseum para ficarmos antes dos shows. A MTV estava fazendo um documentário sobre a banda e visitou cada um em seus trailers pessoais para fazer as entrevistas. Eu estava com Cheryl, Ronnie e David Lee Roth. David Lee estava sendo ele mesmo: um lendário frontman e um amigo incrivelmente divertido.

Minha família estava extremamente animada com o evento, então me certifiquei de que Dougie cuidasse deles. Ele mandou limusines para eles todas as noites. No entanto, eu os vi rapidamente porque, quando estou tocando, e ainda mais nesses momentos, fico em meu próprio mundinho.

Na noite do último show, aconteceu algo único. No final do nosso repertório, nos abraçamos e, como um grupo, nos curvamos para agradecer. Nunca tínhamos feito isso. Foi meio estranho, mas apropriado. Na minha cabeça, aquele foi o último show do verdadeiro Guns N' Roses. Logo após nos curvarmos, novamente cada um seguiu seu próprio caminho de ego inflado.

FACADA NAS COSTAS

No começo de 1990, a banda concordou em fazer uma aparição em um evento beneficente no famoso Hossier Dome, em Indianápolis, chamado Farm Aid. Era enorme, com dezenas de milhares de fãs gritando sem parar e outros milhões assistindo pela TV. Apesar de ser um evento importante, não nos preocupamos em ensaiar para ele. Voei até lá esperando me divertir, mas Duff e Slash continuavam se distanciando de mim. Eles pareciam trancados em suas próprias panelinhas. Izzy estava na dele, mas aquilo era o seu normal.

Então me vi conversando exclusivamente com Dougie. Mais ninguém estava falando comigo e eu me sentia muito isolado. Depois dos shows com os Stones, todos se afastaram de mim novamente, e a animação que eu senti durante aquele evento tinha evaporado.

Quando fomos apresentados no show do Farm Aid, fiquei tão animado que estava indo para a bateria e, quando subi até ela, meu pé ficou preso na armação que tinha em volta do tablado. Tropecei e caí de bunda. Talvez eu estivesse um pouco chapado, mas vou te dizer: não tem nada como ser derrubado na frente de todos aqueles fãs para te deixar sóbrio na hora. Fiquei chateado – "Merda, estou ao vivo na TV" –, mas rapidamente voltei, dei um sorriso enorme e peguei minhas baquetas, pronto para o rock. Imaginei que fôssemos tocar alguns hits, como "Paradise City" ou "Welcome to the Jungle", Mas Axl anunciou: "Essa é uma nova que fizemos, chama-se 'Civil War'".

O quê? Apesar de conhecer a música, não sabia que esse seria o nome. Então eu olhei para Duff e perguntei: "Cara, o que está acontecendo?". Ele estava sendo meio babaca, talvez com vergonha por eu ter caído no palco, então fiquei parado ali. Quando ouvi Slash tocando o riff de abertura, entendi. Apesar de não termos finalizado completamente a música e nunca termos ensaiado com Axl, até que tocamos bem. Dei um suspiro de alívio por ter superado esse obstáculo, mas as malditas surpresas continuariam a surgir.

Em seguida, Axl disse: "Essa é de uma banda punk chamada UK Subs, essa música detona. Ela se chama 'Down on the Farm'". Eu falei: "Que porra é essa?". Ele apenas bateu palmas para me dar o andamento e se afastou. Então marquei o andamento com o bumbo e parti daí. Nunca tinha ouvido a música antes, mas eu detonei e me senti orgulhoso, e não puto.

Olhando agora, percebo que isso pode ter sido uma prova de que o plano deles de me tirar da banda já estava em andamento. Eles não me deixavam por dentro das músicas novas e nem me diziam o que iam tocar. Acredito que a estratégia deles era fazer meu desempenho virar uma merda. Creio que eles queriam que eu estragasse tudo na TV ao vivo – isso seria a prova deles. Ao me marcar como uma baterista de merda, mal preparado, eles estariam armados com um bom motivo para me expulsar.

TIRANDO AS COISAS

Quando voltamos a L.A., novamente cada um seguiu seu caminho. Eu havia chegado a mais uma daquelas encruzilhadas em que meu corpo mandava sinais para que eu parasse de usar drogas. Pisei no freio por uma semana e, de repente, fiquei muito doente. Não tinha ideia do que havia de errado comigo. Estava fumando heroína regularmente e ia fazer uma pausa nisso por tempo indeterminado. Então comecei a tremer todo, me sentindo muito vazio e com frio. Estava passando por uma síndrome de abstinência com força total, enquanto meu corpo doía como nunca tinha doído antes. Eu vivia no banheiro, vomitando constantemente.

Liguei para Dougie e contei o que estava acontecendo comigo. Ele disse que queria me levar imediatamente ao médico e, na mesma hora, eu me acalmei pensando: "O velho Dougie cuidando de mim". Então fomos até uma clínica na esquina da Olympic com a Fairfax. O médico me deu um quarto de um comprimido pequeno e me fez engoli-lo com água. Ele explicou que aquilo era um bloqueador de ópio e me disse: "Isso vai fazer você se sentir melhor porque, mesmo se você tentar trapacear e tomar heroína, não vai sentir nada". O que eles não me contaram (e que o maldito médico não se preocupou em checar com antecedência) é que você precisava estar completamente limpo antes de tomar aquilo. Pacientes precisam estar *totalmente desintoxicados* para que o remédio funcione corretamente. Se você tem ópio em seu corpo quando toma aquilo, ele vai *te foder*. Meu Deus, descobri isso do pior jeito.

Algumas horas depois de voltar para casa, me senti terrivelmente doente, bem pior do que antes. Liguei para Dougie e disse: "O que quer que seja a merda que eles me deram, não está funcionando. Nunca estive tão mal em toda a minha vida!". Ele enviou uma enfermeira profissional, que era qualificada para me examinar. Quando ela foi embora, lembro de me sentar com o alívio momentâneo de que estaria bem agora. Mas, quando o suor começou a surgir no meu rosto, fiquei repentinamente assustado e, sendo sincero, achei que ia morrer. Essa sensação durou uma eternidade porque, como disse, eu não estava completamente desintoxicado. Era de se supor que vão perguntar seu estado antes de te dar comprimidos e injeções. Fiquei terrivelmente doente por semanas. Aí veio o golpe fatal: Slash me ligou e disse que íamos entrar em estúdio para gravar "Civil War".

"Cara, você não falou com o Dougie? Estou doente pra caralho."

Slash não queria ter escutado isso. Sua voz estava estranhamente deslocada, sem nenhuma emoção. "Não podemos desperdiçar mais dinheiro", ele respondeu.

Eu estava mesmo ouvindo essas merdas? Do meu querido amigo, o cara que contou comigo para entrar no GNR, caralho? Onde estavam a lealdade e a compreensão? "Foda-se, Slash. Escute: nós dois sabemos que alguém na banda gastou muito mais tempo e dinheiro do que precisava para adiar essa sessão de gravação idiota. Vai levar mais ou menos uma semana para eu me recuperar." Não havíamos feito nada em um ano e agora eles queriam gravar uma maldita música, mas não podiam esperar até que eu melhorasse. Era muita besteira e eu só esperava que outra pessoa o estivesse pressionando. Não queria acreditar que Slash realmente tinha me tratado daquele jeito.

EXPULSO DO GNR

Sem alternativa, tentei fazer meu trabalho. Literalmente tirei a cabeça da privada, tomei um banho e fui até o estúdio no horário. Sentei no banco, olhando para a bateria, mas outra onda de náusea me atingiu e, de repente, estava enjoado pra caralho, com o dobro de dor. Os caras olharam para mim e não havia um pingo de piedade em seus rostos. Nada.

Em vez disso, eles ficaram incomodados comigo e ninguém disse nada. Tentei tocar, mas minha noção de tempo estava confusa. Os caras na cabine de som pediam take atrás de take e, finalmente, não aguentei a tensão. "Caras, estou fodido. Mas estou doente, não chapado. Estou doente, só isso." Pedi a Dougie para esclarecer as coisas para mim. "Dougie, conte para eles. Diga o quanto esses remédios estão me deixando mal."

Mas, como em um pesadelo, Dougie virou a cara. Eu implorei para ele: "Você tem que dizer a eles que mesmo que eu *estivesse* me drogando, o remédio que estão me dando teria bloqueado o efeito". Dougie não disse uma palavra. Meu último amigo tinha me abandonado. Não havia amor, ele apenas se virou e foi embora da sala. Eles tinham armado para mim, através das minhas próprias atitudes idiotas, e queriam o pior absoluto para mim.

Nunca achei que isso poderia acontecer comigo. Sempre fomos unidos, uma equipe inseparável. Mas a máquina do Guns N' Roses havia se tornado poderosa e eu podia senti-la me jogando para escanteio. Não conseguia suportar a ideia de ser expulso da banda. Desesperadamente, não queria que isso terminasse e, sendo honesto, acho que não tinha feito nada para merecer isso. Só fiz o que todos estávamos fazendo: viver como um rock star.

Acho que fui prejudicado por um padrão injusto de dois pesos e duas medidas. Meu Deus, nós abrimos para os Rolling Stones e Axl caiu da porra do palco cantando "Out Ta Get Me". Ninguém deu muita atenção para isso. Mas *eu* calculo errado a altura do tablado durante o Farm Aid e a resposta é indignação total. "Olhe para o Stevie, aquele drogado irresponsável." Todos trabalhamos tanto para chegar ao topo e estávamos começando a colher as recompensas. Nos meus piores pesadelos, nunca imaginei que isso poderia ser tirado de mim.

Eu contava com Dougie para continuar na banda. Ele me fez acreditar que ia me apoiar, que se importava comigo e me amava. Bem, ele me enganou, merda. Ele me fez ter confiança total nele, e eu não queria acreditar que realmente estava rolando uma conspiração contra mim.

Um dia depois da sessão de gravação de "Civil War", Doug me ligou e pediu que eu fosse até o escritório para assinar uns papéis. Ele não deu nenhuma explicação sobre o seu comportamento no dia anterior e eu não tentei assumir nenhuma culpa. Apenas disse a ele que estava muito doente. Houve um longo silêncio no telefone e, então, Dougie disse que o assunto era muito importante e que não ia demorar muito. Também contou que havia sido instruído pelos advogados do GNR para me avisar que minha presença era absolutamente necessária. Apesar do que havia acontecido, eu ainda queria acreditar que Dougie estava do meu lado e, quando ele me prometeu que eu entraria e sairia rapidamente de lá, decidi correr. Me importava mais com a situação dele do que com a minha. Dava para ouvir o estresse na voz de Doug e eu não queria ferrar com ele, então me levantei e Cheryl me levou de carro até lá. Quando entrei, Dougie e um dos nossos advogados, uma mulher de meia-idade e aparência profissional, tinham uma pilha de papéis para que eu lesse.

Ler!? Eu nem conseguia enxergar. Eles me disseram que tudo que eu precisava fazer é assinar no fim de todas as páginas que estivessem marcadas com clipes coloridos. Perguntei do que se tratava. Dougie me disse: "Nada que você deva se preocupar". Na minha condição, eu não leria todas aquelas páginas, mas fiquei um pouco assustado e de queixo caído. Resumindo, pensei que estava concordando em não me drogar e não ferrar com as atividades relativas à banda pelas próximas quatro semanas. Se eu fodesse com algo, eles me multariam em US$ 2.000. Pensei: "Que merda, sem problema. A banda nem tem nada marcado para o próximo mês e, mesmo que tivesse, o que são 2 mil?". Assinei tudo. Só queria sair dali, ir para casa e me deitar.

Mais tarde, descobri que o que eu realmente tinha comprometido era *a minha vida*. O que os documentos realmente estipulavam era que eles me dariam US$ 2.000 pela minha contribuição para o Guns N' Roses. Todo o resto – meus royalties, minha sociedade com a banda, meus direitos – tinha acabado! Claro, eu não sabia disso na época. Tenho certeza de que com todos aqueles papéis que eu assinei ingenuamente eles tinham selado meu destino. Eles tinham um acordo assinado e registrado contra mim.

No dia seguinte, à tarde, recebi outra ligação de Dougie. "Os caras não querem que você esteja no próximo disco. Eles vão usar outra pessoa."

Eu ainda estava me sentido um merda e, nesse momento, entendi o recado. "É, tanto faz." Apenas desliguei o telefone e comecei a chorar. Era o bastante para mim, mas não podia deixar de ficar deprimido. Nem me preocupei em ligar para Slash. Que diferença faria?

Para amenizar minha dor, entrei compulsivamente nas drogas, fumando erva, bebendo Jägermeister e tomando qualquer comprimido que aparecesse. Cheryl estava comigo, mas nunca disse nada para me aborrecer. Ela estava ao meu lado, mas eu não me importava e nem percebia que ela estava ali. Simplesmente me tranquei no meu quarto.

Cheryl não entendia completamente o que estava acontecendo. E com toda essa merda pesada caindo sobre nós, eu não conseguia e nem iria suportar. Ela também não estava preparada para lidar com tanta porcaria e chorava muito todos os dias porque sabia que algo horrível estava acontecendo.

E eu estou parado na encruzilhada,
Acredito que estou afundando.
— "Cross Road Blues", Robert Johnson

CORTES SUICIDAS

Era como se eu tivesse vendido minha alma pelo rock'n'roll e o diabo tivesse passado para carimbar "Totalmente pago" em mim. Alguns dias me drogando só me deixaram pior, e saí tão deprimido do torpor que tentei me matar. Cortei meus pulsos; de repente, senti a cabeça leve e caí no chão duro, em colapso. Quando caí, meu rosto deve ter batido em uma cadeira ou na mesa de centro, porque Cheryl me encontrou bem machucado, com um corte enorme no lábio. Os cortes nos meus pulsos não chegavam nem perto do necessário para realmente ter efeito, mas deixaram cicatrizes feias que ainda me lembram desse período sombrio.

Acredito que eu estava mais pedindo socorro do que realmente tentando me matar. Cheryl ligou para Doug e contou que eu estava muito fodido e tinha tentado o suicídio. Naquela tarde, Doug, Slash e um segurança chamado Ron vieram até a minha casa. Quando abri a porta e os vi, entrei em pânico por algum motivo e saí correndo, fugindo deles em minha própria casa. Sei que a coca geralmente deixa a pessoa bem paranoica, mas não havia motivo para eu ter medo desses caras. Em uma atitude ainda mais idiota, Ron começou a me perseguir. Não sei o que ele planejava fazer quando me pegasse. Pulei por uma janela do andar de cima e corri pelo telhado da garagem. Eles gritavam para mim: "Stevie, desça! Vamos, cara, desça daí".

"Não, fodam-se, foda-se tudo!" Então desabei no telhado, chorando como um bebê.

Ouvi um barulho e percebi que eles iam subir e me pegar. Isso me deu um ataque de pânico ainda maior, então pulei do telhado da garagem. Despenquei na cabine da caminhonete preta de Slash. Todos ficaram chocados e parados enquanto eu caía, sem ferimentos, e rolava pelo chão. Uma confusão total.

O segurança era um completo cuzão. Ele resolveu a situação como se eu fosse um merda que não valesse seu tempo. "Ele que se foda, vamos embora." Era como se estivessem procurando um motivo para ir embora e, com o comentário de Ron, eles partiram.

Na noite seguinte, Slash ligou. Por dentro, meu coração bateu e senti que era o meu velho amigo oferecendo a mão. Mas não foi isso. Na verdade, ele estava puto. "Cara, você pulou na minha caminhonete e amassou a porra toda. Você amassou e vai pagar o conserto."

Fiquei paralisado. "Tanto faz. Claro, vou pagar, sem problema, amigo. Tire esse dinheiro dos meus 2 mil dólares, seu merda sem coração." Mas, nesse momento, ele já tinha desligado.

> *Fama te coloca onde as coisas são vazias...*
> — *"Fame"*, David Bowie

MORTE AOS POUCOS

Olhando agora, ainda tenho arrepios com essa fase sombria e tortuosa da minha vida. Até então, eu tinha ficado chapado praticamente o tempo todo e isso me fez ficar despreocupado, entre outras coisas. Mas, com toda a honestidade, eu era o único integrante da banda que tinha ciência dessa falta de cuidado. E, agora, minha situação era do tipo sem esperança. Alcancei o sonho de uma vida e, quando ele ia se completar, pisaram em mim. Eu estava no topo: o grupo que eu havia formado com meus amigos apenas cinco anos antes tinha se tornado a maior banda de rock do mundo.

Parecia que todos queriam me conhecer e eu ficava muito sensibilizado pela maneira como os nossos fãs me tratavam. Todos eram tão afetivos que eu tentava retribuir esse amor.

Realmente me sentia abençoado e agradecia a Deus pela minha sorte. As pessoas diziam: "Aproveite enquanto está acontecendo. Tente viver o momento". Foi o que eu fiz. Era assim que eu recebia cada dia naturalmente. Não precisava ficar me relembrando de tentar viver o momento porque essa era simplesmente a maneira como eu sempre vivi.

Existem várias provas disso. Vendo os vídeos em que eu estou tocando, sou o único cara sorrindo na banda, adorando cada minuto daquilo. Eu estava sempre ciente da graça de Deus e grato por ela. Abraçava todas as pessoas que queriam autógrafos, sentava e conversava com qualquer um e, espontaneamente, dava a mão às pessoas que se aproximavam de nós. Da perspectiva de qualquer pessoa, eu honestamente acredito que está claro que era o único que saboreava de verdade o nosso sucesso.

Quando as garotas diziam que eu era o cara mais fofo, mais sexy ou mais simpático da banda, eu só ria. E sempre repartia os elogios dizendo a elas que

Slash era muito mais sexy, que Duff era muito mais simpático, que Izzy era muito mais legal e que Axl era mais esperto.

Uma noite, Ronnie Schneider e eu fomos a um clube chamado Bordello. Isso foi logo antes da notícia da minha expulsão do GNR ter se tornado pública. O Bordello era um lugar badalado na esquina da Santa Monica com a Fairfax. Como em qualquer lugar em alta, dúzias de pessoas faziam fila para entrar. Chegamos e ficamos na fila, como qualquer pessoa. Reparei que o recepcionista olhou em minha direção. Ele veio até nós e disse: "Steven Adler. Guns N' Roses! O que você está fazendo aqui? Você não precisa esperar na fila!". Colocou o braço no meu ombro, nos levou até a entrada e abriu a porta, como se fôssemos amigos há anos. Eu agradeci, apertei sua mão e entrei no clube. A verdade é que eu não me importava em ficar na fila. Eu gostava de conversar com as pessoas, mas, claro, fiquei feliz de entrar. Ronnie e eu nos divertimos muito naquela noite.

No fim da semana, a notícia de que eu não estava mais na banda se espalhou pelo mundo. Para adicionar insulto à injúria, fui mostrado nos noticiários como um perdedor consumado. "Banda que glorifica o uso de drogas demite baterista por perder o controle com as drogas." Se isso não me faz parecer a pessoa mais patética da Terra, não sei o que faria.

Senti aquele arrepio familiar atravessar meu coração novamente. Aquele vazio emocional que significava que minha família tinha me abandonado. E o GNR era minha família. Izzy, Axl, Duff e Slash eram meus irmãos; nós nos amávamos, nos importávamos e cuidávamos uns dos outros, nos esforçamos pra caralho para sermos bem-sucedidos. Agora, eu não era mais bem-vindo na família. De novo!

Deus me deu uma segunda chance e eu fodi com tudo. Eu precisava desesperadamente me entorpecer para afastar a dor. Até o fim da semana, a única coisa que eu conseguia fazer era ficar em casa fumando coca e heroína.

Finalmente, ao se lembrar dos ótimos momentos que passamos no Bordello algumas semanas antes, Ronnie achou que seria legal me tirar de casa e irmos a algum lugar onde eu me sentisse querido. Novamente, havia uma fila para entrar. Confiante, fui até o recepcionista, o mesmo da outra vez, e o cumprimentei animado. "Como vai?", perguntei.

Ele olhou para mim e parecia incomodado. Fiquei parado ali por um segundo. "O que você acha que está fazendo? Você tem que ficar na fila, como todo mundo." Ele apontou para o fim da fila, para que todos pudessem ver. Fiquei chocado, mas acenei para ele e fui embora. Um quarteirão à frente, meus sentimentos tinham acabado comigo. Tinha acabado de ser tratado como um merda e era assim que eu me sentia. Foi duro. Fui andando até em casa com Ronnie e continuei com meu sofrimento.

RAIO DE ESPERANÇA

Pouco depois, parei de vez de sair. Tudo o que eu queria era ficar sozinho e até recusei o amor da minha esposa. Cheryl estava tendo dificuldade em lidar comigo e a situação toda estava péssima. Me sinto horrível até hoje por tê-la colocado em tanto drama; não foi nada justo com ela. Um de nós, provavelmente Cheryl, decidiu que seria melhor que ela se afastasse por uns dias e visitasse sua família.

Justamente quando eu não poderia ficar mais entorpecido ou deprimido, a esperança apareceu no horizonte. Um dos meus advogados me ligou e disse que o AC/DC estava fazendo testes com bateristas. "Eles estão pensando em você, Steven. Vou te colocar nesse trabalho".

"Faça isso!", gritei. Fiquei tão feliz. Finalmente, uma chance de redenção.

Mas as estrelas não estavam a meu favor. Na mesma maldita noite, a MTV exibiu uma entrevista com Axl. Ele falou sobre como o GNR era muito mais do que ele esperava e, então, surgiu o tema do ex-baterista e Axl enfiou uma estaca no meu coração. "Steven está fodido com as drogas. Ele nem consegue mais tocar. Não o conheço mais." Minha cabeça começou a rodar – isso estava na MTV, tinha veiculação nacional. Axl, o rock star mais popular daquela época, simplesmente disse ao mundo que eu estava fodido. Inacreditavelmente o pior momento para isso. Nunca mais tive notícias sobre o trabalho com o AC/DC.

Depois de algumas semanas, Cheryl voltou, pegando um táxi no aeroporto. Ela gritou comigo quando abri a porta. "Tentei ligar para você. Você não consegue atender a porra do telefone? Achei que você estivesse morto!"

Mal conseguia resmungar "Desculpe, querida". Na verdade, não havia pensado nela há dias. Ela poderia ter ido embora há uma semana ou um mês e eu não saberia, porque o tempo já não significava mais nada para mim. Estava começando a afundar ainda mais, inaugurando uma rotina que se tornaria meu estilo de vida degenerativo pela maior parte dos dez anos seguintes.

A IRA DE AXL

Meu destino estava selado quando um encontro inesperado com Axl colocou toda a minha existência em um redemoinho permanente. Logo depois que Cheryl voltou, descobri que Andy McCoy havia se mudado para a nossa rua. Andy era o guitarrista do Hanoi Rocks. Fui apresentado ao som deles por Axl e Izzy e, instantaneamente, me apaixonei pelo estilo meio hard rock deles. Na verdade, o selo do Guns N' Roses, Uzi Suicide, tinha acabado de lançar todo o catálogo antigo do Hanoi em CD, pela primeira vez. Eles foram a única banda a ser lançada pelo selo do GNR. No entanto, fiquei decepcionado ao saber que Andy havia se casado com Laura, ex-namorada de Izzy. Eu odiava aquela mulher. Ela era muito atraente, mas era tão desgraçada que eu a achava repulsiva.

Desesperado para manter a música na minha vida, comecei a encontrar Andy para tocarmos juntos. Contratei o cara que remodelou meu quarto para transformar a garagem num pequeno estúdio. Ele colocou paredes à prova de som e fez um excelente trabalho. Ficou um pouco apertado, mas tudo bem. Andy e eu ficamos trabalhando em músicas novas e tocamos alguns clássicos. Andy sabia que eu não gostava da mulher dele, mas isso não afetava nossa amizade. Eu só disse que não a queria por perto, e ele estava tranquilo em relação a isso. Mas acho que estávamos nos dando tão bem que, finalmente, ele decidiu que isso não seria problema.

Um dia, quando estava no meu quintal, vi os dois andando pela rua, claramente vindo em direção à minha casa. Fiquei parado lá, mostrando dois enormes dedos do meio para eles. Andy viu meu gesto, mas Laura não. Andy não perdeu a pose e continuou vindo com ela, como se não houvesse problema. O que eu poderia fazer? Não é segredo que eu tenho o coração mole.

Pouco depois, Laura estava vindo regularmente e me irritando, como fazia no passado. Um dia, ela fez a coisa mais escrota de todos os tempos. Andy e eu estávamos tocando na garagem e ouvimos batidas na porta. Eu abri e lá estavam Laura e a noiva de Axl, Erin Everly.

Erin estava completamente assustada e mal conseguia ficar de pé. Perguntei: "Que porra é essa que está rolando?".

Laura disse: "Nada. Ela e Axl brigaram. Pode dar algo a ela?".

"O quê? Não vou dar merda nenhuma para ela", eu gritei e agarrei Erin, que estava balançando para frente e para trás, de olhos fechados. "Erin, você está bem? É melhor você..."

Laura interrompeu. "Vamos, Steven, dê algo para ela."

"O que ela tomou? O que você deu a ela?", gritei para Laura.

Ela disse: "Steven, ela e Axl brigaram e eu dei a ela um pouco de Valium".

Eu gritei: "Qual é a porra do seu problema?". Erin mal conseguia ficar em pé, então a carreguei até o meu quarto e a coloquei sentada. "Erin, você está bem?"

Ela abriu um pouco os olhos e disse: "Axl e eu brigamos".

Laura veio atrás. "Steven, relaxe. Só dei uns comprimidos para ela", ela repetiu, nem um pouco preocupada.

"Quantos?", gritei.

Erin estava se levantando para sair e eu entrei em pânico. Não ia dar chance ao azar. Chamei uma ambulância e tentei não pirar. Não precisava me envolver nessa situação. Por Deus, ela era a noiva do Axl. Os paramédicos chegaram, checaram seus sinais vitais e disseram que teriam que induzi-la ao vômito. Antes de a levarem embora, eles se certificaram de que seu pulso estava forte e que ela, provavelmente, ficaria bem.

Mais tarde, descobri que Erin já tinha heroína em seu corpo. Quando questionados, eles disseram que eu havia dado a ela. Axl me ligou ameaçando: "Estou indo aí e vou te matar, porra!".

Eu gritei: "Não dei merda nenhuma para ela!".

"Mentira!", ele disse.

Eu estava furioso e gritei de volta: "Não dei! Foda-se!". E desliguei o telefone.

Meu coração acelerou e eu realmente acreditava que Axl estava furioso o bastante para me matar. Comecei a temer pelo bem-estar de Cheryl e do meu próprio, então pegamos os cachorros e fomos para Palm Springs. Axl disse à imprensa que eu havia injetado em Erin e ninguém tinha motivos para acreditar em outra coisa. Não que isso pudesse fazer algum estrago, mas os caras da banda achavam que eu era ainda mais cuzão do que antes.

Eu nunca injetaria heroína – ou qualquer droga – em Erin. Sempre gostei dela e, provavelmente, ajudei a salvar sua vida naquele dia, mas isso não significava merda nenhuma. Não conseguia aguentar aquela merda. Estava completamente deprimido e minha existência tinha se tornado ainda mais insuportável, se é que isso fosse possível.

Capítulo 18
CHAPADO OU MORTO

RESCALDO

O desastre com Erin concretizou o início de um período sombrio e destrutivo em que eu queimei silenciosamente em meu próprio inferno particular. Depois de ser expulso do GNR, só me importava ficar chapado e, se isso significasse morrer, que fosse assim. Ou, ao menos, era o que eu dizia a mim mesmo. Meu Deus, eu estava com medo. Nem conseguia admitir isso, mas bem lá no fundo eu provavelmente não confiava em mim sozinho. A cada dia, Cheryl percebia que eu ficava mais desanimado e distante. No entanto, ela não ficou por muito tempo e não posso culpá-la. Uma noite, quando eu estava deitado em frente à lareira, completamente chapado, ouvi uma voz fraca: "Stevie, Cheryl vai ficar comigo por um tempo".

Abri os olhos e vi a imagem embaçada de uma das amigas de Cheryl. Consegui murmurar "OK".

Levaria anos até eu ver Cheryl novamente.

Esse abandono foi devastador e eu fui de mal a pior, tornando-me ainda mais destrutivo. Cheryl era meu último apoio e tinha ido embora. Foi por minha culpa, porque eu a ignorava completamente. Ela tentou honesta e desesperadamente me ajudar, mas eu estava muito distante. Eu estava muito longe de pedir ajuda a alguém. Na verdade, nesse momento, eu só queria morrer logo. "Deus, me deixe morrer."

De vez em quando, eu tinha momentos de clareza. O Guns N' Roses tinha um cara ótimo na equipe de estrada chamado Todd. Ele acabou se tornando empresário de turnês do Skid Row. Quando fiquei realmente doente, ele me deixou ficar em sua casa, no Arizona. Ele tinha um barco de corrida que eu usava no lago. Também tinha aqueles quadriciclos ATV, excelentes para dar umas voltas. Como eu não conhecia ninguém no Arizona, era impossível conseguir drogas.

Também fui ao Havaí, mas estava incrivelmente quente e úmido. A grande rede de lojas de conveniência lá se chama ABC. Havia uma bem em frente ao hotel. Fazia tanto calor que, depois de ir até a ABC comprar cigarros e voltar, eu tinha que tomar um banho. Era difícil assim. Geralmente, levava amigos comigo para o Havaí. Ronnie Schneider e um amigo próximo em comum, Steve Sprite, foram conosco algumas vezes. Às vezes, ficava lá por uma semana; outras vezes, só no fim de semana. Era prazeroso relaxar e retomar um ciclo de sono decente e natural. Mas minhas escapadas nunca duravam muito. Eu me cansava do clima e, assim que voltava para casa, fazia uma ligação e retomava a autodestruição.

Uma tarde, indo buscar drogas, estava ouvindo música no rádio da minha Mercedes. Quando eu estava em turnê com o GNR, alguém havia me dado a fita de uma banda de San Francisco prestes a estourar chamada Vain. Me apaixonei pelo rock'n'roll direto deles. Eu estava passando pelo Santa Monica Boulevard escutando um de seus discos quando tive uma ideia. "Ei, esses caras não estão fazendo nada", pensei. Uma lâmpada se acendeu e o empolgômetro subiu até o limite. "Vou entrar em contato com esses caras e vamos montar uma banda que vai detonar."

Eu já havia encontrado os caras do Vain algumas vezes antes. Quando o GNR ia a San Francisco, eles apareciam nos shows. Fiz algumas ligações e, quando vi, estava em contato com o vocalista e compositor deles, Davy Vain. Ele tinha o mesmo entusiasmo que eu para começar um novo projeto. Davy conversou com alguns dos ex-integrantes do Vain e fez o convite em meu nome. O guitarrista deles, Jamie Scott, estava trabalhando em uma loja de instrumentos, um emprego que ele não se importava em abandonar. O guitarrista Shawn Rorie e o baixista Ashley Mitchell também entraram no pacote. Eu os trouxe até L.A., aluguei um estúdio e fomos ver se as coisas iam funcionar.

Eu já conhecia todas as músicas do Vain por causa das fitas, então praticamente tínhamos todo o repertório nas mãos. A química foi ótima e pensei que essa poderia ser a banda fodona de que eu precisava desesperadamente. Davy conhecia algumas pessoas com experiência em negócios e garantiu os serviços de um advogado e um empresário. Eles seriam os responsáveis por nos conseguir shows e imprensa.

Davy se mudou para meu quarto de hóspedes e coloquei o resto dos caras em dois apartamentos no fim da rua. No total, isso me custava algum dinheiro por semana. Nunca me preocupei tanto com minhas finanças; eu tinha pessoas que faziam isso por mim. Só senti que essa era a única coisa do mundo que valia cada centavo.

O roadie deles, de San Francisco, se juntou a nós, um cara assustadoramente grande chamado Rocko. Ele tinha dentes tortos e amarelados e cabelo ruivo pegajoso. Era o exemplo de um caipira grande e feio. No início, me senti um pouco intimidado por ele, mas depois pensei: "Porra, Jamie não traria alguém que não é legal". Rocko fazia suas coisas com profissionalismo e era um roadie excepcional. Como todo mundo na minha vida, quando me convenci disso, eu o aceitei sem problema e o recebi com um sorriso.

Começamos a ensaiar todos os dias. Tocávamos todo o repertório do Vain e trabalhávamos em alguns covers. O mais notável era uma versão mais acelerada do clássico de Jimi Hendrix "Voodoo Chile". Infelizmente, o comprometimento para solidificar essa maldita banda nova não era o suficiente para me manter totalmente ocupado. Eu continuava me drogando regularmente, e os caras logo conheceram os meus maus hábitos. Às vezes, eu perdia ensaios porque estava esperando pelo fornecedor ou por estar muito chapado para tocar. Os caras só queriam ensaiar, tocar alto e deixar tudo pronto. Não tinham a menor vontade de ficar se drogando. Eles bebiam de vez em quando, mas era só isso.

Mas, para mim, ainda havia muita dor – ou, simplesmente, maus hábitos –, então não importava o quanto eu estava animado com a música, era só um distanciamento temporário das drogas. O consumo continuava sendo o principal; a música tinha se tornado só uma distração saudável.

TOCANDO EM NOVA YORK

A pesar de continuar me drogando, nós ensaiamos e gravamos uma demo de oito músicas, que eu ainda acho que detona. Gravamos no mesmo estúdio em que o Metallica tinha finalizado o *Black Album*. Sei que isso soa estúpido e irresponsável, mas não havíamos definido um nome oficial para a banda até terminarmos a demo. Sei que isso já tinha passado pela minha cabeça porque, assim que pensei nisso, resgatei um nome que eu amava e até tinha usado no meu primeiro carro, Road Crew-zer. Eu deveria tê-lo assegurado legalmente assim que percebi que não poderíamos ter outro nome. Mas esperamos um pouco demais. Naquele momento, Slash tinha ficado sabendo da minha nova carreira com o Road Crew e registrou o nome antes que fizéssemos o que era necessário para protegê-lo. Não conseguia acreditar que ele teria inveja de eu usá-lo. Tínhamos criado aquele nome juntos, mas isso não importava para Slash. Sentia que ele tinha tomado conta do "Road Crew" só para que eu não pudesse usá-lo. Meu camarada Slash.

Mas isso não importava, porque a notícia da minha nova banda havia sido divulgada em um press kit destruidor que estava circulando. Tivemos publicações nas principais revistas de metal: *Kerrang!*, *Raw*, *Circus* e *Hit Parader*. Davy e eu até participamos do famoso *Headbangers Ball*, na MTV. Tudo estava indo como o planejado.

Alguns shows foram agendados; o primeiro seria no Limelight, em Nova York. Depois do show, Nicolas Cage, um dos meus atores preferidos, se apresentou para mim. Ele me deu o número do quarto do hotel em que estava ficando e me disse para dar uma passada por lá. Quando cheguei mais tarde com alguns amigos, o pessoal da recepção não nos deixou subir. Bem, pior para ele.

Em seguida, teve o show de Ano Novo no Stone, em San Fran. O show foi fantástico, mas fiquei tão chapado naquela noite que quase morri de intoxicação alcoólica. Tenho certeza de que os outros caras da banda ficaram pensando: "Quem é esse cara com vontade de morrer? Ele é muito idiota para ficar brincando à beira do abismo ou está depressivo demais para se importar?". Eles estavam realmente ficando cansados das minhas merdas. Mas, depois de apenas três meses como banda, tínhamos quatro grandes selos interessados em nos contratar. Foi armada uma apresentação para um deles. Dois homens e uma jovem mulher foram enviados para representar uma das gravadoras. Nós os convidamos para irem ao estúdio e até contratamos um buffet com ótima comida e champanhe fino. Todos foram super legais e profissionais. Tocamos um repertório brilhante para eles e ficou claro que estavam impressionados.

Estávamos sentados tomando alguns drinques quando um dos executivos lançou uma pergunta incômoda: "Steven, devo admitir que temos uma preocupação. E as drogas? Ouvi dizer que você teve problemas sérios com elas. Como você está agora?".

Sem piscar, respondi: "Isso já passou. Estou limpo". Os três consentiram. Toda a noite foi incrivelmente boa, e eles nos disseram que tínhamos um acordo e que iam nos adicionar ao seu catálogo de bandas. Prometemos que eles poderiam contar com o nosso trabalho duro e que faríamos o necessário para sermos bem-sucedidos. Convidei-os para irem até a minha casa, onde poderíamos relaxar mais confortavelmente e discutir os detalhes do acordo.

Fomos de carro até minha casa e, quando chegamos ao portão, fomos distraídos pelo barulho de um carro velho. A motorista se enfiou bem na nossa frente. Era uma garotinha drogada. Ela desceu e me entregou um pacote de cigarros, bem na frente de todo mundo.

Fiquei boquiaberto. Ela viu a fúria nos meus olhos e foi embora imediatamente. Mas o estrago já estava feito. Não é necessário um gênio para entender o que tinha acabado de acontecer. Os executivos da gravadora fingiram ter se esquecido de um outro compromisso que precisavam comparecer e, educadamente, foram embora.

Fiquei parado ali olhando para o céu. "Por quê? Por que sempre eu, caralho? Por quê?" Virei para a banda e disse: "Sinto muito, caras".

Ashley balançou a cabeça e disse: "Foda-se". Entrei sozinho em casa me xingando. Os caras juntaram suas coisas e foram embora no dia seguinte.

Tinha tanto medo de ficar sozinho que pedi para o nosso roadie, Rocko, ficar e agir como meu assistente pessoal. Ofereci salário a ele de mil pratas por semana, o que ele aceitou com prazer. Nunca saímos de verdade ou coisa do tipo, mas ele fazia compras, buscava drogas ou me dava carona sempre que eu precisava. Coloquei-o em um quarto extremamente espaçoso no sótão da minha casa.

Um mês depois, outra garota foi morar comigo. Ela era uma modelo gostosa chamada Analise. Uma noite, eu estava muito chapado e o mais relaxado possível. Tinha acendido a lareira e estava assistindo a desenhos animados no meu canal preferido, Nickelodeon. Analise estava tomando banho. De repente, ouvi uma batida bem alta e um grito. "O que foi agora?", pensei.

"Steven!", Analise gritou. Levantei, corri para o banheiro e a vi apontando para o teto. "Tem alguém lá em cima. Vi um brilho, um reflexo pela emenda do azulejo". Mais tarde, descobri que Rocko tinha feito um buraco no teto e estava filmando Analise e outros hóspedes desavisados.

Na hora, pensei: "Que porra é essa?". Claro, havia um buraco no teto do banheiro. Na mesma hora, Rocko apareceu, o mais indiferente possível. Liguei os pontos e falei bem na cara dele: "Seu filho da puta. Junte suas coisas e vá embora, ou eu chamo a polícia". Ele nem respondeu. Em 10 minutos, já tinha ido.

NÃO MEXA COM O CHEFE

Continuei fechado no meu quarto, completamente à deriva, fazendo minhas coisas. Não sei como (talvez por Cheryl), mas minha mãe havia descoberto que a banda tinha me cortado completamente e que eu não receberia mais dinheiro do Guns N' Roses.

Minha mãe realmente assumiu a minha briga. Ela contratou um dos melhores advogados de entretenimento e processou a banda. Eu dei sinal verde e ela foi com tudo, mas quase não me envolvi. Quando precisei dar meu depoimento, meus nervos estavam à flor da pele. Mantive um pacotinho no bolso da calça e, sempre que podia, ia até o banheiro e dava uns tiros. Por isso, atrasei os procedimentos mais de uma vez. Mas o júri gostou de mim. Eles acreditaram que eu era honesto e inocente, o que eu realmente era.

Durante o curso do processo, eles trouxeram toda a banda para depor. Você consegue imaginar como eu me senti vendo Axl e Slash falando mal de mim? Axl e Slash depuseram e foram completamente prepotentes e arrogantes. Seus babacas. Obrigado, rapazes. Essa atitude presunçosa foi um ótimo presente para mim. Vocês afastaram totalmente o júri e eu fui premiado com US$ 2,5 milhões em danos e reconquistei meus 15% de royalties contínuos.

Obrigado, Deanna. Não mexa com uma leoa cuidando de seus filhotes.

Em 1994, com segurança financeira garantida pela primeira vez na minha vida, entrei por conta própria na reabilitação, no Arizona. Lá, eu dividia o quarto com Layne Staley, do Alice in Chains, e só conversávamos sobre usar drogas. Layne falava muito sobre sua mulher e me mostrou algumas fotos que ela tinha feito dele, inclusive uma de Layne pelado no chuveiro com uma agulha enfiada no braço. Todas as fotos foram feitas à luz de velas. Toda essa conversa sobre drogas e festas, assim como as fotos, nos deixavam tão loucos que não aguentávamos de vontade de nos drogar. Então demos o fora depois de alguns poucos dias, deixando o lugar para trás. Ele seguiu seu caminho para descolar umas drogas e eu segui o meu. Aquela reabilitação já tinha dado o que tinha que dar.

Voltei para casa e, finalmente, Analise e eu nos separamos. Novamente, estava sozinho em minha própria miséria. Não havia largado as drogas e sentia que meu mundo estava desmoronando, então continuei me medicando. Tinha me alienado do mundo e a única pessoa que eu via regularmente era meu contador, Josh Lieber, que acabou sendo um completo cuzão. O desgraçado me fez confiar nele durante anos. Meus pais confiavam nele também, mas ele nos fodeu completamente.

FODIDO PELOS MAIS PRÓXIMOS

Originalmente, Lieber nos impressionou ao descobrir que a contadora da banda havia roubado US$ 80.000 de mim. A mulher que cuidava das finanças da banda tinha um pequeno apartamento com três filhos e, de repente, conseguiu um carro de luxo e uma casa enorme e extravagante. Ele escreveu uma carta para ela que dizia, basicamente, "Se o dinheiro não estiver na minha mesa até amanhã de manhã, você vai para a cadeia".

Senti-me seguro com Josh e o transformei em meu conselheiro, apesar de ele me cobrar US$ 20.000 por mês. Tudo que ele precisava fazer era pagar minhas contas, e eu o pagava por mês mais do que o total de todas elas juntas. Eu nem queria saber ou me envolver com as finanças e ele sabia disso. Que idiota de merda eu era.

Eu só queria dinheiro quando precisasse. Ele via que eu estava fodido e sem rumo, então deve ter pensado que seria simples. Quem descobriria que ele estava me sugando, ficando rico às minhas custas? Ele imaginou que eu morreria logo, então se propôs a arrancar tudo de mim enquanto podia.

"Stevie, você precisa assinar isso", ele dizia. Então eu perguntava: "Ah, pode me dar mil dólares?". Ele me deu um cartão de saque que permitia que eu tirasse US$ 300 por dia. Você pode achar que isso seria suficiente para um dia, mas quase todos os dias eu me via indo ao banco sacar mais dinheiro do que o caixa eletrônico permitia. Eu comprava tudo o que pudesse ter em minhas mãos – coca, heroína, comprimidos, maconha, qualquer coisa.

A última vez que Josh me trapaceou, ele fez isso direito. Ele me fez assinar um cheque e disse que era para pagar impostos, dizendo: "Se eles não requererem esse dinheiro durante um certo tempo, você pode pegá-lo de volta".

Eu era tão ingênuo. "Ah, OK. Ótimo."

Alguns meses depois, perguntei a ele: "Ei, o que aconteceu com o dinheiro dos impostos?". Ele disse que nunca houve problema com dinheiro de impostos e que eu nunca tinha assinado nada desse tipo. "Steven, você sabe quem você é. Provavelmente, você estava chapado e deu um autógrafo ou coisa assim." Fiquei puto instantaneamente. "O quê!?"

Como ele ousava mudar de assunto dizendo que eu estava delirando? Naquela época, minha motorista era uma mulher chamada Mary. Graças a Deus, ela estava presente quando tivemos a reunião em questão. Ela sabia, desde o início, que eu tinha assinado um cheque pessoal e sentia que estava sendo cauteloso. Ela me lembrou de que havia levantado esse assunto porque ela tinha achado aquilo suspeito, mas eu não acreditava que Josh estava sendo desonesto. Ele teve uma vida de rei por anos às minhas custas, mas depois que eu auditei tudo com um serviço independente, ele caiu fora. Sem processo, sem alarde, sem ameaças. Só agradeça por eu ter te deixado me sugar por tanto tempo e saia da minha vida.

ENGANANDO A MORTE

Com a saída de Lieber, os cofres ficaram, de repente, escancarados. Aumentei minhas dosagens de tudo e acabei quase enganando a morte novamente. Dirigi meu Jeep para conseguir um pouco de heroína e, assim que peguei, parei no caminho para tentar injetar. Como não conseguia achar a veia, injetei em qualquer lugar no braço. Continuei dirigindo para comprar refrigerantes e cervejas. Virei a esquina e, quando percebi, estava me arrastando pela calçada numa nuvem de fumaça. Algum cara veio correndo até mim. Olhei para ele, que ficava falando sem parar: "Meu Deus, é um milagre!".

Eu tinha batido na lateral de quatro carros estacionados antes de bater entre outros dois. A frente do meu Jeep foi amassada até a altura do para-brisa. Escapei com um galo na testa e um pequeno corte no supercílio. Enquanto a testemunha falava sobre a minha sorte, desmaiei na calçada e acordei no hospital.

Mais tarde, fui sentenciado por dirigir sob efeito de drogas e perdi minha licença. Mas quando você é um viciado e quer ir aos lugares, ter ou não uma carteira de motorista não te impede de fazer nada.

AJEITANDO AS COISAS

Uma ordem judicial me deu três meses para entregar um teste de urina limpo. Eu sabia que tinha muita sorte, porque poderiam ter me jogado na cadeia. Eu achava que até poderia passar em um teste de urina com tanto tempo. Percebi que sair de L.A. me daria mais chances de me limpar, então aluguei uma casa em San Francisco, onde pretendia me desintoxicar (até certo ponto). No primeiro mês, me droguei insanamente. Meu bom amigo Steven Sprite me acompanhou. Steve não usava drogas e não queria que eu passasse o tempo todo no apartamento, então, de vez em quando, me convencia a sair. Fico feliz por ele ter feito isso, porque fomos a um bar local onde o centro das atenções era uma loira espetacular. Era uma garota que eu realmente precisava conhecer. Com minha habitual confiança, me aproximei dela. Seu nome era Cherry. Fomos para a casa dela e conversamos um pouco. Trocamos telefones e ela acabou se tornando minha garota preferida, uma amiga especial para a vida toda.

Quando estava em Frisco, eu também saía com Davy Vain, meu ex-colega de banda e morador local. Davy tinha um coração enorme e me perdoou por ter fodido com o contrato de gravação da nossa banda. Uma noite, estávamos em uma cobertura na cidade e nos vimos no mesmo evento que Linda Perry, ex-líder do 4 Non Blondes e produtora de primeira linha. Achei-a muito gostosa.

Estar em Frisco era uma bênção disfarçada. Eu tinha alugado um quarto em minha casa em Calabasas para um amigo do meu irmão, Weasel. Logo antes de viajar, tínhamos adquirido umas sementes de maconha muito boas. Dei um pouco de dinheiro para ele transformar um dos armários em uma estufa. Ele era familiarizado com todo o processo de cultivo. As paredes foram cobertas de papel-alumínio e ele usava equipamentos especiais, como timers e lâmpadas para cultivo. Era uma situação conveniente para todo mundo. Weasel podia morar em uma casa ótima por um aluguel baixo e eu poderia fumar maconha de qualidade quando voltasse. Não podia imaginar nada dando errado com esse acordo.

Então recebi uma ligação urgente de Weasel. Policiais vieram bater à porta. Eles tinham um mandado e revistaram a casa. Quando perguntei o motivo, fiquei horrorizado com a explicação. Meu ex-assistente – Rocko, o pervertido – estava morando em Santa Rosa. Agora, esse maluco idiota, que tinha tentado filmar pessoas desavisadas no meu banheiro através de um buraco no teto, havia acabado de ser preso por suspeita de assassinato. Que porra é essa?

Aparentemente, ele sequestrava garotas, as dopava e, então, filmava as vítimas inconscientes em diversas posições e atos sexuais. As drogas que ele dava a elas eram tão fortes que as garotas acordavam na beira de alguma estrada com uma desconfiança incômoda de que algo tinha dado errado. Fiquei chocado ao saber que os policiais haviam encontrado um corpo em estado avançado de decomposição em seu quintal!

Rocko deve ter errado a dosagem das drogas porque, de repente, uma garota se lembrou. E, então, outra. Elas deram informações suficientes para que a polícia o encontrasse. Eles fizeram buscas na casa dele e encontraram dúzias de fitas de vídeo com imagens fortes de estupro. Também encontraram fotos. Entre todo esse material estavam imagens da minha ex-namorada Analise e da minha mãe, Deanna. Uma foi filmada no banho, e a outra, na privada!

Rocko vinha nos espionando e tirando fotos durante todo o tempo em que ficou morando comigo. Me senti muito mal de ter deixado um monstro desses sob o meu teto. Principalmente por causa de minha mãe e Analise. A privacidade delas foi horrivelmente violada. Mas agradeço a Deus por sua loucura não ter chegado a fazer algo pior conosco.

A pior parte: Rocko disse aos policiais que conseguia financiar seus hábitos nojentos porque morava e trabalhava comigo. Eu disse a eles que nunca tive nenhum tipo de relação social com o cara. Para mim, ele era um empregado e só isso.

Durante a busca na minha casa, os policiais descobriram nossa plantação. Tínhamos três ou quatro mudas começando a brotar. No tribunal, Weasel e eu recorremos à quinta emenda, em que uma pessoa não precisa criar provas contra ela mesma. Ele estava só alugando um quarto lá e não fazia ideia do que existia no armário. Eu estava longe havia dois meses para me limpar, sem saber de tal travessura acontecendo em minha casa. Nossa estratégia funcionou e saímos sem nenhum aborrecimento.

Capítulo 19
DE NOVO NO FUNDO DO POÇO

PERMANENTEMENTE À DERIVA

De tempos em tempos, eu dirigia para San Francisco para ver Cherry. Ela não era minha namorada e eu sabia que saía com outros caras. Uma vez também saí com outra garota, Laurie, uma mulher que estava cortando o meu cabelo. Estávamos em seu apartamento e eu fumava uma pequena pedra. Bem, Laurie fumava speed e estava totalmente envolvida naquela merda. O seu aparelho de som estava estragado, mas mesmo assim tocou a noite inteira. Para piorar as coisas, a música era aquela merda de techno. Eu tinha um frasco de Valium e já tinha tomado oito comprimidos para combater aquele barulho. Mesmo indo para outro lugar da casa, eu podia ouvir pelas paredes um *tum, tum, tum* irritante e constante. Eu não conseguiria dormir de jeito nenhum, então tinha que sair de lá. Às cinco da manhã, me mandei. Pulei no Bronco e fui para a casa de Cherry. Não foi uma boa ideia.

O VALIUM E O VAGABUNDO

Eu estava fodido por causa das pílulas, fazendo zigue-zague na estrada. Policiais me pararam em algum lugar em Bakersfield. Eu não queria que eles confiscassem meus últimos dez Valiums, então enfiei tudo na boca. A próxima coisa que me lembro é de alguém me sacudindo, gritando: "Adler! Adler!". Eu estava deitado no chão de uma cela na prisão, e já estava ali o dia todo. Eles me soltaram, mas o lugar estava um breu e era no meio do nada.

Dois outros caras foram liberados na mesma hora e me deram uma carona até o terminal de ônibus. Eu estava congelando, tremendo incontrolavelmente. Entrei em uma loja de presentes e roubei uma camiseta para ajudar a me esquentar. O segurança me viu e me abordou. Era um cara enorme e gordo que me disse orgulhosamente: "Posso ser grande, mas sou rápido".

Eu respondi: "Seu idiota. Você pode ser gordo, mas é um babaca. Você acaba de pegar alguém que consumiu dezoito Valiums".

Ele chamou a polícia e vieram os mesmos caras que tinham me prendido mais cedo. Eles me levaram de carro pela estrada por uns dois quarteirões e me liberaram. Dessa vez, só me disseram: "Dê o fora da nossa cidade, caralho. Agora". Peguei minha caminhonete do depósito e me mandei. Se eu simplesmente tivesse ido à casa de Cherry, nada disso teria acontecido.

HARD COPY

Por volta de 1996, eu estava saindo com Cherry cada vez mais. Eu simplesmente gostava da sua companhia sem precisar estar chapado. Parei de usar drogas quase que por completo, ganhei peso e tinha a aparência mais saudável. O noticiário de TV *Hard Copy* ficou sabendo da minha recuperação contra o vício e me contatou querendo fazer uma matéria. Aceitei orgulhosamente. Meu irmão Jamie estava se estabelecendo rapidamente em Hollywood agenciando talentos. Ele entrou em contato com um clube próximo e conseguiu que eu tocasse com uma banda que iria se apresentar lá. Isso permitiu que o *Hard Copy* conseguisse algumas imagens minhas tocando ao vivo. Enquanto eu estava lá, fui envolvido pela energia de um homem sentado no bar. Ele estava usando uma jaqueta enorme de pelo de ovelha e, pelo que entendi, ele tinha "algo". Ele se apresentou como Steffan Adikka e era um músico que tinha uma banda com o excepcionalmente talentoso Gilby Clarke. Gilby havia substituído Izzy no Guns N' Roses em 1991 e, depois, deixou a banda em 1994. Meu irmão estava agenciando bandas exclusivamente para o Billboard Live, onde ficava o espaço do hoje extinto Gazzarri's. Então perguntei a Steffan e Gilby se eles gostariam de formar uma nova banda. Eles se empolgaram. "Claro, porra!"

Steffan trabalhava em uma loja de lingerie em Hollywood. Fiquei hipnotizado por uma linha de roupas íntimas que copiava a Fruit of the Loom. A etiqueta dizia "Freaks in the Room". Achei aquilo demais. Perguntei aos caras o que eles achavam e, pouco depois, foi assim que passamos a nos chamar.

Viramos o Freaks in the Room, a banda residente do Billboard Live que tocava todas as segundas-feiras.

STERN SURTA NA SALA

Para divulgar a banda, fizemos uma participação no programa de rádio de Howard Stern, em Nova York. Não queria que Howard me detonasse, como poderia acontecer, então levei duas atrizes pornôs comigo em uma tentativa de tirar um pouco a atenção de mim. Aluguei uma limusine e levei Steffan e meu irmão comigo. Tivemos que parar a limusine pelo menos uma dúzia de vezes. Eu chutava os caras do carro para poder transar com as garotas. Depois, abria a porta e chamava os caras de volta.

Adoro o Howard Stern e tenho certeza de que ele sabe disso. Naquele dia, Howard não me mostrou nada além de respeito. Ele parecia me achar o cara mais legal. "Como você conseguiu ser expulso do Guns N' Roses por usar drogas?", perguntou. Ele também ficou impressionado com as minhas tatuagens. "Esse cara é durão. Ele tem tatuagens nas mãos." Durante a transmissão, fiz um convite aberto aos meus ex-colegas de Guns N' Roses para se juntarem a mim no Billboard Live sempre que quisessem. Imagine a minha surpresa quando Slash realmente apareceu. Ele se juntou a nós e tocamos "Knockin' on Heaven's Door". Mas essa não havia sido a reunião que eu esperava. Foi muito incômoda e estranha. Na verdade, nenhum de nós conseguiu trocar mais do que algumas palavras. Foi bem desconfortável, mas, de algum jeito estranho, teve um poder de cura. Eu amo o Slash. Eu odeio o Slash. Eu amo o Slash. Dá para entender.

O Freaks in the Room estava junto há apenas uns dois meses quando ficou claro que não duraria. Uma noite, durante um show, o som estava incrivelmente zoado. Eu não conseguia escutar nada. Dei o meu melhor para manter o ritmo, mas tudo o que eu ouvia era uma massa de som. Gilby parou de tocar e gritou para mim bem ali, em cima da porra do palco: "Se recomponha, seu chapado de merda". Eu não estava chapado nem bêbado. Os monitores estavam uma bagunça irreconhecível e era impossível manter o andamento. Gritei de volta: "Foda-se!". Foi a última vez que os Freaks estiveram juntos.

Consegui um apartamento em Studio City, logo depois de Ventura e Laurel Canyon, próximo ao Jerry's Deli, onde fica o campo de golfe. Um vizinho descobriu que eu estava morando ali e veio me visitar, uma tarde, trazendo umas cervejas e maconha. Ele era meu fã e também tocava guitarra. Também me apresentou à sua irmã Debbie, que morava com ele. Rapidamente, fiquei amigo dos dois. Debbie sempre cozinhava e todos os dias me convidava para comer alguma coisa. Eu nunca recusaria uma comida caseira. Não estava completamente atraído por ela, mas era bonita o bastante, uma típica italiana sexy de Nova York. Foi puramente por conveniência que comecei a transar com ela.

Debbie tinha um relacionamento estranho com o irmão. Ele queria mudar de sexo. Já tinha feito plástica no rosto e colocado peitos. Vi fotos dele antes das cirurgias: ele tinha um narigão e cabelo comprido e cacheado, não parecia nada com a irmã. Mas agora, depois dos procedimentos, eles eram muito parecidos. Para mim, parecia que ele estava se transformando para ficar igual a ela. Achei que aquilo era uma paixão assustadora, tipo a obsessão que Michael Jackson tinha por Diana Ross. Independentemente disso, ele/ela era uma boa pessoa e os irmãos eram próximos.

BATERIA NOVA

Alguns dias antes do meu aniversário de 27 anos, fui com eles até Nova York. Meu único motivo era patinar no gelo no Rockefeller Center. Também tinha ouvido falar de uma bateria North 1968 que estava à venda. Essa é uma peça particularmente rara de colecionador, com quatro tons, um surdo e bumbo duplo. Era um clássico, e estava sem nenhum arranhão. O que me levou a ela foi aquele toque do destino em 1980 quando Slash e eu abrimos a cortina para Nikki Sixx e o London no Starwood. O baterista deles tinha uma North idêntica, mas branca. Agora, eu teria a minha por apenas US$ 2.000. Consegui o telefone do cara e garanti a ele que entraria em contato dentro de alguns dias e acertaríamos os detalhes.

Voltamos para L.A. e fui ao Rainbow comemorar meu aniversário. Jason Bonham, filho de John Bonham, o lendário baterista do Led Zeppelin, estava lá conosco. Nos divertimos muito. Voltamos para o apartamento e Debbie me convidou para entrar. Ela tinha caixas enormes espalhadas pelo chão. Foi quando eu entendi. "Feliz aniversário!", ela gritou, me abraçando. Ela havia comprado a bateria North. Fiquei tão feliz que meu coração explodiu. Achei que ela foi muito generosa. Transamos e, depois, dormimos juntos a maior parte do dia seguinte.

Na noite seguinte, Debbie e eu estávamos no meu apartamento assistindo TV. De repente, ela se levantou e começou a derrubar tudo que estava na mesa de centro. "O quê?" Então, ela começou a andar e derrubar os meus prêmios, pendurados na parede. Também levantou o aparelho de som e o atirou no chão.

Ela estava prestes a derrubar a TV quando eu me levantei, segurei-a e gritei: "Que porra está acontecendo com você?". Eram dez e meia da noite e a insanidade foi embora e voltou pelas próximas oito horas. Ela continuava agindo como uma louca, gritando incessantemente comigo e me chamando de perdedor. Tentei ficar calmo, mas, na verdade, acho que tive um ataque cardíaco naquela noite causado pela ansiedade. A única coisa que eu conseguia pensar era que ela estava tentando armar alguma coisa para mim. Ela nunca havia agido assim antes, e aquilo me deixou apavorado. Meu peito doía e eu não conseguia respirar; apenas deitei no chão e implorei que ela parasse.

Finalmente, tive que fazer algo. Por volta das seis e meia da manhã, a expulsei de casa. "Você já era", ela falou. Dois minutos depois, ela bateu calmamente à porta e disse que havia chamado a polícia, alegando que eu havia batido nela. Imediatamente, peguei meus sapatos e minha bolsa hippie, entrei na caminhonete e dei o fora dali. Nunca voltei. Não entendia o que ela achou que ganharia com aquilo. Acho que ela queria mais de mim do que eu estava preparado para dar e, sentindo isso, ela reagiu me agredindo.

Acabei me mudando para outro apartamento em Studio City. Uma amiga chamada Lindsay estava comigo e me ajudou a arrumar o novo espaço. Depois da mudança, fui acordado por uma batida na porta. Olhei para o relógio e eram seis horas da manhã. "Quem pode ser?" Andei cambaleando até a porta. "Quem é?"

"Adam" foi a resposta. Imaginei que fosse o zelador do prédio. Abri a porta e vi dois policiais. "Você é Steven Adler?", um deles perguntou. Antes que eu pudesse responder, o outro disse: "Sim, é ele".

Só consegui dizer: "O que está acontecendo? O que é isso?".

O policial que me conhecia disse: "Senhor Adler, você está preso por violência doméstica. Sua namorada disse que você a espancou".

Olhei para Lindsay e gritei: "Que merda tem de errado com você?".

"Steven, não fiz nada", Lindsay disse. E era verdade: era Debbie quem estava cumprindo suas ameaças.

TRAIÇÃO NO TRIBUNAL

Fui algemado e levado a uma cadeia em Santa Monica. Três horas depois, fui libertado sob fiança. Fui até o escritório de um advogado em frente ao meu apartamento, não por ter sido orientado para procurá-lo, mas porque ficava perto. Grande erro. Sempre pegue referência de conselheiros legais com alguém que você confia e, então, dê uma conferida ou pergunte ao advogado se você pode conversar com algum de seus clientes satisfeitos. Como descobri mais tarde, esse advogado que eu contratei era um completo cuzão e totalmente odiado no meio jurídico.

Era tudo que eu precisava. Isso aconteceu um mês antes de eu encarar o juiz. Foi um julgamento curto que envolveu tanta besteira insana de Debbie que eu simplesmente me desliguei. De verdade, eu apaguei o julgamento porque foi todo baseado em merdas inventadas, e só voltei minha cabeça a ele na hora de receber minha sentença. Não acho que o júri me considerava culpado e parecia que eu ia me livrar daquilo. Mas ouvi meu advogado resmungar algo para o juiz. Poderia jurar que o ouvi dizendo: "Tenho certeza de que ele fez *algo* errado". Que porra é essa? Fui declarado culpado – ainda não tenho certeza do que – e sentenciado. Mas era uma sentença relativamente leve, três meses e uma multa.

Primeiro, fui levado a um posto policial em uma cidadezinha chamada Laverne. Alguns meses antes, Christian Slater tinha sido mandado para lá por algum problema legal. Não foi tão ruim assim; eu tinha telefone celular e TV a cabo e fui encarregado de lavar as viaturas policiais. Dividia o celular com outras três pessoas e ficava trancado das onze da noite até as seis da manhã. Eu estaria dormindo durante esse período de qualquer jeito, então estava tudo bem. Mas, no apartamento, Lindsay estava passando por problemas terríveis.

Meu irmão Jamie estava fazendo um inferno da vida dela. Nos últimos anos, Jamie havia se tornado cada vez mais difícil. Talvez ele tenha achado que estava me ajudando, mas, às vezes, passava dos limites. Eu não me incomodava que Lindsay ficasse no apartamento enquanto estava encarcerado, mas Jamie certamente não pensava assim. Ele aparecia todos os dias e a incomodava. Ela estava dirigindo o meu Bronco e Jamie ligou para a polícia dizendo que ela o havia roubado. Eles a pararam e a algemaram, até descobrirem que ela morava comigo e que estava tudo bem. Mas Jamie era implacável em seus ataques, forçando Lindsay a ir morar com um vizinho, alguns andares acima.

Nos fins de semana, recebíamos visitas e eu podia ir até um parque próximo ou à biblioteca local. Lindsay levava guloseimas do Taco Bells ou de outro fast food que me desse vontade. Depois eu a comia na caminhonete ou transávamos em algum banheiro público. Quando estava de volta à cela, tive uma excelente ideia. Liguei para Lindsay e fiz com que ela marcasse horário com um dentista para mim (o que era permitido), para que eu saísse por alguns instantes.

Ela me buscou na cadeia e fomos para o apartamento. Consegui alguma heroína e fumei durante toda a tarde. Logo veio a noite. Voltei para a cadeia, mas algumas horas atrasado. Ninguém nunca demorou tanto para ir ao dentista. Fui um completo idiota.

Compreensivelmente, quiseram que eu mijasse para eles. Mas eu estava tão chapado que nem conseguia mijar. Não consegui colocar nenhuma gota no pote e, para eles, isso era prova suficiente de que eu estava drogado. Eles me trancaram e, na manhã seguinte, um guarda veio até mim. Fui colocado em uma cela no tribunal por oito horas. Em seguida, me colocaram em um ônibus com os outros detentos do dia e nos levaram até o presídio de Los Angeles. Só consegui me deitar e dormir 24 horas depois. Cara, como eu estava fodido. Lá era prisão de verdade, não aquele esquema confortável em que eu estava antes.

Por algum motivo, me perguntaram se eu já tinha me consultado com um psiquiatra. Imaginei que se dissesse que sim, eles me deixariam em paz, mas, se dissesse não, passaria por horas de análise. Se alguém já tinha sido pré-analisado, eu era essa pessoa, então disse: "Ah, sim. O tempo todo, desde criança". Era meio verdade. Fosse pelos conselheiros escolares intrometidos ou pelos médicos residentes nas clínicas de reabilitação, eu era sempre analisado, querendo ou não.

Bem, acabei sendo colocado junto de todos os loucos que tinham o privilégio de receber medicação três vezes ao dia. Tudo que eu fazia era me sentar no chão de cimento; se tivesse sorte, podia sentar em um banco. Em cada andar, havia três espaços que comportavam cerca de 30 pessoas. As paredes eram de acrílico transparente. Foi minha primeira vez em um presídio de verdade.

Eu recebia cartas de Debbie. Ela fingia que nada tinha acontecido, como se nunca tivesse me fodido. Meu Deus, ela era completamente louca.

Antes, quando a vi no tribunal, implorei para ela: "Diga a eles que eu não fiz o que você disse. Qual o seu problema? Você está acabando com a minha vida". A única coisa que me mantinha de pé era imaginar o quanto eu ia me drogar quando saísse. Tive que cumprir todos os 90 dias. Parecia uma eternidade, mas não era nada comparado com o tempo que os outros ficariam presos.

Fui colocado para trabalhar na cozinha. Eu servia café da manhã, almoço e jantar. Foi certamente a melhor coisa, já que aveia e biscoitos de chocolate valiam dinheiro. Eu tinha calças largas, cheias de bolsos grandes que enchia de guloseimas. Quando chegava a hora da medicação, trocava os biscoitos pelos remédios dos outros pacientes. Conseguia os comprimidos de quase todo mundo. Na ala, eles não serviam nada além de calmantes – não queriam ninguém agitado ou muito louco. Então eu conseguia ficar sedado a maior parte do tempo. Nada era muito forte, mas tudo ajudava.

SOLTO

Finalmente, chegou o dia em que eu seria libertado. Eu não estava me drogando e tinha ganhado uns nove quilos. Jamie foi me buscar com uma amiga e fomos direto para o Rainbow. Comi uma massa e tomei intermináveis shots de Jägermeister. Fiquei tão enjoado que vomitei até as tripas. A Grande Cuspida: foi ótimo!

Agora que eu estava de volta, aproveitei todas as oportunidades que tive para enlouquecer e me drogar. Lindsay e eu comprávamos drogas até seis vezes por dia. Às vezes a coca me deixava um pouco ansioso, então eu tomava comprimidos tipo Valium para me acalmar. Injetar coca e heroína e, depois, injetar os dois juntos, havia se tornado meu barato preferido. Meu relacionamento com Lindsay consistia puramente em ficarmos drogados. Não havia uma ligação real, além do nosso apetite insaciável por abuso de substâncias. Realmente, fomos até o fim, constantemente fritando nossos cérebros. Depois de uma semana, acho que nenhum dos dois estava mais em sua consciência normal. Eu estava em queda livre, totalmente insano.

Ou o meu sistema preventivo de alarme tinha falhado completamente, ou eu estava longe demais para perceber.

FRAPÊ DE ROSTO

Quando você fica chapado como eu estava, nunca é uma boa ideia preparar sua própria mistura. Uma noite, eu errei a dosagem e isso detonou a minha cara. Estava usando speedball, injetando heroína e coca. Mas, em meu estado detonado, devo ter injetado uma quantidade terrivelmente exagerada. Assim que atingiu a corrente sanguínea, caí no chão do banheiro. Meu corpo começou a ter convulsões e, o pior, minha cabeça começou a bater descontroladamente contra o piso de ladrilho.

Foi a experiência mais apavorante da minha vida. Por mais que eu tentasse, mesmo com toda a minha força, não conseguia fazer com que minha cara parasse de bater várias vezes no chão. Meu lábio abriu, meus dentes quebraram e o sangue começou a se espalhar. Ainda assim, não conseguia parar. No chão, uma toalha de banho bem grossa estava a alguns centímetros da minha cabeça. Se eu conseguisse colocá-la entre o meu rosto e chão, poderia diminuir os estragos. Mas meu corpo estava tão fora de controle que eu não conseguia pegá-la.

Felizmente, uma hora as convulsões pararam. Não sei por quanto tempo eu fiquei deitado ali com as lascas de dentes e a cabeça sobre o chão ensanguentado. Depois disso, me lembro de ouvir vozes suaves em uma conversa tranquila, um breve momento de consciência em que percebi estar em um quarto de hospital e, então, apaguei novamente. Pareceu durar uma eternidade.

Finalmente, após vários dias, eu estava forte o bastante para sentar na cama e discutir com minha mãe e um cirurgião plástico. Seriam necessários vários procedimentos, trabalhando em conjunto com um cirurgião bucal. Tive sorte: os danos eram reversíveis. A única coisa não reversível era eu mesmo, porque só passava pela minha cabeça uma coisa durante toda a conversa: "Ah, se eu conseguisse descolar algum bagulho".

Acho que minha mãe viu a fome em meus olhos naquele dia, exatamente como Steven Tyler tinha me alertado anos antes. Enquanto eu fingia prestar atenção na estratégia do cirurgião para me recompor, ela sabia que a verdade era que ninguém iria me recuperar. Ela sabia que eu era um caso perdido. Eu estava mais do que destruído e isso era para sempre. Minha necessidade de escapar daquela condição triste causada pelas drogas era tão poderosa que a única saída do vício seria a própria morte.

DESESPERO SUICIDA

Quando voltei para casa, minha querida bomba-relógio, Lindsay, ainda estava rondando por ali. Ela não havia absorvido bem minha ausência e estava ainda mais louca do que antes. Quando não estava chapada, ela chorava muito e parecia bastante frágil emocionalmente. Não demorou para que ela começasse a me encher o saco.

Uma noite, eu não aguentei mais e cometi o erro de sugerir que nos separássemos durante um tempo. "Talvez você deva ir para a casa da sua mãe", disse a ela, que não respondeu e apenas se recolheu calmamente até o banheiro. Escutei o barulho de água correndo na banheira e acho que cochilei.

Quando acordei no dia seguinte, chamei-a, mas não tive resposta. Procurei-a pelo apartamento, mas ela não estava lá. Liguei para a recepção e para a segurança do prédio para saber se eles a haviam visto saindo, mas não viram.

Fui consumido por uma sensação estranha e incômoda. Onde ela tinha se enfiado? Entrei no quarto e congelei quando cheguei à porta. Eu não tinha percebido, mas bem na minha frente havia lençóis amarrados ao pé da cama e pendurados pela janela do quinto andar, tremulando ao vento. Era justamente o que eu precisava. Fui até a janela, tomado pelo medo. "Meu Deus, não."

Olhei e lá estava ela: seu corpo sem movimento, terrivelmente deitado nos arbustos lá embaixo. Deve ter tentado se enforcar, mas os lençóis não suportaram. Ela estava nua e pude ver que seu corpo estava coberto de inúmeros cortes, alguns dos quais eu depois descobri que foram feitos anteriormente por ela mesma. Sua cabeça estava em um ângulo estranho e seu braço esquerdo, torcido para trás. Corri para o telefone e chamei a emergência.

Como o destino tinha preparado, minha mãe tinha ido me visitar naquela manhã, para conferir se eu estava bem. Quando ela chegou, viu equipes de polícia entrando no prédio e me disse que não pensou duas vezes sobre qual apartamento os policiais estavam indo. Ela ficou comigo durante todo o interrogatório. Felizmente, os policiais só encontraram um pouco de maconha e meu bong no apartamento, o que eles ignoraram, basicamente.

Lindsay sobreviveu, milagrosamente sofrendo apenas uma fratura na clavícula. Ela foi levada ao hospital e nos certificamos de que teria o melhor tratamento possível. Quando foi liberada, nunca mais tive notícias dela. Nunca pensei de verdade se isso era bom ou ruim. Se eu não estava a fim daquela garota e ela decidiu tocar a vida em frente, então isso foi melhor para nós dois. Além disso, quando você está usando coca e heroína, não consegue se importar nem um pouco com qualquer outra pessoa. Pessoas queridas podem estar doentes, feridas, no hospital, na prisão e você não vai vê-las, não se importa nem de fazer a porra de uma ligação para elas. Não é que você seja egoísta; o pensamento nunca passa pela sua cabeça. As drogas demandam totalmente a sua atenção durante todo o tempo em que você está acordado e, depois, você apaga e se molha inteiro.

UMA DAS MUITAS OVERDOSES

Escapei da morte quando morava na casa em Calabasas. Encontrava meu fornecedor no estacionamento de uma loja em Laurel Canyon. Nessa tarde, levei os cães comigo para saírem um pouco de casa. Depois de pegar as drogas, dirigi até uma rua lateral no fim do quarteirão, parei o carro e injetei. Essa era uma rotina comum para mim que já tinha resultado em pelo menos um desastre. Tudo o que me lembro desse dia era de estar sentado cozinhando aquela merda na colher. Lembro-me vagamente de ver dois garotinhos jogando bola na rua. Depois disso, nada.

Aparentemente, tive convulsões de novo. Fiquei me debatendo violentamente, balançando a caminhonete, minha testa batendo na buzina, deixando os cachorros loucos. Os garotos perceberam a movimentação e chamaram ajuda. Os paramédicos chegaram e tiveram que quebrar a janela para me tirar do carro. Novamente, acordei no hospital, coberto de carvão. Quando você tem uma overdose, eles enchem seu corpo de carvão. Ele sai pelo seu nariz, pela sua boca, pela sua bunda. Você cospe e vomita carvão.

Pouco depois disso, houve outro incidente do qual eu quase não consegui sair. Recentemente, haviam me receitado lítio. O que não sabiam era que eu tinha alergia a esse medicamento. A merda me deixava pior do que qualquer outra coisa. Tinha me transformado em um zumbi.

Uma noite, tive um desejo forte de tomar Slurpee, uma bebida gelada bem comum nos Estados Unidos. Eu tinha bastante dinheiro, mas não encontrei a bebida em casa. Tentei sair pela porta da frente, mas não conseguia nem virar a maçaneta. Lentamente, peguei o banco da bateria e o atirei na janela para sair. Mas, quando pulei sobre o vidro quebrado, fiz um corte feio no pé.

OS INCIDENTES COM SLURPEE

Só de cueca, desci a ladeira. Estava com desejo de açúcar. Eu devia estar com uma aparência muito assustadora, mancando pela rua só de cueca e sangrando. Entrei em um 7-Eleven, onde o caixa me olhou com cautela. Eu não tinha levado nenhum dinheiro, então roubei um picolé Big Stick. Deve ter sido muito óbvio.

Então estava andando de volta, com a cueca deixando minha bunda aparecer, sangrando como um porco e chupando meu Big Stick quando uma viatura da polícia parou do meu lado. Olhei para eles com meus olhos de zumbi e disse: "Não me sinto bem. Acho que estou doente. Podem me levar até minha casa?".

Eles me olharam de cima a baixo e disseram: "Se vira".

Foram embora. Na única vez em que eu queria entrar num carro de polícia, eles não me pegaram! Eis uma lição: se não quiser que a polícia te pegue, implore pela ajuda dela.

Voltei para casa e levei uma eternidade para abrir a porta deslizante de vidro. Quando finalmente consegui, entrei e tentei fechá-la, mas simplesmente disse "Foda-se" e apaguei no sofá.

Dois dias depois, fiz exatamente a mesma coisa. Só de cueca, fui ao 7-Eleven para comprar Slurpee e descobri, de novo, que não tinha dinheiro. Minha antiga casa, a que vendi para a ex-VJ da MTV Martha Quinn, ficava perto, a apenas uma subida dali. Então fui até lá e toquei a campainha. O marido de Martha era um cara bem legal. Ele poderia ter chamado a polícia, mas, em vez disso, ele me ouviu. Eu estava um trapo completo, balançando para frente e para trás, falando enrolado. Aquele lítio!

Eu disse: "Por favor, não consigo achar meu dinheiro. Pode me emprestar US$ 1,25 para comprar um Slurpee? Quem sabe me levar até a loja?". Ele me levou de carro até o 7-Eleven e descobriu que a maldita máquina de Slurpee estava quebrada. Isso meio que resume a minha sorte e a minha vida. Mesmo com ajuda, tudo sempre está contra mim.

Capítulo 20
ATÉ ONDE DÁ PARA AFUNDAR?

HORA DE UM PEQUENO MILAGRE

Não tenho ideia do motivo, mas dois dias depois, um dos meus advogados ligou para o meu amigo Steve Sprite e pediu que ele checasse se eu estava bem. Ao longo dos anos, Steve provou, por diversas vezes, ser meu amigo verdadeiro e sempre esteve por perto quando precisei. Ele tem estado do meu lado por anos e não sei como eu teria melhorado sem ele. Talvez tenha sido o lítio ou outra coisa, mas por alguma razão eu não conseguia comer há dias. Eu estava miseravelmente doente por causa de uma úlcera ou coisa assim. Ficava incrivelmente faminto e pedia toneladas de comida do Jerry's Deli – sopa, sanduíches, knishes, purê de batata e molho de carne. Eu dava uma mordida e sentia uma dor horrível no estômago, que me lembrava que nada ficaria ali.

Liguei para uma amiga, uma mulher que cuidava do bar em uma churrascaria ali perto. Ela aparecia de tempos em tempos e ajudava a cuidar de mim. Ela e Steve me viram e surtaram por causa da condição terrível em que eu me encontrava. Steve me arrastou para a sua caminhonete, uma enorme Chevy branca detonada que só ele conseguia ligar. Eu estava tão fodido que acreditava estar andando em uma caminhonete novinha... Lembro-me de dizer para ele: "Quando você comprou essa caminhonete nova? É igual a sua, só que bonita". Achei que era muito estilosa, uma linda pick-up novinha, mas devia estar delirando.

Steve me levou para a sala de emergência do Hospital Century City e me colocou em uma cadeira de rodas. Lembro-me de ter sido empurrado pelas portas e que ficava repetindo: "Eu não usei heroína nenhuma, eu não usei heroína". Eu estava completamente alucinado. Fui colocado em uma cama de hospital, de onde eu só olhava para a luz. Steve estava preocupado que eu estivesse com muita dor e falou com o médico, que calmamente foi até mim e puxou cabelos do meu peito para provar que eu não precisava de anestesia. Ele sabia o que estava fazendo, porque eu nem pisquei. Eu tinha um grande caroço inchado no braço, resultado do meu abuso com agulhas sujas. O médico o cortou com um bisturi e saiu uma gosma verde. As enfermeiras tiveram que retirar a pessoa que estava na cama ao lado, porque aquilo cheirava muito mal. Depois, aconteceu algo dentro de mim e eu apaguei. Mais tarde, os médicos disseram que entrei em coma.

Em algum momento, enquanto eu estava fora de mim, lembro-me de flutuar em um sonho incrivelmente nítido. Eu me vi deitado em cima de uma fênix turquesa gigante no meio de um deserto e, de cada lado, havia pedras no formato da fênix. Meu ponto de vista então mudou e eu estava no céu olhando para mim mesmo. A imagem de uma mulher flutuou até mim por entre as nuvens. Ela estava nua, exceto por uma pequena peça de vestuário que cobria a sua cintura. Seu cabelo ia até o chão. Mas não era exatamente o seu cabelo, era um cabelo que se transformava em penas, e essas penas viravam asas. Ela voou sobre mim e estendeu a mão. Fui erguido até os braços dela e juro que nunca me senti tão seguro. Fomos pairando acima da Terra, quando ela se virou para mim e sorriu. De repente disparamos no céu, onde a luz se tornou ofuscante.

Não sei quanto tempo passei apagado ou qual foi a profundidade do coma. Só sei que dei uma pausa, a maior pausa da minha vida. Os registros do hospital mostram que dei entrada em 19 de abril de 1996 e, em algum momento entre esse dia e 22 de abril, quando saí andando contra a vontade deles, um milagre tinha acontecido.

A luz ofuscante fez meus olhos se abrirem de repente, mas o brilho fluorescente me cegou. Fechei rapidamente os olhos para conter a dor lancinante na parte de trás da minha cabeça. Eu estava grogue, mas sentia as agulhas e os tubos entrando e saindo dos meus braços e coxas. Pensei: "Foda-se isso". Comecei a arrancá-los com raiva, mas os aparelhos em volta começaram a disparar alarmes. Algo estava muito errado. Partes do meu corpo não estavam funcionando perfeitamente, e isso intensificava a minha raiva. Uma enfermeira veio correndo e me mandou parar, mas eu apenas a encarei. Não tinha ideia do que tinha acabado de fazer, nem do que estava acontecendo.

Mais tarde, naquela noite, um médico realizou uma série de exames em mim e disse à minha família, que tinha vindo me visitar, que eu estava em condição estável e me recuperando. Ele balançou a cabeça e colocou calmamente o prontuário de volta no suporte de metal, no pé da cama. Olhei para a minha família no quarto.

Mamãe, Mel e Jamie estavam lá, e isso era ótimo. Minha mãe subiu na cama para ficar próxima a mim. Ela estava chorando, com soluços calmos e constantes. Eu perguntei o motivo. Ela explicou que o médico temia que, inicialmente, antes de ser entubado, eu não respondia aos exames e que poderia ficar em coma pelo resto da vida. Ele disse a ela que mesmo que eu voltasse, não conseguiria usar meu lado direito. Ela continuou balançando a cabeça, chorando e falando sobre como aquilo tinha sido um milagre, que era incrível eu estar respondendo e que, segundo os últimos exames, estava quase totalmente recuperado. No entanto, não saí completamente ileso disso. Perdi o controle de alguns músculos do lado direito do meu rosto e, até hoje, falo um pouco enrolado.

Os médicos concluíram que, na verdade, eu tinha sofrido um AVC. Você poderia pensar que esse seria o último capítulo idiota da minha vida. E estaria completamente certo de achar que isso me assustaria e faria com que eu me limpasse. Você poderia supor que eu finalmente havia passado por algo muito traumático e que resolveria me cuidar melhor.

Pense de novo.

Dois dias depois, eu estava andando pelo hospital, para surpresa do meu médico. Até me presentearam com uma placa que dizia TUDO É POSSÍVEL.

> *Prometo tudo a você*
> *Só me tire desse inferno.*
> —"Cold Turkey," John Lennon

A última década havia sido uma estrada longa e difícil. Infelizmente, o AVC não parou meu uso de drogas. Dores subsequentes no peito me deixaram fraco e preocupado. E, embora não soubesse se era um infarto, eu sabia que usaria drogas novamente.

Quando entramos no novo milênio, continuei distanciado do mundo. Raramente saía. Quando saía, tinha dificuldade de me divertir. Sempre voltava para casa deprimido e, imediatamente, pegava o cachimbo ou ligava para meu fornecedor. Um grande número de personagens desagradáveis lentamente invadiu meu círculo de amizades, tornando-se os únicos habitantes. Com a exceção de Steve Sprite, o único amigo que nunca me deixou na mão, todas as pessoas que eu via eram drogados ou traficantes. Sempre que o telefone tocava era uma dessas três pessoas: um fornecedor, Steve Sprite ou minha querida Cherry.

A exceção foi uma ligação que recebi de um colega que fazia negócios no submundo sombrio. Ele me pediu um favor. Parecia que a justiça o tinha finalmente pegado e que cumpriria pena por um tempinho. Ele precisava de um lugar seguro para sua namorada ficar, enquanto estivesse atrás das grades. Eu me importaria de deixar que ela vivesse comigo por alguns meses? Quando alguém que provavelmente tem ligações com a máfia te pede um favor, só tem uma resposta que você pode dar.

O nome dela era Sheila e era filha de um estilista de renome. Agora, na casa dos trinta, ela estava afastada da família, trágico resultado de seu próprio vício patético em drogas. Eu tinha que ser cuidadoso com o orçamento com essa nova moradora da casa porque, nesse período, minha mãe estava supervisionando minhas finanças e me dava uma mesada de US$ 600 por semana. Eu pegava o dinheiro na sexta-feira e na terça, ou até antes, já estava sem nada. Também podia usar meus cartões de crédito, mas não tinha permissão para sacar dinheiro com eles.

O abuso de drogas levou minha paranoia a um outro nível. Com o namorado de Sheila na cadeia e ela própria ficando na minha casa, eu estava convencido de que meu apartamento tinha um orçamento limitado. Acreditava que estava sendo observado pela Polícia Federal. Sempre que alguém começava a falar sobre drogas, eu pedia silêncio ou mandava sussurrar.

Comecei a ligar todos os dias para a minha mãe, pedindo mais dinheiro. Passei muitas manhãs xingando-a pelo telefone. "Sua puta desgraçada. Esse dinheiro é meu. Me dê." Guardar o dinheiro para mim era totalmente justificável, mas eu nunca assumiria isso naquela época. Quando o vício domina sua alma, você perde completamente sua visão de si mesmo. Havia me tornado a porra de um demônio.

Mamãe tinha limitado meu cartão de crédito para que só pudesse ser usado para comprar comida. Então Sheila e eu trabalhamos em um golpe em que ela compraria mais de US$ 100 em itens como produtos de limpeza e comida para cachorro com o meu cartão e, depois, devolveria tudo sem uso em troca de dinheiro. Isso durou meses.

Sheila e eu tínhamos várias fontes de drogas. Uma delas era um cara terrivelmente tímido e com problemas mentais chamado Bob. Quando as coisas ficavam complicadas, Sheila fazia favores sexuais para ele e, rapidamente, ele se apaixonou por ela. Infelizmente, ela odiava cada minuto que passava com Bob, então isso só acontecia em momentos de desespero em que ela era forçada a ligar para ele, encontrá-lo e voltar com uma pedra grande para fumarmos.

Algumas manhãs, eu acordava e descobria que alguns dos meus discos de ouro e de platina tinham desaparecido e via Sheila inconsciente jogada no sofá, chapada de heroína. Ela fez rolo com mais de uma dúzia dos meus prêmios. Eu ficava muito nervoso e me via indo a lojas de penhor tentando recuperar meus tesouros perdidos.

Em uma ocasião, encontrei um rosto do passado. Ola, mãe de Slash, estava dando uma olhada na loja. "Ola?"

Fiquei encantado por ela ter me reconhecido imediatamente. "Steven! Como você está? Você parece ótimo. Cortou o cabelo, gostei."

Estava muito envergonhado para admitir que o cabelo curto era resultado de eu ter acidentalmente colocado fogo nele algumas semanas antes. Em vez disso, eu apenas ri. "Bem, obrigado."

Ela disse que tentaria fazer Saul me ligar em breve. Mesmo que fosse ótimo, eu não contaria com isso. Ficava mudando de posição, constrangido que ela visse o prêmio do GNR em exibição na loja. Felizmente, acho que ela não viu.

DANDO UMA SAÍDA

Nessa época, me aventurei uma ou duas vezes. Steffan, um amigo de longa data, me convidou para ver sua banda, Dad's Porno Mag, no Whisky. O show era organizado como parte de uma convenção anual chamada NAMM, a Associação Nacional de Vendedores de Música. Durante o show, subi ao palco e fiz backing vocals de uma conhecida canção chamada "Cover of the Rolling Stone", da banda Dr. Hook and the Medicine Show.

Depois disso, eu estava do lado de fora conversando com algumas pessoas quando um sujeito grande com um sorriso enorme se aproximou de mim. Apesar de sua expressão, ele era intimidador, de certa forma, e eu não sabia bem o que esperar. "Steven, sou seu grande fã!", ele disse. Apertei sua mão e apenas agradeci. Vou chamá-lo de Chuck, sua namorada de Kimberly, seu amigo de Larry e a namorada do Larry de Sue. Eles estavam todos na casa dos 20 anos e se mostraram pessoas bem agradáveis.

Kimberly era uma loira pequena e atraente, e disse: "Eu era apaixonada por você". Eu retruquei: "Era?". Todos riram e Chuck disse que não teria me reconhecido se eu não tivesse sido apresentado durante o show. Isso provavelmente aconteceu porque meu cabelo estava bem mais curto e minha pele tinha ganhado um tom doente acinzentado.

Percebi que fazia algum tempo que eu não era reconhecido em público. Uma das últimas vezes não tinha sido nada agradável. Na verdade, foi totalmente desolador. Eu estava na seção de comidas congeladas do mercado, totalmente chapado, como sempre. Uma mulher bem torneada chamou minha atenção e, quando fui atrás dela, ela se virou.

Era a Cherry! Ela não tinha mudado quase nada e estava ainda mais bonita. Antes que eu pudesse proferir alguma palavra, ela me olhou de cima a baixo, cobriu a boca com a mão e começou a soluçar. Tentei dizer algo, mas ela se virou rapidamente e correu. Fiquei pelo menos um minuto parado ali, em choque.

Ter Chuck e sua turma por perto me lembrava dos fãs amigáveis e entusiasmados que me cercavam durante os anos dourados, e isso era bom. Chuck anunciou: "Tenho mais de cem shows do GNR em vídeo".

"Não acredito! Preciso vê-los." Alguns dias depois, ele veio me visitar e estava emocionado. Perguntou se poderia levar algumas coisas para que eu autografasse. Sem problema.

Sheila e eu nos certificamos de descolarmos drogas suficientes antes que Chuck viesse. Ele chegou e me entregou mais de 15 caixas de fitas de vídeo, cada uma com uma capa do GNR customizada. Foi a coisa mais legal que já vi. Primeiro, coloquei um show no Felt Forum, em Nova York. Enquanto o show estava rolando, eu escapulia até o banheiro para fumar, enquanto Sheila ficava com Chuck. Quando eu voltava, ela sumia. Alternávamos as saídas. Deve ter ficado extremamente óbvio que algo estava acontecendo.

FÃ DEDICADO

Não demorou muito para que Chuck começasse a me bombardear de perguntas. Não estava completamente confortável em responder a algumas delas. Ele me perguntou sobre o contrato que assinei em 1990, que imaginei ser o acordo sobre uma multa de US$ 2.000 caso eu derrapasse.

"O quê? Eu assinei alguma coisa que dizia que eu não podia me drogar?" Não estava muito a fim de explicar tudo para ele e encerrei o assunto dizendo que era tudo besteira.

"Bem, você ainda usa drogas?", ele perguntou.

"Só maconha. É meu último vício", menti.

Chuck me trouxe um CD que compilava todas as demos do início do Guns N' Roses, incluindo a versão original de "Don't Cry". Cara, pense num túnel do tempo. Não escutava aquelas gravações havia anos. Coloquei o CD para tocar e sentei atrás da minha bateria eletrônica, que estava montada no meu quarto. Primeiro rolou "Shadow of Your Love," uma das músicas mais rápidas da banda. Toquei junto e não errei nenhuma batida.

Entre os itens que Chuck tinha trazido para que eu assinasse, estava uma foto 8x10 minha no show do Ritz, gravado pela MTV. Pedi para ele esperar um pouco. Corri até o armário e peguei a calça de couro que eu estava usando na foto. Eu queria dar algo a ele em agradecimento por sua devoção, assim como Nikki Sixx tinha feito por mim com sua jaqueta de couro. Chuck ficou encantado, e me disse: "Isso faz parte da história do rock. O show no Ritz, bem aqui nas minhas mãos". Fui temporariamente levado pelo clima. Tinha quase esquecido como era ser tratado como uma celebridade, e não um drogado.

EX-ROCK STAR — TENHA PACIÊNCIA

Um amigo meu conseguiu o telefone de Slash. Comecei a ligar para ele regularmente, mas sempre caía na caixa postal. Deixava mensagens, mas, infelizmente, ele nunca retornou. Acho que eu pensava que, se continuasse ligando, acabaria me reconectando com meu velho amigo.

Continuei minha rotina diária, me drogando com Sheila, assistindo TV e comendo de vez em quando. Chuck me ligava bastante, deixando mensagens otimistas e, uma noite, convidei-o para ir à minha casa, onde tinha alguns amigos por ali. Um deles era John Weissmuller, neto de Johnny Weissmuller, o Tarzan dos filmes dos anos 30 e 40. Ele veio com dois amigos, um cara e uma garota que eles tinham acabado de conhecer.

A garota se ofereceu para comprar comida para nós, então ligamos para o Pink Dot, a loja de conveniência com serviço de entrega. Enquanto fazia o pedido, ela passou meu endereço e telefone e começou a rir. Contou que a atendente disse que havia um recado no computador da loja com meu telefone ao lado: "Ex-rock star – tenha paciência". Perfeito. Eles realmente me conhecem.

Chuck tinha trazido várias revistas de L.A. sobre metal dos anos 80, incluindo a *Bam* e a *Mean Street,* todas com a minha antiga banda na capa. Enquanto folheava uma velha *Bam*, alguém gritou do nada: "Quero fumar um pouco de coca!".

Chuck perguntou: "Por que diabos você quer fazer isso?". O cara olhou para o Chuck, confuso, pensando: "Por que não?". Minutos depois, decidi colocar todo mundo para fora e ninguém reclamou.

Várias semanas depois, Chuck me convenceu a ir com ele ao Rainbow. E isso não era uma tarefa fácil, mas eu amava o Rainbow e Chuck era persistente. Mais tarde, naquela noite no Rainbow, encontrei Carmine Appice, o lendário baterista que tinha tocado com Jeff Beck, Rod Stewart e Ozzy Osbourne, e tinha passado por ótimas bandas como Cactus e Vanilla Fudge. Carmine ficou animado em me ver. Pegamos uma mesa e jantamos, enquanto ele me lembrava de um show em que pediram para ele apresentar o GNR. Disse que não acreditava no que Axl tinha feito com o Guns N' Roses, livrando-se de praticamente todos os membros originais da banda ao longo dos anos. Apenas concordamos com a cabeça.

A melhor parte da noite foi quando ele nos contou histórias de quando estava no Vanilla Fudge e nos surpreendeu completamente dizendo que havia escrito os sucessos "Hot Legs" e "Young Turks" para Rod Stewart. Então contei a Carmine a minha história com Rod.

Pouco depois de ele ter se casado com a supermodelo Rachel Hunter, de alguma forma, espalhou-se o rumor de que eu tive um breve caso com ela. Rod me ligou e eu fiquei completamente paralisado por estar falando com um dos meus heróis do rock'n'roll. "Vou te arrebentar", ele disse ameaçadoramente. "Legal. Foda-se, você é Rod Stewart. Ficaria honrado em ser arrebentado por você." Carmine riu de verdade. Foi uma ótima noite e uma das minhas melhores em muito tempo.

BONS ADVOGADOS?

Mais tarde, naquela semana, de volta ao apartamento, Sheila me apresentou a um homem que eu realmente admirava, Patrick McGinnis. Ele era um grande advogado, mas também uma das pessoas mais honestas que eu já conheci. Patrick havia vencido o câncer recentemente, o que tinha dado a ele uma nova perspectiva de vida. Também me contou tudo sobre todos os outros velhos advogados que eu tinha contratado e não ficou surpreso com os problemas que vários deles me causaram. Ele me garantiu que poderia contar com ele para qualquer coisa. Como ele era podre de rico, imaginei que nunca precisaria me preocupar com ele me roubando.

Uma noite, ele me convidou para ir ao Chasen's, um restaurante suntuoso em Beverly Hills. Os tapetes eram mais que felpudos, e fedia à velha Hollywood. Abri o cardápio e fiquei de queixo caído. Uma salada pequena custava tipo uns US$ 20. Patrick se ofereceu para pagar a conta, mas eu não queria me aproveitar da sua hospitalidade, então optei por só tomar um drinque. Havia uma banda tocando ao vivo e Pat deve ter percebido que eu estava observando, pois perguntou se eu estava interessado em me juntar a eles para tocar uma ou duas músicas. Dei um sorriso largo só de pensar na possibilidade.

Bem, Pat tinha grande influência em toda a cidade e tenho certeza de que ele conhecia os donos ou o gerente do Chasen's, porque, logo depois, escutei: "Senhoras e senhores, temos uma surpresa para vocês: do Guns N' Roses, por favor, recebam Steven Adler". Todos ficaram malucos. Me sentei atrás da bateria e detonamos com "Honky Tonk Women", dos Rolling Stones.

Pat ficou muito feliz e pagou uma rodada de bebidas para todo o restaurante. Me senti no topo novamente, mas foi uma emoção fugaz. Isso é muito triste, mas as dores do meu vício estavam me sugando e tive que ir embora abruptamente, deixando Pat decepcionado. "Steven, vamos lá, toque mais algumas músicas", ele implorou. "Desculpe, Pat. Tenho outro compromisso."

As drogas estavam novamente dando sinais e eu precisava ir para casa. Eu sabia que Sheila estaria lá, mas, apesar de sua companhia, a solidão era minha verdadeira companheira. A presença de Sheila era desnecessária. Ela era uma boa garota que acabou indo pela estrada que pode despertar o pior em uma pessoa. Sua presença encorajava o uso de drogas e eu rezava pelo dia em que ela fosse embora. Apesar de as possibilidades de um novo amor em minha vida serem remotas, eu ainda ansiava por isso.

CHERRY POP

Quando a solidão se tornava insuportável, eu ligava para Cherry. Ela ainda morava em San Francisco, mas eu a mantive em meu coração, inutilmente. Estava tão obcecado por ela que comprei seis cópias da edição de Natal de 1996 da revista *Hustler*, pois me disseram que tinha fotos dela. Infelizmente, quando peguei a revista, percebi que ela estava na edição de dezembro de 1996, e não no especial anual de Natal.

Uma tarde, tive a ideia louca de simplesmente encontrá-la do nada. Peguei um voo para San Francisco e surpreendi Cherry em sua casa, mas ela não ficou nada feliz em me ver. Pedi licença para ir ao banheiro e, quando voltei, parei no corredor para escutá-la discutindo com a mãe sobre como eu parecia um zumbi. Continuei dando pistas de que queria ficar sozinho com Cherry, mas ela ficou parada e, quando sua mãe finalmente foi embora, disse que não transaria comigo. Ela finalmente concordou em me fazer um boquete, mas insistiu que eu usasse camisinha. Fiz sexo sem proteção com essa mulher umas mil vezes. Eu realmente parecia estar tão mal? Deveria estar.

Fiquei puto de verdade quando ela disse que era melhor eu ir embora. Estava chovendo muito. Ela se ofereceu para me levar a um aeroporto local e só concordei. Ela me deixou na entrada e, enquanto ia embora, descobri que não haveria mais voos naquele dia.

Andei pelo acostamento, passando pela descida que me levou a um porto onde ventava muito forte. Eu era uma alma perdida e sem dinheiro. Parei em diversos motéis ao longo do caminho e nenhum deles tinha quartos vagos. Estava encharcado, me enfiei em um restaurante Denny's e sentei no lobby. Uma garçonete se aproximou e perguntou: "Posso ajudá-lo?".

"Sim", eu sorri, "Posso usar seu telefone?".

"Senhor, tem um telefone público bem aí atrás." Expliquei que não tinha dinheiro, e ela apertou os olhos e virou as costas. Logo depois, o gerente do restaurante se aproximou de mim.

"Senhor, preciso pedir que saia."

"Mas está chovendo lá fora."

"Existe um abrigo para sem-teto alguns quilômetros à frente."

Enquanto saía do Denny's no meio da chuva, percebi que tinha realmente atingido o maldito fundo do poço.

Quando cheguei em casa, meus vícios tomaram conta imediatamente e continuei a me drogar. Achava incrível que eu ainda não tivesse me matado. Quando fumava coca, meu coração batia ferozmente. Uma carreira não era o suficiente, nem vinte. Então fiquei tão ligado que me tornei paranoico *e* esquizofrênico. Trancava-me no quarto ou no banheiro, mas isso só intensificava a paranoia. Eu estava tão cheio daquela merda que uma simples batida na porta fazia meus batimentos cardíacos dispararem. A minha resposta era insana: aumentar a dosagem.

O ciclo era brutalmente interminável: surtos incrivelmente abusivos se alternavam com tentativas patéticas de me limpar, que só serviam como uma maneira não intencional de me levar à próxima queda. Eu não percebia, pelo menos não conscientemente, que estava preso a essa rotina destrutiva. Simplesmente vivia aquilo – sucessivos altos e baixos –, com ocasionais rupturas causadas pelo meu AVC, alguns incidentes cardíacos e um ataque incontrolável que me deixou tão mutilado que seria impossível que eu retomasse o ciclo por um tempo. Mas, assim que me sentia melhor, geralmente alguns centímetros acima da superfície, era hora de farrear. A depressão resultante havia se tornado tão sufocante que eu nem sabia que era uma fase – acreditava que era toda a minha existência. Isso intensificou o uso de drogas até que eu me destruísse ainda mais do que antes. Essas eram as duas únicas variáveis: a gravidade e a extensão dos danos.

Desde 1990, quando fui expulso do GNR, essa foi a maneira como minha vida se degenerou por quase duas décadas. Eu tinha literalmente criado minha própria geração perdida, um barato que acabou me deixando tão para baixo que nada conseguia me trazer de volta. No fim das contas, a morte pareceu uma opção atraente ou, mais precisamente, uma alternativa à esteira satânica que eu havia criado para mim mesmo.

Capítulo 21
NOVA BANDA E NOVO AMOR

SLASH'S SNAKEPIT

Depois de deixar o GNR, Slash formou sua própria banda, o Slash's Snakepit. Tive uma oportunidade de vê-los ao vivo, já que Jamie, em sua caminhada como promoter/empresário, conseguia nos colocar em qualquer clube de L.A. Ele me convidou para conferir o show de Slash no Whisky. Antes do show, me encontrei com minha velha amiga Taylor, que também conhecia Slash. Ela havia feito parte do círculo de amigos da banda desde o início. Fui ao segundo andar do Whisky, onde havia uma área reservada para amigos da banda.

Alguém gritou "Ei, Adler!", e vi o Slash se virar. Ele me viu e, imediatamente, se aproximou de mim, parecendo surpreso. "Achei que era o Jamie quem estava aqui, mas aí vi você", ele disse. Nos abraçamos e me sentei do lado dele. "Então, como você está?", ele perguntou.

Como sempre, não pensei duas vezes e suavizei a verdade. "Ótimo! Ah, cara, estou tocando em todos os lugares. Tem muita coisa acontecendo." Queria que ele soubesse que eu estava empolgado, pronto para a ação. Eu estava pensando que seria ótimo me juntar ao Slash no palco.

"E que músicas vocês estão tocando?", perguntei. De repente, Slash se tornou incoerente e resmungou algo. Eu o conhecia bem e fiquei desapontado por ele não ter interesse em me convidar para tocar uma música com a banda dele. Saí de perto e fui procurar Taylor, que estava fora da área reservada. O segurança não a deixou entrar, então pedi para Slash: "Ei, pode deixar a Taylor entrar?". Ele recusou. Não conseguia acreditar naquele cara. Coloquei o dedo do meio na cara dele e fui embora. Fiquei muito magoado.

Nessa época, Jamie começou a aparecer mais. Estávamos nos dando tão bem que decidimos morar juntos e alugamos uma casa em Hollywood Hills. Ele ficou com o andar de baixo. Um dos amigos dele, o ex-astro pornô Buck Adams, aparecia de vez em quando e logo nos tornamos amigos. Apesar de, agora, ele ser um produtor nessa indústria, isso não pagava as contas, então Buck tinha um trabalho complementar pintando casas.

FUTURO AMOR

Certa noite, Adams, Chuck e eu fomos à cidade para uma noite de bebedeira. No caminho, Adams e Chuck estavam falando que esperavam conhecer algumas garotas. Eu me sentia do mesmo jeito, mas disse: "Sabem, não quero nem pensar nisso, porque quando penso, não acontece".

Chegamos ao Rainbow, onde um amigo disse que havia uma garota linda da Argentina querendo me conhecer. Ele a descreveu como uma morena peituda e pequena, usando uma camiseta justa do Slash's Snakepit. Fiquei lisonjeado, mas quase estraguei tudo. Fomos ao Cat Club, próximo ao Whisky. Meu velho amigo Slim Jim Phantom havia aberto o lugar alguns anos antes. Fomos para a varanda dos fundos e lá estava ela. Além de ser uma figura cheia de amabilidade, beleza e inocência, ela era muito sexy. Quando me viu, ficou terrivelmente excitada, dando pulinhos com um sorriso radiante. Seu nome era Carolina, uma argentina de 22 anos. Apesar de estar atraído por ela, a vontade de usar drogas me forçou a voltar para casa. No entanto, antes de fazer isso, dei meu telefone a ela e disse que poderia aparecer na minha casa no dia seguinte.

Chuck passou a noite em casa e, no dia seguinte, perguntei se poderia me emprestar seu carro, dizendo que ia ao 7-Eleven. Antes de sair, Carolina ligou. Dei o endereço e a convidei para vir. Descolei as drogas e, quando voltei, Carolina estava esperando do lado de fora. Eu sorri, a cumprimentei e a levei para dentro. Chuck ainda estava dormindo. Acordei-o e pedi que fizesse companhia para ela; ia usar drogas sozinho por alguns minutos. Disse a ele: "Só a mantenha ocupada".

"O que digo a ela?", ele perguntou.

"Sei lá, diga que estou fazendo faxina." E foi o que ele fez. Acho que fiquei limpando o banheiro por umas três horas.

Naquela noite, convidei Carolina para ficar. Na verdade, após conhecê-la melhor nos dias seguintes, sabia que queria que ela ficasse para sempre. Além de ser virgem, ela era honesta e pé no chão. Não havia joguinhos com ela. Gostava de sua honestidade e sua falta de segundas intenções. Mantê-la por perto não seria uma tarefa fácil, já que ela estava nos Estados Unidos com um visto que venceria na semana seguinte.

Com o passar dos meses, Carolina e eu nos apaixonamos. Seus sentimentos me ajudaram a interromper meu jeito abusivo e comecei a me drogar com menos frequência. Me vi saindo mais e fugindo das trevas com ajuda de Carolina. Caro, como comecei a chamá-la, deve ter caído do céu porque, nesse ponto, as drogas precisavam parar e ela me deu força para, ao menos, tentar. Lentamente, comecei a me sentir completo novamente. Fizemos coisas adoráveis juntos, como comprar um cachorro – outro pug irlandês, batizada de Shadow, em homenagem à música "Shadow of Your Love", do GNR. Ela se tornou nosso grande orgulho, nosso bebezinho.

Esse deve ter sido um dos melhores momentos da minha vida, mas, por algum motivo, minha família não aprovou a Caro. Jamie, em particular, foi um saco. Ele era civilizado perto de nós, mas se transformava e contava mentiras horríveis à minha mãe e a todos os meus amigos. Dizia porcarias más e destrutivas, como por exemplo que Caro me usava só para ficar nos EUA.

Finalmente, chegou ao ponto em que não havia maneira de eu e ele vivermos sob o mesmo teto. Caro e eu nos mudamos para meu apartamento em Studio City. Mas Jamie era persistente em suas tentativas de me separar da minha garota. Ele mergulhou em um buraco ainda mais fundo quando um de seus amigos que fala espanhol ligou para o pai de Caro na Argentina e criou uma história insana, dizendo que eu estava usando a Caro para fazer programas na rua e pegava o dinheiro que ela ganhava para comprar drogas.

Graças a Deus, o pai de Caro percebeu que isso era um monte de besteira e, imediatamente, ligou para a filha. Quando ela me contou o que o pai tinha dito, imaginei até onde Jamie poderia ir. Tive uma sensação de que Jamie era vingativo o bastante para ligar para o Serviço de Imigração e Naturalização. Eu não podia arriscar que ele fizesse isso, então precisava fazer algo.

GAROTA PARA SEMPRE

Liguei para Chuck e contei a ele que Caro e eu tínhamos casado. Não tínhamos, na verdade, mas insisti que ele publicasse isso no meu site. Chuck tinha criado um site pra mim, "The Official Steven Adler Fansite".

Ele cresceu rapidamente, com média de mais de cem acessos por dia, e eu sabia como as notícias podiam se espalhar na internet. Imaginei que, quando meu irmão lesse ou ficasse sabendo disso, ele recuaria. A notícia se espalhou rapidamente e até recebi uma ligação da revista *Hollywood Reporter* me parabenizando, dizendo que iam publicar a notícia do casamento. O plano deve ter funcionado, porque Jamie finalmente se afastou.

E, honestamente, da forma como meus sentimentos verdadeiros por Caro surgiram, poderíamos mesmo ter nos casado. Alguns dias depois, meu amigo Steffan estava com a gente. Ouvi Steffan perguntando para Caro quando ela planejava ir embora e voltar para a Argentina. Ela nem respondeu, porque eu respondi por ela. Disse a ele: "Nunca". Caro ia ficar. Eu a queria do meu lado para sempre.

Talvez meu irmão tenha amadurecido depois de perceber que eu realmente amava essa mulher, porque em agosto de 2002 Jamie me conseguiu uma viagem para a Argentina para tocar com Gilby Clarke. Vi isso como um gesto de sua parte para conseguir algum tipo de redenção. O plano era que eu fizesse uma aparição durante o bis e fosse bem pago por isso. Infelizmente, Caro não poderia viajar comigo, já que a situação de seu visto não permitiria que ela voltasse depois para os Estados Unidos.

Na Argentina, chegamos ao hotel, onde uma multidão nos esperava. Saímos da van e nossa comitiva precisava atravessar a rua, cercada pela massa. Imediatamente, fiquei espantado, muito feliz de ser recebido dessa maneira. Fiz tudo com calma, autografando tudo que os fãs enfiavam na minha frente.

Gilby já tinha atravessado a rua e ficou gritando para mim: "Vamos, cara. Vamos nessa". Ele ficou muito irritado comigo. Mas quer saber? O amor incondicional que eu senti naquele momento ajudou a me recuperar. A viagem foi definitivamente terapêutica. Levei uma hora inteira para chegar ao outro lado da rua e me reagrupei com Gilby, que estava muito puto. Já em nossos quartos, era difícil ignorar os gritos do lado de fora. "Steven! Steven! Steven!"

OS SOGROS

Naquela noite, fui passar um tempo com a família de Caro. Conheci o pai dela, que era uma pessoa realmente maravilhosa e um respeitado homem de negócios na cidade. Me apaixonei pelas adoráveis irmãs de

Caro. Toda a família era hospitaleira, graciosa e adorável. Pude entender por que Caro era daquela maneira, tão amável e segura.

Quando a banda de Gilby tocou naquela noite, teve uma excelente recepção. Quando fui levado para o bis, o lugar explodiu. Os fãs mandaram uma energia frenética para o palco e, novamente, senti o maravilhoso barato do afeto. Já foi dito que os viciados apenas substituem um vício por outro durante a vida. Imagine se eu pudesse substituir drogas e delírios internos por amor e respeito próprio. Essa seria uma troca e tanto!

Fizemos outro show com uma receptividade fanática similar, além de Gilby e eu termos dado uma entrevista para a TV. Foi absolutamente a melhor experiência. Autografei o braço de um camaradinha no nosso primeiro dia lá e, quando o vi de novo, fiquei chocado. Ele tatuou meu autógrafo no braço. Deus te abençoe, cara. Deus abençoe a Argentina.

Infelizmente, os caras da banda de Gilby e ele próprio ficaram chateados comigo. Ninguém falou comigo durante toda a viagem de volta. Quando chegamos ao aeroporto LAX, pretendia pegar uma carona com um dos caras. Eles saíram tão rápido que eu fiquei comendo poeira, antes que tivesse a chance de pedir. Tive que chamar um maldito táxi. Mas eu já tinha passado por isso incontáveis vezes antes: incríveis altos e baixos em um único dia.

Admitir isso me mata, mas, apesar de toda a felicidade, não consegui escapar da tentação das drogas. Estava de volta ao meu apartamento, próximo dos meus velhos contatos. Caro ficava terrivelmente chateada comigo e isso me ajudou a tomar uma das maiores decisões até então. Eu ia comprar uma casa em Las Vegas, bem próximo da casa da minha mãe, que havia se mudado para lá vários anos antes e eu adorava o lugar. Sentia que esse seria um jeito eficiente de me distanciar de toda a tentação.

VEGAS – FÉRIAS PERMANENTES

Assim que cheguei a Vegas, abracei alegremente meu pai, Mel, meu irmão Kenny, meu sobrinho Max e, claro, minha mãe. Estava orgulhoso de Kenny, apesar de raramente termos muito contato. Kenny e sua esposa criaram meu querido sobrinho Max, um garoto lindo e amoroso, o orgulho da família. Nos amontoamos no carro e minha mãe nos levou até nossa casa nova, no luxuoso Las Vegas Country Club. Fomos morar em um belo espaço de três quartos. A pedido meu, refizemos o interior com painéis de madeira e paredes espelhadas, e minha mãe se certificou de que a geladeira estivesse recheada com minhas guloseimas preferidas. Eu estava otimista com essa transição – era a decisão certa e ia funcionar.

Com o passar dos meses, me vi novamente lutando com o diabo, ficando entediado e inquieto. Então fiz o que qualquer perdedor autodestrutivo faria nessa situação: procurei um novo fornecedor de drogas. Eu tinha uma bicicleta, então pedalava todos os dias para ir buscar alguma coisa. Não me aproximava mais da heroína, mas não tinha nenhum problema em me envolver com minha outra amante, o crack. Era minha maneira secreta de afastar a terrível monotonia que agora permeava a minha vida.

Caro é a pessoa mais paciente que eu conheço. Ela tem sido excepcionalmente boa comigo. Podíamos brigar o dia inteiro, mas, quando acordava na manhã seguinte, ela continuava lá para me dizer: "Eu te amo". Muitas vezes, eu sentia que não estava fazendo muito por ela, então fiquei feliz quando ela começou a fazer amigos em Vegas e a sair com mais frequência. Sempre que podíamos, íamos assistir a algum show. Sempre dava um jeito de conseguir passes para o backstage, algo que sei que ela gostava.

Na noite de ano novo de 2002, fui convidado para ver a banda do ex-vocalista do Mötley Crüe, Vince Neil. Eles eram ótimos e fiquei muito feliz quando o próprio Vince me convidou para subir ao palco e tocar uma versão improvisada de "Whole Lotta Love", do Zep. Kevin DuBrow, vocalista do Quiet Riot e morador de Vegas, também se juntou a nós. Kevin estava muito divertido naquela noite. Ele tinha uma ótima voz blueseira e sua marca registrada: pedestal de microfone listrado e seus sempre presentes suspensórios. Kevin faz muita falta. Eles nos deixou cedo demais, vítima de uma overdose de cocaína em 2007.

Depois disso, fui abordado por um fã animado, Ryan. Ele era um cara genuinamente legal e levou Caro e eu para uma rodada de drinques. Ele nos contou que era dono de uma bem-sucedida empresa de ingressos. Trocamos telefones e combinamos de nos reunirmos em breve. Começamos a nos encontrar com frequência, com ele frequentemente levando Caro e eu para passear. Quando nos conhecemos melhor, Ryan sugeriu uma maneira de me fazer voltar a tocar regularmente. Ele era amigo do guitarrista do Slash's Snakepit, Keri Kelli. Ryan queria nos colocar juntos, quem sabe para formar uma banda nova. Também se ofereceu para ser o meu empresário temporário. Concordei com prazer, e uma relação verdadeira começou a se desenvolver.

Dei a Ryan os nomes de algumas pessoas com quem eu gostaria de trabalhar, e ele fez o seu melhor para garanti-los. Sugeri outro ex-integrante do Snakepit de quem eu já era amigo. Era Eric Dover, o vocalista. Também queria que meu amigo Steffan se juntasse a nós, tocando baixo. No entanto, eles nos rejeitaram, para minha tristeza.

Então Ryan foi a campo e sondou Jizzy Pearl, vocalista da velha banda de L.A. Love/Hate, que estava cantando no Ratt. Criada a oportunidade, Brent Muscat, meu velho amigo do Faster Pussycat, se juntou a nós para tocar guitarra base. Um amigo de Keri, Robbie Crane, completou a formação.

Vou ser sempre grato a Ryan por me ajudar a montar minha banda. Há muitos anos, eu já tinha a ideia de fazer turnês tocando só as músicas que eu havia ajudado a compor para o GNR. Podíamos tocar quase todas as faixas do agora lendário disco *Appetite for Destruction*. O nome da nossa nova banda era Adler's Appetite.

Voei até Orange County, na Califórnia, para me encontrar com os caras e fazer o primeiro ensaio. Keri tinha uma casa, assim como seu próprio estúdio, em OC. Os caras já tinham aprendido a tocar as músicas. Foi mágico e parecia perfeito, principalmente porque, nota por nota, Keri soava como o Slash. Brent pegou aquele jeito solto de fazer guitarra base que eu adorava tanto no Izzy. Robbie batia no baixo como o profissional que ele é. E Jizzy, bem, Jizzy atingia aquelas notas agudas com o tipo de raiva que tornou Axl famoso.

Ryan marcou nosso primeiro show no Arizona, que serviu como aquecimento para nossa estreia oficial. Foi no Boulder Station Casino, em Railhead Lounge. A notícia circulou na imprensa e a *Rolling Stone* enviou um repórter para passar três dias com a banda, entrevistando a mim, Ryan e minha mãe, que havia decidido ir junto.

Se alguém duvidava das minhas reivindicações sobre o tratamento injusto e a minha demissão do Guns N' Roses, agora dava para considerar o fato de que desde que Axl me cortou, ele tinha encontrado desculpas para chutar *todo mundo* da banda. Ele criou um novo Guns N' Roses com um grupo de desconhecidos.

Falei ao repórter da *Rolling Stone*: "Estou dando aos fãs exatamente o que Axl oferece: um integrante original e as músicas que eles tanto amam". Enquanto a banda de Axl soa desestruturada e sem alma, a nossa transmite a fome e o espírito marginal que o Guns N' Roses original tinha.

TÍPICO DA ROLLING STONE

Quando a matéria na Rolling Stone foi publicada, fiquei profundamente chateado. Era, basicamente, uma matéria do tipo "Por onde andam?". Me deram alguns parágrafos, mas, infelizmente, só usaram a parte em que revelei que ainda era usuário de drogas. Havíamos falado sobre várias coisas positivas e para cima, mas, para vender a revista, eles focaram no negativo. A RS finalizava o artigo com uma fala da minha mãe revelando seu constante medo das minhas tendências suicidas e ao que elas poderiam me levar: "Tenho medo do dia em que eu receberei *a ligação*".

Fiquei tão puto com o conteúdo sensacionalista do artigo que jurei nunca mais falar com eles. No entanto, alguns meses depois, a Rolling Stone se redimiu. Em sua edição dos "100 Maiores Discos de Rock'n'Roll", *Appetite* aparecia na posição 64. Particularmente, mencionaram que minha técnica de bateria tinha um efeito poderoso no contexto sonoro da nossa banda.

Você não vai longe
Se ficar enfiando a mão no pote de remédio...
— "Medicine Jar," Wings
(coescrita por Jimmy McCulloch, que morreu em 1979, aos 26 anos, de overdose de heroína)

MERDA NO VENTILADOR

No final de fevereiro de 2007, meu irmão Jamie foi a uma reunião do AA, em Beverly Hills. Seu grupo tinha algumas grandes celebridades, que compartilhavam umas histórias bem loucas. Mas aconteceu de eu saber que esses caras levam a sobriedade muito a sério. Era a primeira reunião de Jamie em muito tempo. Ele estava lidando com seus demônios, entre idas e vindas, há quase uma década. Mas isso é problema dele, e ele que conte sua história se quiser.

Sempre me senti muito mal por ter sido o cara que deixou Jamie chapado pela primeira vez. Minha mãe ficou muito brava comigo quando foi à minha casa naquela fatídica noite para buscá-lo e viu seu bebezinho todo chapado, meio abobado. Ela queria me matar, e não a culpo por isso. Apesar de que, naquela hora, não parecia nada de mais. Todo irmão mais velho tem que lidar com a primeira exposição dos irmãos mais jovens às drogas. Se você me perguntar, acho melhor que isso aconteça na sua presença, na segurança do lar, do que nos buracos de traficantes com um bando de estranhos.

De qualquer forma, no início de 2007, Jamie estava em recaída há uns nove ou dez meses. Ele foi recebido com afeto sincero combinado com um grau saudável de estímulo para voltar aos trilhos. Jamie ficou atordoado: ele não estava preparado para lidar com a presença de Slash. Ver Slash em uma reunião do AA é como ver o Papa em um show do GNR. Slash foi até Jamie e deu um grande abraço nele. Ali estava Jamie, o mascote do GNR, sendo saudado por um de seus ídolos. Jamie era um acontecimento único, o garoto com o sonho realizado que circulava pelo backstage com o GNR antes de ser velho o bastante para se masturbar. Houve uma troca de afeição genuína, e Jamie ficou muito sensibilizado pelo caloroso cumprimento de Slash.

Segundo Jamie, Slash perguntou como eu estava e meu irmão falou a verdade. Ele disse que eu estava nas últimas. Jamie relatou que eu estava usando e abusando novamente com um descontrole lascivo e, depois de alguns episódios cardíacos e um AVC, meu corpo não estava em condições de encarar mais agressões.

Agora, tenho certeza de que se Slash *me* perguntasse como eu estava, eu teria falado que o amor de Caro tinha me salvado e que estava melhor do que nunca. E eu teria acreditado que tinha dito a verdade a ele. Mas o fato era que o tédio de morar em Vegas estava lenta e subitamente consumindo minha alma. Eu tinha escorregado nos últimos meses e, apesar do amor da Caro, eu estava de volta à minha velha rotina, sem perceber.

Slash disse a Jamie que eles precisavam fazer algo porque, entre outros motivos, se o GNR se reunisse, ele nem conseguiria imaginar uma reunião sem que eu estivesse sentado na bateria. Jamie nem imaginava que a banda pensaria em voltar, e isso foi o suficiente para motivá-lo como nunca.

A combinação do amor do meu irmão por mim com sua recém-encontrada sobriedade o ajudaram a tomar coragem para fazer o que ele sabia ser a única coisa que faria eu me limpar. Jamie chamou isso de "amor bandido", que é como um amor resistente, mas dez vezes mais forte. Esse era o único jeito que eles conseguiriam para lidar com um junkie cabeça oca e babaca como eu.

Capítulo 22
AMOR BANDIDO

ZERO HORA

Como um bom policial, Jamie sabia quando precisava de reforços. Então, no dia 19 de março, Jamie, Slash e um intervencionista lendário, Steven Levy, encontraram-se no aeroporto Burbank e pegaram o voo das duas e vinte para Vegas. Tinha até uma limusine esperando para pegá-los quando aterrissaram. Todos se enfiaram no carro e foram até o Las Vegas Country Club, onde eu estava me escondendo permanentemente na minha Fortaleza da Solidão.

Minha mãe foi de carro para encontrá-los no meu jardim, porque tinha que ver com os próprios olhos: ela estava orgulhosa de Jamie e cumprimentou Slash como um filho. Ela amou Slash por mais de 25 anos e queria agradecê-lo pessoalmente pelo esforço.

Essa é a minha mãe. Ela sempre é a primeira a agradecer e a última a ser agradecida por tudo o que fez. Mas, enquanto eu escrevo estas palavras, estou tão bravo com ela que fico atado a esses pensamentos. Neste momento eu *odeio* aquela vaca. Estou furioso com o jeito como ela me tratou, mas esse é outro capítulo – talvez um outro livro inteiro.

Depois de todo esse amor, Jamie disse a minha mãe para se afastar, porque ele não a queria por perto quando entrassem com a artilharia pesada e a merda da intervenção começasse a rolar. Ela entendeu e voltou para o seu apartamento, a alguns quarteirões de distância. Jamie usou a chave dela para entrar na minha casa e disse para Slash e Levy ficarem na sala de estar enquanto ele subia para me buscar.

Jamie foi direto ao quarto, porque sabia que eu ficava por lá 99% do tempo. A cova da droga: o meu lugar permanente de adoração. Foi bem engraçado, porque ele entrou e imediatamente começou a tossir. O ar estava muito grosso por causa da fumaça que eu estava fazendo pelas últimas quinze horas: fumaça espessa e rançosa de cigarros, tapete queimado, bongs, baseados, cachimbos de crack e mais cigarros. E não havia uma janela aberta para ventilar ou entrar a luz do sol, apenas o brilho da minha tela plana e mais de uma dúzia de isqueiros que eu tinha na mesa de cabeceira.

À primeira vista, Jamie ficou chocado, surpreso. Eu já parecia um cadáver, e não dá para salvar um cadáver. Eu tinha perdido uns 9 kg e já estava pesando menos de 52 kg, o que significava que eu estava mais magro que metade das garotas com quem já transei. Mas, agora, eu estava apenas fodendo comigo mesmo.

Jamie fez uma expressão vazia, depois sorriu e me disse que estava na cidade para levar nossa mãe para jantar, algo que eu sabia que ele fazia quase todo mês. Disse que queria passar primeiro na minha casa para dizer "oi" e, na verdade, tinha alguns amigos lá embaixo com um saco de maconha da boa. Saí da cama como um relâmpago, esfregando as palmas da mão em antecipação enquanto descíamos juntos.

Eu me joguei no sofá e abri o meu melhor sorriso de estrela do rock. Hora da macooonha! Disse olá para os outros dois caras, mas fiquei surpreso e precisei olhar de novo. Puta merda. *Slash!* Que porra você está fazendo aqui? Qualquer suspeita ou paranoia que eu pudesse ter sentido naquela hora foi embora no momento em que vi meu irmão de coração sentado lá casualmente, sorrindo para mim.

Slash se debruçou e me deu um longo abraço. Quando nos soltamos, peguei uma expressão rápida em seu rosto como se fosse o Caco, dos Muppets, todo amassado e desconcertado. Senti meu rosto ficando vermelho. Uma checada rápida confirmou meus piores pesadelos: eu não tomava banho há dias e devia estar fedendo absurdamente. Me senti horrível por isso.

Assim que a minha cabeça clareou um pouco depois de ver Slash, minha humilhação foi logo substituída por uma raiva cada vez maior. Espere um minuto... Percebi o joguinho que o filho da puta do meu irmão estava tentando fazer e a indignação surgiu. Mas eu estava determinado a me manter à frente desses desgraçados que invadiram o meu santuário. Antes que Jamie pudesse conduzir o encontro, comecei com a minha própria conduta. A má conduta.

Eu tinha algumas coisas para dizer e sabia que para fazer isso precisaria estar com a minha raiva em dia, pelo menos até liberá-la. Então falei de tudo o que Slash fez para me abandonar e como ele nunca questionou ou enfrentou Axl por um segundo. Ele nunca me defendeu – Steven, o cara que deu a sua primeira guitarra. Slash chegou à minha casa, comeu da minha comida, se aqueceu com o amor incondicional da minha família e como me agradeceu? Agradeceu me apunhalando inúmeras vezes.

Então, mais ou menos na primeira meia hora, Slash e os caras só balançaram a cabeça e escutaram. Minha voz começou a ficar meio estridente no final, e tenho que lhes dar muito crédito por apenas sentarem lá e aguentarem isso. Não sei se eu conseguiria. Acho que eu pegaria o primeiro picador de gelo e teria ido trabalhar.

Depois, foi a vez de eles retrucarem, e fizeram isso sem emoção nenhuma. Tenho que admitir: eles estavam muito focados em sua missão do tipo Rambo. Eles não perderam tempo: queriam que eu me internasse no centro de reabilitação de Eric Clapton, no Caribe, e tinham arrecadado muitos favores para me colocar lá. Jamie disse que ia me ajudar a fazer a mala, porque tínhamos que pegar o avião à noite. As passagens já estavam compradas. Os planos já estavam traçados. Compromissos tinham que ser cumpridos.

Steve Levy começou a falar algo que parecia muito relevante e interessante, mas eu não podia ficar ali mais nem um minuto. Levantei a mão como um garoto na escola pedindo licença para sair. Meus nervos estavam à flor da pele e eu me sentia tonto. Sei que deveria ter sentido o amor, mas quando me levantei para ir ao banheiro chutei o lugar inteiro por uns 15 minutos. Era muito para aguentar. Acho que eu estava em choque. Era como se tivesse que abraçar o Slash para ver que era ele mesmo, mas nem isso me dava nenhum tipo de alegria duradoura. Eu só queria subir para o quarto, entrar debaixo dos lençóis e esperar todo mundo ir embora.

Eu queria que Slash, em especial, fosse embora. Por favor. Essa era a primeira vez, em mais de 15 anos, que Slash estava na minha casa e eu não podia esperar tanto para que ele fosse embora. As drogas acabaram comigo de vez. Eu não reajo a situações da mesma forma como pessoas lúcidas fazem.

Saí do banheiro e derramei a minha alma. Disse a todos que estava agradecido e como tudo isso significou muito para mim – e que eu definitivamente queria me internar na reabilitação. Eles mal podiam esperar pelo momento de salvar a minha pele. Obrigado. Obrigado!

Todo mundo me olhou daquele jeito: "Ok, mas conhecemos você, Adler. Qual é a porra da pegadinha?". A verdade era que não havia nenhuma pegadinha. Acho que, naquele momento, eu realmente queria ir. Ou pelo menos uma parte de mim queria. Mas depois de me esperar fazer as malas por três horas, Slash e Levy disseram que tinham que voltar para Los Angeles. Eles tinham família e, ao contrário de mim, tinham uma vida. Eles largaram tudo para vir para a minha casa e mostrar seu amor, mas era hora de voltarem para casa. Os dois pegaram um táxi e foram embora.

O fato triste foi que, depois de ver Slash rapidamente, tudo o que eu podia pensar era se o meu fornecedor viria até a minha casa. Como sempre, eu só precisava me drogar *mais uma vez* antes de ir para o aeroporto. Fiquei arrastando tempo o suficiente para garantir que não pegássemos o voo naquela noite, mas o maldito do meu irmão deve ter percebido que eu fiquei enrolando e que algum traficante logo me ligaria.

De jeito nenhum que Jamie ficaria sozinho comigo a noite toda e me colocaria naquele voo no dia seguinte. Eu era traiçoeiro demais e ele sabia disso. Então ele pulou no telefone e começou a mexer os pauzinhos. A próxima coisa que notei foi que tinha aparecido um segurança na minha garagem. O cara saiu do carro e era maior do que o Texas. Imaginei que ele ajudaria Jamie durante o processo e que os dois iriam segurar as pontas à noite, impedindo qualquer tentativa minha de acessar os traficantes além do portão.

E Texas estava armado. O cara era assustador, mas eu podia ver que, no fundo, ele tinha um coração mole. Só não dava para arriscar em acionar o seu lado mau. Jamie o apresentou como Troy e disse a ele que eu estava fodido, imundo, com abcessos acumulados por todo o meu corpo e inúmeras infecções de gravidades variáveis.

Jamie disse bem na minha frente e pude ver que ele não se importava, porque a essa altura, ele estava ficando furioso. Jamie sabia que eu tinha perdido interesse em tudo, menos nas drogas. Então não tinha mais paciência, nem compreensão; era apenas "a Missão", que ia acontecer com ou sem a minha cooperação.

PELA CULATRA

Como Jamie sabia dos abcessos cobrindo a minha barriga? Mais cedo, quando Jamie reclamou que eu estava atrasado, disse a ele que dolorosas feridas no meu estômago estavam dificultando meus movimentos. Achei que essa fosse uma desculpa conveniente que eu podia usar para demorar mais tempo arrumando as malas e perder o voo que ele tinha reservado para a reabilitação de Clapton. Infelizmente, Jamie ligou para minha mãe para falar sobre os abcessos e descobriu que eu também tinha uma infecção no sangue que, recentemente, havia ameaçado migrar para o meu olho esquerdo. Isso foi diagnosticado algumas semanas antes e, por sorte, os médicos conseguiram acabar com a infecção. Meu olho estava bem, mas eu devia ter ficado no hospital mais uma semana para que os médicos limpassem totalmente o meu sangue.

Foda-se. Dei o fora depois de três dias. Uma das enfermeiras apareceu enquanto eu colocava meu tênis. Ela ficou completamente atordoada, mas conseguiu perguntar o que eu pensava estar fazendo. Respondi que eu era um viciado em drogas sem esperanças e que precisava ir para casa e chapar, mas que voltaria logo. Terminei de amarrar o tênis e fechei a porta. Claro que nunca voltei ao hospital. Minha mãe disse a Jamie que os médicos não tiveram tempo o suficiente para terminar o tratamento e que era possível que eu pudesse ter uma recaída.

Depois que Jamie me apresentou a Troy, fiz o que sempre faço quando sou confrontado por alguém que está entre mim e minhas drogas: uso meu charme. Em minutos, Troy e eu estávamos nos dando bem como se fôssemos velhos amigos. Meu plano era fazer Troy baixar a guarda, tomar algumas cervejas e assistir TV enquanto eu fugiria pelo estacionamento para encontrar o entregador. Mas Troy não era nenhum idiota; ele não me deixava fora de vista, e a dor por causa dos abcessos estava começando a agir.

Quando o efeito da droga passou, o nível da dor foi de dez para vinte e eu comecei a reclamar. Não queria que Jamie pirasse mais do que já tinha pirado, então disse a ele que a dor era porque eu tinha tropeçado na porta do armário enquanto arrumava a mala. Jamie deu uma olhada do tipo "Ah, por favor", e percebi que minha encenação tinha acabado.

Troy levantou minha camiseta antes que eu pudesse protestar e confirmou a pior suspeita de todos. Os abcessos tinham piorado consideravelmente. Tinha um deles aberto na minha barriga do tamanho de uma ameixa madura e que precisava de cuidados. Pronto. Muitas agulhas sujas foram enfiadas na minha barriga e, agora, era hora de pagar por isso.

Depois de ver isso e falar com minha mãe, Jamie inventou um plano que seria irresistível para mim. Ele me contou sobre a festa que um amigo dele estava dando em casa. Esse amigo morava perto, tinha uma caixa cheia de analgésicos e, o melhor, a melhor maconha das redondezas.

ATENDIMENTO EM CASA

Eu gemia a caminho da festa. A dor vinha e passava, mas dessa vez o nível de desconforto estava além do que eu aguentava. Como fui parar nessa situação? Por que sempre tem alguém por perto que me ama, enquanto eu mesmo me odeio? Por que eles se importam? Por que eles apenas não me deixam em paz? E desde quando comecei a parecer um filho da puta chorão?

Troy e Jamie meio que me carregaram para a festa, na parte principal de um complexo rodeado por pequenas pousadas, uma piscina e uma cerca grande. Esse cara tinha a casa mais incrível, videogames, tubarões em um enorme tanque, o próprio chef de cozinha, estúdio de som, mesa de bilhar, tela plana de 120 polegadas, tudo. E Jamie não estava brincando: o cara tinha a melhor maconha.

Eu estava praticamente babando em mim mesmo quando fui apresentado ao reino mágico. O anfitrião me levou até o tanque de tubarões e o vi alimentar os filhotes. Eu estava amando cada minuto daquilo. Depois, Jamie pediu para o anfitrião dar uma conferida no meu estômago deplorável e, antes que eu pudesse cobrir com as mãos, o cara deu uma olhada. A situação era séria, mas não preocupante, e meu anfitrião conhecia um médico asiático em Vegas que atendia em casa.

Logo, eu estava completamente dominado pelos videogames e a maconha tinha ajudado a aliviar um pouco a dor. À meia-noite, o Dr. Feelgood apareceu com duas pastas. Deu uma boa olhada em mim e pediu que eu deitasse de costas no sofá. Tirou minha camiseta e começou a mexer em mim, dizendo que eu tinha vários abcessos em estágio avançado que precisavam de punção imediata e irrigação. Antes que eu pudesse responder, ele pediu a Jamie e companhia para me segurar. Foi quando fiquei nervoso e disse que eu estava bem. Podemos, por favor, esperar até amanhã? Jamie não conseguia deixar de rir. Mais ridículo do que o meu pedido era o fato de eu ter deixado as feridas terem piorado tanto, para começo de conversa.

O médico anestesiou minha barriga e começou a cortar. As incisões liberaram os venenos, que saíam como pequenos gêiseres. Comecei a me contorcer como um bebê e Jamie disse para me acalmar; essa era a coisa mais doentia que ele já havia visto.

Esse foi definitivamente um novo recorde para os momentos mais baixos. Ele disse que isso acabaria com a infecção que eu tinha no braço, que também tinha pouca irrigação. A porcaria que saiu de mim fedia muito e percebi que todo mundo, menos Jamie e o médico, tinham saído do quarto. O médico deve ter me dado muita anestesia, porque eu não precisava que ninguém mais me segurasse.

Ele disse a Jamie para me manter calado e parado, e me deu algo para ajudar a dormir. Não me senti agradecido, aliviado ou com sorte. Meu último pensamento foi um desejo: queria que todos desaparecessem para que eu pudesse chamar meu traficante e ficar chapado.

Minha condição forçou Jamie a colocar a estratégia da reabilitação Clapton em espera indefinida. Foram semanas até que eu pudesse melhorar, e eu não fiz nada para ajudar a situação. E fui ficando ainda mais frustrado. Eu só queria continuar a ficar louco, mas os dividendos estavam se tornando cada vez menores.

QUANDO MAIS É MENOS

Enquanto eu me curava, senti que toda a diversão estava fora do alcance. Talvez eu usasse drogas apenas para evitar a tortura de ter que sair dessa merda. Eu temia isso mais do que qualquer coisa. É uma bosta quando o seu corpo começa a gritar que quer mais *agora*! Você coloca mais drogas no seu corpo, mas quase nem fica mais chapado. Chamam isso de "caça ao dragão", mas deveriam chamar simplesmente de "caça à resistência".

Fiquei muito depressivo e cansado do buraco sem esperança que cavei para mim mesmo. Esse deve ter sido um dos momentos mais baixos na minha vida, porque acabei cortando gravemente os meus braços. Não me lembro de fazer isso, só de Jamie estar lá para me enfaixar e ligar para o hospital. Era horrível quando eu tentava relembrar o meu estado de espírito antes de fazer algo que pudesse acabar com a minha existência. Mesmo assim, as feridas não eram fatais e eu me perguntava se tinha me acovardado ou se apenas estava fodido.

Eu sabia que Jamie estava se preparando para a minha recusa de cuidados médicos, então propus me internar por vontade própria se ele comprasse uma dúzia de donuts Krispy Kreme para mim. Jamie ficou feliz demais para me obrigar, embora soubesse que eu mudaria o tom assim que entrasse na sala de emergência. Ele fez graça comigo, indo na minha estratégia do Krispy Kreme.

Assim que inalei aquelas bombas de açúcar, passei a ter segundas intenções, mas era tarde demais: ele já tinha dito aos médicos que eu tinha tentado tirar a minha vida (quando eu não estava fazendo isso?). A política deles exigia que eu ficasse lá por 72 horas, em observação contínua.

Então lá estava eu, furioso e preso. Planejei dar uma escapada, mas eles me colocaram em prendedores na cama. Durante três dias, passei pelo retiro mais infernal, me contorcendo e suando, com meu corpo assolado por um ataque, sem interrupções; além das piores cólicas e calafrios, de náuseas hediondas e do sentimento de que eu *ia* morrer.

Foda-se. Eu queria morrer. *Por favor, deixe-me morrer.*

MEXA-SE

Jamie apareceu na manhã em que iam me dar alta. Ele sorriu dizendo que eu teria a minha "recompensa" por ter passado pelo inferno e me entregou um milk-shake. Ora bolas. Meu irmão me conhece bem demais: mesmo querendo jogar o copo na cara dele, eu precisava ainda mais engolir aquilo. Esse acabou sendo o shake mais gostoso que já tomei na vida, um frapê de baunilha grosso e gelado dos céus. Àquela altura, meu corpo devia querer qualquer coisa doce, porque isso realmente ajudou a me acalmar.

Antes que eu percebesse, estava acordando em um carro e já era noite. "Onde diabos estou?" Troy estava dirigindo, e só disse que estava me levando para casa e que eu deveria voltar a dormir. Chegaríamos em casa logo mais. Por alguma razão, sua sugestão de voltar a dormir parecia a coisa mais natural a fazer, então fechei os olhos e, em instantes, apaguei.

Quando acordei de novo, ainda estávamos no carro. Que porra é essa? Imediatamente suspeitei, mas já era tarde demais. Troy e Jamie me enganaram e estávamos em North Hollywood. Aquele frapê deve ter sido batizado com tranquilizante o suficiente para parar um rinoceronte. Os filhos da puta sabiam que o único jeito de ficar de olho em mim era listar um esquadrão de amigos de Jamie para ajudar, mas todos moravam em L.A., e não em Vegas.

À medida que chegávamos perto da casa, eu sabia que estaria em um inferno total, porque tentar sair de onde eu estava sem supervisão médica não é apenas o jeito mais doloroso de lidar com a limpeza do organismo, mas a receita garantida para o fracasso. Também pode ser muito perigoso, porque se for feito muito abruptamente, pode causar um choque severo. Eu não podia culpar Jamie e Troy, pois sabia que não tinha dado outra opção.

Mais tarde, fiquei imaginando se a forma como me levaram para L.A. poderia ser vista como uma transgressão federal. Mas não tenho provas e nenhuma maneira de provar que eles tinham me enganado, me sequestrado e me levado para outro estado contra a minha vontade. Além disso, eles estavam tentando me ajudar, e aquilo já estava feito.

HELL HOUSE II

A primeira Hell House, em Santa Monica Boulevard e Poinsettia, era o lugar em que o GNR se divertia. Agora, eu estava em um tipo de Hell House totalmente diferente. Na verdade, estavam tentando me tirar do crack diminuindo as minhas doses, indo de US$ 100 para US$ 50, e depois para US$ 20, no valor de uma pedra por dia. Passei o mês seguinte muito louco (mas nunca o suficiente) de crack.

Depois, quando eu estava quase chorando, num estado de caos completo e pronto para um colapso total, eles me davam outro milk-shake incrível e batizado que me mantinha em uma névoa, enquanto eu era transferido de casas em Hollywood para apartamentos em Van Nuys. A única coisa boa que aconteceu nesse período foi que o abcesso na minha barriga sarou totalmente. Tirando isso, eu era o humano mais miserável do mundo.

O PIOR CONFRONTO

Finalmente me lembro de Jamie, Slash e alguns outros amigos que tinham feito parte desse interminável e esgotante suplício me perguntarem como eu achava que estava indo. Eles me deram tapinhas nas costas e me abraçaram. Disseram que se importavam comigo. Todos eles tinham merecido o direito de estar naquele lugar, porque cada um fez sacrifícios pessoais para me ajudar. Todos contribuíram de modo significativo para o épico último capítulo de "Salve o Idiota".

Eu dei meu sorriso de estrela do rock, largo, brilhante e autoconfiante. Precisei de um tempo para olhar todos aqueles rostos, absorver cada um. Conforme eu virava a cabeça para cada rosto cheio de esperança, via um sorriso recíproco. Vi o amor em seus olhos. Até coloquei minha mão no ombro de Slash até apertar. Recebi a atenção e a esperança deles, e estava devendo isso a eles. Deus sabe que eu devia.

Mas a única coisa que eu devia mesmo a eles era a verdade. Então eu disse que não me importava se eles me mantivessem ali por um ou seis meses, um ano ou uma década. Não me importava se eles tentassem me tirar do crack, ou me manter sedado, ou me trancar em um quarto, ou me acorrentar em uma cela.

Por que isso não importava? Porque assim que eles baixassem a guarda, eu estaria fora de lá. E prometi a eles que sairia de lá e usaria mais drogas do que eu já tinha usado na minha vida. Eu seria o mais chapado, o ingrato mais fodido da história da humanidade.

É isso o que vou fazer, filhos da puta.

Então eu vi a luz ir embora dos seus olhos e seus sorrisos morrerem. Vi algumas das pessoas mais queridas da minha vida se sentarem e olharem para baixo em direção as suas mãos. Vi aquelas mãos cerrando os punhos. Suas sobrancelhas franzirem e os músculos de seus pescoços retraírem. A esperança ir embora e o ressentimento aumentar. Não me importava.

Não importa quanta raiva eles sentissem, isso não poderia se aproximar do desprezo violento que eu sentia por mim mesmo naquele momento. Eles que se fodam.

Eu.

Não.

Me importo.

Eles se levantaram e foram embora. Logo fiz algumas ligações e, lá pela meia-noite, estava de volta a Vegas, deitado no meu tapete imundo, com o coração saindo do peito e chapado de pedra. Fui fundo dessa vez, um barato de cinco dias. No último dia, bebi tanto Jäger que desmaiei antes que eu pudesse me matar. E é por isso que ainda estou vivo para contar essa história, porque eu tentei me matar me drogando e fodi tudo. De novo.

Acordei naquele tapete, deitado em uma piscina de mijo, e lentamente pisquei entre teias de aranha. Finalmente, foquei em um cachimbo de crack a nem vinte centímetros de distância do meu rosto. Ainda tinha uma quantidade razoável de pedra.

Que ótimo. O café da manhã dos campeões.

Capítulo 23
DE VOLTA DO ABISMO

O PONTO DA VIRADA

Aquilo durou sem parar até eu ouvir o choro. Todo ser humano na Terra conhece esse som, porque todos nós causamos isso em algum ponto de nossas vidas. É o som da nossa mãe chorando, o som mais triste que existe. Eu conseguia ouvi-la enquanto ela colocava minhas roupas em uma mala e pegava algumas coisas no meu armário e no banheiro. Perguntei o que diabos estava acontecendo e ela me disse que eu havia ligado para Jamie, dito uma frase e desligado. E é por isso que ela estava em minha casa. Esse era o motivo pelo qual ela estava chorando, mas eram "lágrimas de alegria".

Perguntei a ela o que eu havia dito. Eu não lembrava, mas estava definitivamente curioso. Minha mãe não fica surpresa com mais nada que eu digo. Ela se ajeitou, enxugou os olhos e disse que eu havia ligado para Jamie para dizer "Estou pronto agora".

Para meu puro espanto, não discuti nem neguei o que tinha dito. Sentia-me tão desgastado e tão vazio que já não tinha mais nada para reclamar. Droga, eu *estava* pronto.

Lembro-me de olhar para minhas mãos. Elas estavam bem doloridas de acender e reacender o cachimbo. Eu ficava tão chapado que olhava a chama diminuindo até que ela começasse a queimar meus dedos; mas não importava. Isqueiros de gás butano são muito mais eficientes para fumar pedra, mas quando você está fodido de crack, isso não importa. Nada importa. Você se queima para ficar chapado e era isso que eu estava fazendo, porque as pontas dos meus dedos estavam todas queimadas e com bolhas. Minha boca parecia estar carbonizada e eu sentia um gosto químico horrível na língua. Minha cabeça parecia fria e vazia, e meu corpo, completamente destruído.

Pensei: "Então é assim". Eu tinha *finalmente* chegado ao fundo do poço. O mais fundo de todos.

Ouvi minha mãe implorando para que eu me apressasse. Sua vista não é das melhores e ela não queria dirigir à noite. Precisávamos pegar a estrada se quiséssemos chegar a L.A. antes de a noite cair.

OK, Mamãe. Só preciso ir ao banheiro. Incrivelmente, eu ainda ia usar. Sei que não faz sentido, mas foi exatamente o que aconteceu. Quarenta e cinco minutos mais tarde, minha mãe bateu na porta do banheiro. Fiquei olhando para o cachimbo de vidro nas minhas mãos e imaginei que, com mais uma tragada, eu poderia ir para o carro e pegar a estrada. Disse a ela que já ia sair.

Meia hora depois desse anúncio, ela estava de volta à porta, batendo e ameaçando cancelar toda a viagem. Acho que isso me tirou de casa porque, quando peguei o cachimbo de novo, eu estava no banco da frente do carro. Eu olhava por cima do encosto de cabeça, fingindo procurar algo no banco de trás, mas não enganei minha mãe nem por um segundo.

"Steven, pare com isso."

"Mas, mãe, não estou fazendo nada!" Era o mesmo jeito que eu falava com ela quando tinha 12 anos. E lá estávamos nós, andando pela Interstate 15, com a luz do dia diminuindo junto com minha abundante carga de crack.

MOTEL CALIFÓRNIA

Estava muito frio do lado de fora para abrir as janelas do carro, então minha mãe implorou para que eu parasse de "fumar aquela coisa". Concordei com a cabeça, mas continuei tragando. Uns 20 minutos depois, ela percebeu que estávamos completamente perdidos. De algum jeito, ela saiu da estrada principal e estávamos no meio do nada. Ela ficou muito chateada. Pobre Mamãe. Disse para ela não se preocupar, que eu a levaria para Los Angeles. Ouvi sua risada, um riso estridente e nada natural. Uh-oh, talvez ela tenha inalado um pouco da minha fumaça!

Disse a ela para pegar a próxima entrada à direita. Ela olhou para mim e tive que orientá-la porque, apesar de eu estar com a cabeça nas nuvens, de algum jeito ela sabia que eu podia lidar com aquilo. Ela seguiu minhas instruções e, em meia hora, avistamos o horizonte de Los Angeles. Mas minha mãe estava cansada e seus olhos, coçando. Ela não enxergava bem, estava exausta e a fumaça a estava deixando péssima.

Minha mãe percebeu que não poderia fazer check in em um hotel que tivesse uma recepção. Com razão, ela acreditava que causaria um pandemônio no primeiro gerente de hotel que me visse. Precisávamos encontrar um local que tivesse uma sala onde você pudesse fazer o check in, pegar a chave e parar o carro no estacionamento do motel, em frente à entrada do quarto. Em outras palavras, precisávamos localizar imediatamente um pulgueiro de beira de estrada.

E encontramos. Em pouco tempo, eu estava alegremente jogado em uma das camas, com a TV ligada, me refamiliarizando com o cachimbo. Ela gritou para que eu ajudasse a descarregar o carro. Estava furiosa. Dei um jeito de pedir desculpas entre as tragadas. Ela me disse para abaixar o volume e que estava cansada de mim. Eu a ignorei.

As coisas não melhoraram. Minha mãe começou a manhã seguinte conversando com Jamie, que estava fazendo tudo a seu alcance para encontrar um lugar adequado para mim em Hollywood. Ele e nosso primo David estavam fazendo isso, mas não é fácil encontrar um lugar que seja ideal para um viciado em drogas extremamente detonado e que tenha piscina, TV de tela grande e um portão de entrada.

No terceiro dia, a situação no motel se deteriorou completamente. Minha mãe estava dormindo na banheira, com a porta trancada e com uma toalha molhada sob a porta. Estava convencida de que eu cairia no sono com a TV barulhenta e um cigarro aceso na mão, e queimaria todo o maldito motel.

Na noite do terceiro dia, meu estoque de pedras tinha acabado. Disse a minha mãe que ia comprar mais cigarros, mas ela teve a audácia de me seguir pela rua, quando eu ia pegar as drogas. Não importava o quanto eu a ameaçasse ou gritasse, ela não ia deixar de me seguir e ficou bem na minha cola. Ela estava tão desagradável que eu queria socá-la.

Finalmente desisti. Eu não conseguia me aproximar o bastante de qualquer tipo de traficante sem que eles ficassem assustados com a bruxa atrás de mim. Quando voltamos para o quarto, eu estava tão cansado dela que a empurrei com força. Eu a derrubei, e não existe uma célula do meu corpo que não sinta remorso pelo que fiz.

Minha mãe se levantou lentamente: ela estava abalada, mas sem medo. Ela se recompôs e calmamente me disse que sabia que não era eu quem tinha feito aquilo, mas as drogas. Mas foi a gota d'água para ela. Então ligou para Jamie, que estava num motel a uns 10 minutos de onde estávamos. Ele assumiu a situação e disse que meus dias de abuso com a Mamãe tinham terminado.

Quando bati nela, foi como se eu estivesse assistindo a um filme e uma pessoa horrível estivesse fazendo essas coisas terríveis. Então, em algum ponto do filme, vi o reflexo dessa pessoa no espelho e era eu. Fiquei surpreso e envergonhado, mas totalmente sem condições de parar.

Jamie passou uma boa parte de sua vida me falando do merda sem valor que eu era. E, em certo nível, ele era o único cara que conseguia falar comigo. Ele é o cara que me magoa quando diz essas coisas, não por ser meu irmão, mas porque ele é meu irmão e tem razão.

Nesse momento, Jamie encostou em todas as paradas da estrada para encontrar um lugar para mim, e fodam-se os preços exorbitantes. Ele rapidamente fez nosso check out daquele motel e, quando tínhamos feito as malas, meu primo David já tinha pegado as chaves de um lugar em Hills por uns 6 mil dólares por mês. Foi por pouco, porque Mamãe estava no seu limite.

FUNDO DO POÇO

Eles me prenderam em um cafofo bem decente, próximo à Queens Road, em Hills, e fui colocado sob vigilância constante. O cachimbo de crack foi trocado por um bong e um suprimento sem fim de Jägermeister. Hoje sei que não existe nada como uma vida limpa, mas para mim, aquilo foi como o sono da Branca de Neve. E os caras sabiam que com esses dois substitutos eu poderia, pelo menos, tentar aguentar os primeiros dias sem precisar de nada mais forte.

Pouco depois, a grave devastação que havia trazido o desejo de ligar para Jamie e anunciar minha prontidão para me limpar havia desaparecido. Queria me drogar novamente. Queria ficar chapado. E queria isso imediatamente.

Comecei a fazer todo o possível para infiltrar alguma pedra pelos seguranças. Fiz meus fornecedores em Vegas me enviarem uma carga com uma variedade de frascos de aparência inocentes, mas os desgraçados interceptavam tudo naquela casa. Talvez eu devesse ter tentado o sono da Branca de Neve.

VIGÉSIMO ANIVERSÁRIO DE *APPETITE*

A gota d'água foi quando eu anunciei a uma pessoa qualquer que precisava de um novo microfone. Uma grande reunião se aproximava para marcar o vigésimo aniversário do lançamento de *Appetite for Destruction*, e eu estava determinado a honrar o evento com um show destruidor no Key Club. Eu estava reunindo o Adler's Appetite e íamos tocar algumas das músicas mais pedidas do disco. Fazia total sentido para mim encomendar um novo microfone porque eu falaria com o público, apresentaria a banda e organizaria as músicas. Ninguém suspeitaria que eu tentava esconder drogas em um microfone.

Quando o microfone chegou pela FedEx, algum babaca o interceptou antes que eu pudesse saber que havia sido entregue. Fiquei perguntando se alguém tinha visto um envio da FedEx e ninguém dizia nada. Durante dois dias, persegui todos na casa e ficava xingando a FedEx (que jurava que havia sido entregue, mas que a assinatura de confirmação estava ilegível). Juro que estava pronto para incendiar a maldita casa na esperança de conseguir drogas.

Na manhã seguinte, me contaram que o microfone tinha chegado e que estava na cozinha. Graças ao Todo-Poderoso. No microfone haveria crack o bastante para pelo menos alguns dias de festa. Minha pulsação foi às alturas e comecei a curtir o familiar "pré-barato" que os viciados têm antes de conseguir a droga. Entrei na cozinha e fiquei de queixo caído. Imediatamente, fiquei espumando de raiva. Sobre a mesa estava um microfone cuidadosamente desmontado, dividido em cinco partes.

Não vi nenhuma pedra. Fiquei mais do que furioso. Não fosse pelo fato de ter que ficar bem para o show no Key Club, eu provavelmente teria tomado uma atitude realmente desesperada.

COMO UM SUICIDA

De qualquer forma, eu tomei. Cortei minha garganta. Os caras que estavam monitorando todos os meus movimentos na casa não imaginavam isso. Bem, é isso que acontece quando você atrapalha as entregas. Eles que se fodam. Espere um pouco... Sou eu quem está sangrando!

Então, em 13 de junho de 2007, fui levado ao Cedars-Sinai Hospital sangrando como se fosse morrer. Felizmente, fui entregue às mãos confiáveis do Dr. Fine, que mandou me colocarem sob vigilância, o que fazem com suicidas. O Dr. Fine costurou meu pescoço e me sedou.

Estar sob seus cuidados deve ter sido o que eu precisava para recuperar minha sanidade, porque saí de lá determinado como nunca para fazer uma noite épica para os 20 anos de *Appetite*. Trabalhei com meus amigos do Adler's Appetite para revitalizar todas as músicas clássicas, e você não acreditaria em quem apareceu no ensaio.

TRÊS QUINTOS DO GNR

Izzy e Duff apareceram no terceiro dia de ensaio. Meu coração pulou. Era uma sensação boa demais ver aqueles dois passando pela porta. Foi como nos velhos tempos, a melhor época (apesar de eu não lembrar tanto daquilo). Os caras do Adler's Appetite estavam tão felizes que deixaram os dois maestros tocarem. Agora, a questão estava mais relacionada a quem faria parte daquilo, e não sobre quem não faria.

As músicas estavam ficando boas, e Duff e Izzy soavam ótimos. Eles eram meus irmãos. Meus companheiros de sangue da época da guerra de trincheira, quando ninguém acreditava na gente além de nós e da minha mãe. Devo admitir que ela foi a primeira e mais sincera fã do GNR de todos os tempos.

O dia do show se aproximou rapidamente, e foi incrível o quanto fomos rápidos para deixar tudo pronto para a grande noite. Foi ótimo estar atrás deles, na bateria. Ainda estava um pouco abalado quando 28 de julho chegou, mas queria tanto detonar que não me importava.

VINTE ANOS!

Na noite em que o Adler's Appetite se apresentou no Key Club, tocamos mais alto e soamos melhor do que o GNR. Tudo bem, talvez esteja sendo um pouco parcial, mas estávamos ótimos. O que realmente fez a diferença foi ter Izzy e Duff comigo. Então, Slash apareceu. O lugar, que já estava entupido, entrou em erupção. Quer dizer, a insanidade tomou conta. A única parte negativa de ter quatro quintos do GNR original sob o mesmo teto pela primeira vez em uma eternidade foi a decisão maluca do Slash de *não tocar*.

Mais tarde, entendi que Slash, em sua bem-intencionada sabedoria, achou que tocar conosco deixaria Axl com tanta raiva que eliminaria qualquer chance de uma futura reunião oficial do GNR. Slash tinha recentemente dito em público que se o GNR voltasse, seria com a formação original do *Appetite for Destruction*, e acho que ele não queria colocar tudo em jogo daquela maneira. Se ele realmente sentia que desse jeito não deixaria Axl furioso, então tenho que respeitá-lo.

E quer saber? Não importa. Foi perfeito exatamente do jeito como foi, sentindo a atmosfera supercarregada e o carinho desenfreado do público. Quero aproveitar essa oportunidade para agradecer Duff, Izzy e Slash por mostrarem seu amor naquela noite e subirem ao palco comigo. Só teria um jeito de melhorar isso, e espero que Axl tenha espaço em seu coração para fazer acontecer algum dia.

FÃS EUROPEUS

O brilho desse evento me deixou bem mais animado para fazer uma turnê com o Adler's Appetite na Europa. Eu estava realmente para cima, empolgado como nunca quando chegamos ao aeroporto para começarmos a turnê. Estávamos todos no avião, prontos e preparados, quando alguém me acusou de estar tão bêbado e causando tanta bagunça que tiveram que nos expulsar. Isso fez com que perdêssemos o voo de conexão.

Todas essas coisas são procedimentos padrão na minha vida. O que realmente foi um saco foi que, quando o agente de agendamento remarcou nossas passagens para um voo mais tarde, tivemos de pagar um preço caro pra caralho, sendo que nossas velhas passagens não poderiam ser abatidas. Alguém percebeu que estávamos basicamente fazendo a turnê para não ganhar quase nada. Literalmente, tínhamos que ir à Europa para cobrir nossos gastos e terminarmos zerados. Imagino se isso já tinha acontecido antes: a Turnê Para Pagar a Turnê.

Mas foi ótimo ser recebido pelos melhores fãs do mundo. O entusiasmo, a energia, a devoção e o amor que eles davam a cada show lotado eram incríveis.

Você não encontra roqueiros tão felizes e agradáveis em mais nenhum lugar. Eles sabiam todas as letras de todas as músicas. Enchiam o lugar e gritavam por bis atrás de bis. Eu continuava fumando e bebendo, mas não estava pensando em nada mais pesado naquele momento. Acho que todo o carinho evitou que eu buscasse o lado sombrio. Ao menos, naquele momento.

Sempre que estou no palco, tenho o maior barato e percebo que é isso que busco nos outros dias do ano. Via de regra, o público do GNR é incrível. Existe até um ótimo DVD que produzimos a partir de uma turnê anterior, gravado na Argentina, chamado *South America Destruction*. Ele registra a insanidade dos nossos shows em Rosário, em Buenos Aires e em outras cidades. Dá para ver o quanto estamos animados no camarim, no palco e em todos os momentos da turnê. Olhe para os fãs e você verá os desgraçados mais felizes da Terra. O fato de eu estar espalhando a mensagem do rock'n'roll *já na casa dos 40 anos me deixa* mais forte e orgulhoso.

O problema é que a alegria é passageira e, antes de os gritos acabarem, o marcador está de volta ao zero. Parece que fico agonizando com o tédio letal que sempre ameaça me consumir se eu não estou me drogando ou tocando. Então não é surpresa que eu rapidamente tenha voltado ao meu estilo autodestrutivo no final de 2007.

CELEBRITY REHAB

Foi uma surpresa e tanto, então, quando tive a ideia que poderia realmente reduzir minha velocidade rumo a uma morte prematura. Eu estava em Vegas assistindo TV com Jamie e tive esse momento de clareza. Estava passando aquele programa do VH1, *Celebrity Rehab with Dr. Drew*, e o Dr. Drew conversava com um jovem viciado. Aquilo fazia sentido. Eu simplesmente deixei escapar que gostava do Dr. Drew e que não me importaria em estar no *Celebrity Rehab* se isso significasse que eu trabalharia com ele.

Bem, você deveria ter visto a expressão no rosto de Jamie. Foi como se eu tivesse arrancado as grossas cortinas pretas do quarto e deixasse a luz entrar. Ele nem ousou perguntar se eu estava falando sério. Apenas entrou no espírito e, no fim da semana, David Weintraub e Josh Bender, responsáveis pelo elenco do programa, fizeram um acordo para que eu participasse da segunda temporada de Celebrity Rehab.

Claro que eles ainda precisavam me limpar o suficiente para que eu estivesse coerente e aprensentável para uma aparição constante no programa, e foi aí que a batalha das vontades começou a ficar feia. Para começo de conversa, tente me tirar de casa. Eu estava ancorado à minha casa e não ia a lugar nenhum. E era assim para qualquer coisa. Se eles quisessem um reality show ou uma reunião do GNR, que fizessem isso na minha cozinha, porque o porco não iria sair do chiqueiro.

Enquanto Jamie e seus amigos se esforçavam para me levar a L.A., pensei que seria uma boa oportunidade para ficar chumbado de novo, todos os dias, até que eles precisassem de mim no set de gravação. Quer dizer, eu ia me submeter, por vontade própria, a uma reabilitação sabe-se lá por quanto tempo, e seria falta de educação se eu aparecesse no programa sem uma necessidade desesperada de ser ajudado. Então fugi para ligar para todos os fornecedores de Vegas para levarem coisas para mim. Mas Jamie estava preparado para me deter, junto com um cara capaz de me frear totalmente.

Vamos chamá-lo de Sombra. Ele tinha o instinto, a paciência e a energia física para ficar comigo, e não desgrudava. Nos meses seguintes, ele não só sempre sabia onde eu estava e o que estava fazendo, mas também mantinha os olhos em todos os entregadores, jardineiros, floristas, funcionários da FedEx, carteiros, traficantes, traficantes fingindo ser amigo e qualquer outra pessoa que pisasse na casa.

Eu estava desesperado para ficar chapado, e Sombra deve ter sido abençoado com o dom da premonição, porque estava lá para expulsar os caras antes que eles chegassem à porta de entrada. Ele era tão tenaz e incrível que, depois de algum tempo, eu não podia deixar de reconhecer seus méritos. E Sombra me manteve afastado das drogas até que chegasse a hora de me apresentar aos caras do VH1.

DR. DREW

Eu não apenas respeito muito o Dr. Drew, como o considero um amigo, um sujeito que demonstra compaixão com os viciados, e busca transformar as vidas dessas pessoas. Há poucas pessoas que não perdem a cabeça quando a fama bate à porta. Na maioria das vezes, as celebridades são idiotas e extremamente inseguras, mas Doc Drew mantém o pé no chão. Ele pode ser famoso, mas não perdeu a cabeça.

Apesar de não estar empolgado com o elenco de *Celebrity Rehab,* todos pareciam ser como eu. Pude me abrir e realmente aprendi muito com nossas discussões. Mas acho que o programa tem falhas, já que as motivações são falsas ou completamente fabricadas. Sejamos honestos: se você precisa estar em um programa de televisão para tentar se livrar das drogas, da bebida ou dos dois, suas prioridades estão fodidas. Se eu não tivesse uma admiração especial pelo Dr. Drew, nunca teria ido ao programa.

Olhando agora para trás, realmente progredi o suficiente para não considerar o reality show uma total perda de tempo. O que me deixou mais empolgado depois que o programa começou foram meus 37 dias de sobriedade total. Houve uma discussão séria sobre outro programa, *Sober House,* que seria um reality show que daria sequência, mostrando o progresso dos participantes da segunda temporada de *Celebrity Rehab*.

ROCKLAHOMA

Trinta e sete dias limpo, sóbrio e animado por voltar a tocar! Não poderia estar mais empolgado para dar o fora de L.A. e ser uma das bandas do Rocklahoma, um festival de música que aconteceu em Oklahoma. Aquele momento foi ótimo para mim porque eu estava consciente o bastante para perceber que a música poderia ser minha principal motivação para *me manter sóbrio*.

Quando estou no palco, tocando com o coração e dando tudo que tenho, sinto um barato incrível e natural. Não quero decepcionar meus colegas de banda tocando mal e isso começa a se ampliar para tudo o que faço. Fique firme, mantenha sua força, e você será muito mais feliz. Aqueles dias no Rocklahoma me deram tanto ou mais incentivo do que o tempo em que passei no *Celebrity Rehab*. Apenas continue indo em frente, Stevie.

Ficamos sabendo que *Sober House* (a continuação de *Celebrity Rehab*) havia sido aprovado, tendo este camarada aqui como uma das celebridades. Eles iam começar as gravações imediatamente para garantir a continuidade do que achavam que era um dos elementos-chave para a imagem (e o sucesso) do programa. Ali estava eu, em outro programa de TV em rede nacional dedicado à minha saúde e ao meu bem-estar. Isso não é ótimo?

PASSADO IMPERFEITO

As coisas poderiam estar melhorando para o Adler? Haveria uma nova chance de reorganizar minha vida escrita nas cartas? Poderíamos estar mais desiludidos nesse momento? Não.

Por quê? Porque a primeira coisa que fiz quando voltei a L.A. foi voltar às drogas ou, como eu chamei, "comemorar por estar no programa". E fiz isso ficando o mais fodido possível. Fiquei tão chapado que nem percebi como a terça-feira, o primeiro dia de gravação de *Sober House*, meio que se fundiu à quarta e à quinta-feira. Nesse ponto, não sei se estava enganando alguém, mas dificilmente isso importaria porque *qualquer* chance que eu tinha de enganar alguém foi detonada quando os produtores do novo programa decidiram fazer um churrasco para comemorar com o elenco e a equipe.

O que me denunciou? Talvez tenha sido meu jeito enrolado de falar, sendo agressivo a ponto de esmurrar as paredes e realmente abusivo com o elenco. Eu estava tão descontrolado que ele acabaram sendo forçados a chamar a polícia.

A polícia chegou e, pela maneira como aconteceu, vi que eram policiais extremamente legais, que me liberariam após uma conversa séria. Mas então, claro, minha famosa sorte de merda apareceu. Evidentemente, um dos policiais descobriu que Rodney King fazia parte do elenco. Bem, a longa relação de hostilidade entre Rodney e a polícia de Los Angeles me fodeu completamente, porque agora os policiais teriam que seguir as normas à risca. Ter câmeras gravando tudo certamente não melhorou a situação. Tudo indica que eu acabaria na merda, fora do programa e em cana.

Fui colocado em reabilitação, mas cada hora me colocavam em um novo lugar. Primeiro, foi em Las Encinas e, então, fui para as instalações de Pasadena. Felizmente, ambos os centros tinham alguma relação com o Dr. Drew. Ele era, provavelmente, membro da equipe ou da mesa diretora. Meus advogados conseguiram algum acordo em que eu não precisava me declarar culpado até 20 de agosto de 2008, quando eu teria o resto da minha vida determinado por um juiz. Dias felizes!

Em 20 de agosto, compareci ao julgamento onde, rapidamente, decidiram que a melhor maneira de lidar comigo, ao menos em curto prazo, era me mandar de volta a Pasadena. Quando deixei o tribunal, um repórter perguntou qual seria meu próximo projeto.

Respondi honestamente. A sobriedade de Steven Adler é meu próximo projeto, um dia de cada vez. Ou, como disse ao jornalista, "um cigarro de cada vez". Ficar limpo e sóbrio é meu projeto atual e futuro, e é só nisso que estou trabalhando até alcançar.

Nada é mais importante para mim agora. E alcancei um novo patamar de sobriedade que estou determinado a transformar em alicerce. Tenho que fazer isso por Caro e por mim. E não pense, nem por um momento, que isso é só porque vi a luz e estou tentando mudar. É também por haver um maldito ultimato, que está muito claro para mim: mais uma pisada na bola e posso encarar uma sentença obrigatória de três anos na cadeia. Isso chamou minha atenção. Bem, talvez.

ESCREVENDO ESTE LIVRO

Manter-se limpo é manter-se ocupado, e esse foi um motivo bom pra caralho para que eu escrevesse este livro em 2009. E, se minha história pode manter um roqueiro longe das drogas pesadas, então *Meu Apetite por Destruição* será um sucesso estrondoso. Apesar de ter certeza de que muitos músicos de rock tenham os mesmos motivos para escreverem sobre suas vidas, algum garoto já recusou drogas porque leu a respeito disso em um livro sobre rock stars? De verdade? Duvido pra caralho. Apesar de ser uma coisa legal, minha sobriedade me ensinou a ser realista.

Ser realista significa admitir, do início ao fim, que eu fui um cuzão egoísta. Sem meias palavras. E, apesar de ter aprendido a ser menos egoísta, percebo que você precisa se agradar durante a vida. Odeio pessoas que saem por aí se sacrificando para agradar aos outros. Normalmente, eles acabam irritando aqueles a quem querem agradar. É o que digo: faça bem a si mesmo e você agradará aos outros.

Appetite for Destruction é frequentemente citado como a trilha sonora imortal de toda uma geração, mas é principalmente porque nós cinco só estávamos interessados em compor músicas sobre nossas próprias vidas. As pessoas achavam que era ótimo ou uma merda, mas era *nossa merda. Compreende?* Sou eternamente grato por ser a fundação e a pulsação dessa incrível trilha sonora: minha bateria, minha batida, minha música, minha vida. Ninguém tira isso de mim.

A última faixa em que toquei como baterista do GNR foi "Civil War" e, usando uma frase dessa música, fui expulso porque "alguns homens não podem ser alcançados". Bem, quero alcançar as pessoas com este livro e mostrar a elas que, quando você se recusa a enfrentar a vida, ela lida com você de forma brutal. Passei 25 anos aprendendo essa lição e posso finalmente dizer que ganhei o direito de citar outro trecho de "Civil War": "Ele entendeu".

Entendi. E isso não significa que não vou estragar tudo novamente, mas não vou mais para o lado sombrio. O amor de Caro é minha luz e minha salvação, e vou me esforçar ainda mais para merecê-lo e prosperar com ele. Nossa ligação finalmente me deu uma família que nunca vai me expulsar, uma família que posso abraçar e fazer parte para sempre.

O APETITE DE ADLER CRESCE

Também estou determinado em manter o Adler's Appetite unido. E estou tendo muito apoio de Duff, Slash e Izzy. Ao entrar na nova década, fico chocado só de pensar em tocar com meus irmãos novamente. Quando nos reunimos no Key Club para os 20 anos de *Appetite*, parecia que o tempo não havia passado e nenhuma daquelas merdas tinha acontecido.

Tudo vai ser ótimo. Ficar sóbrio vai me permitir viajar pelo mundo continuamente, e agradeço aos milhões de fãs do GNR por manterem a fé e nunca desistirem de mim. Como Freddie Mercury cantava na clássica música do Queen, "We Are the Champions": "Paguei minhas dívidas, várias vezes" e "Agradeço a todos vocês".

Não foi um mar de rosas – foi um bolo coberto de juízes míopes, produtores gananciosos, empresários parasitas, advogados de merda, amigos de cabeça fraca e promotores sombrios.

Mas quer saber? É preciso muito mais do que isso para estragar meu apetite!

Foto Neil Zlozower

AGRADECIMENTOS

Por seu encorajamento, inspiração, orientação, amizade, paciência e amor:

Axl, Duff, Izzy, Freddie Mercury, Roger Taylor, Adler's Appetite, Steven Tyler, Tommy Lee, Nikki Sixx, Kevin DuBrow, Dallas Taylor, Sammy Alianzo, David Mancini, Fred Coury, Lisa Ferguson, Sheree Barnes, Ty Estrada, Bob Timmons, Vicki Hamilton, Leo Garcia, Mauro DiPreta, Jennifer Schulkind, Alan Brinkley, Alan Heimert, Dennis Dasher, Richard Check, Michael C. Rockefeller, Katherine V. Spagnola, Sarafino J. Spagnola, John e Kathy Spagnola, os DeNadais, os diBonaventuras, os St. Johns, os Camerons/Richardsons, os Fleischmans, os Wiedemanns, os Swifts, os Kennedys, e os treinadores Maio, Brannon, Mazza e Restic.

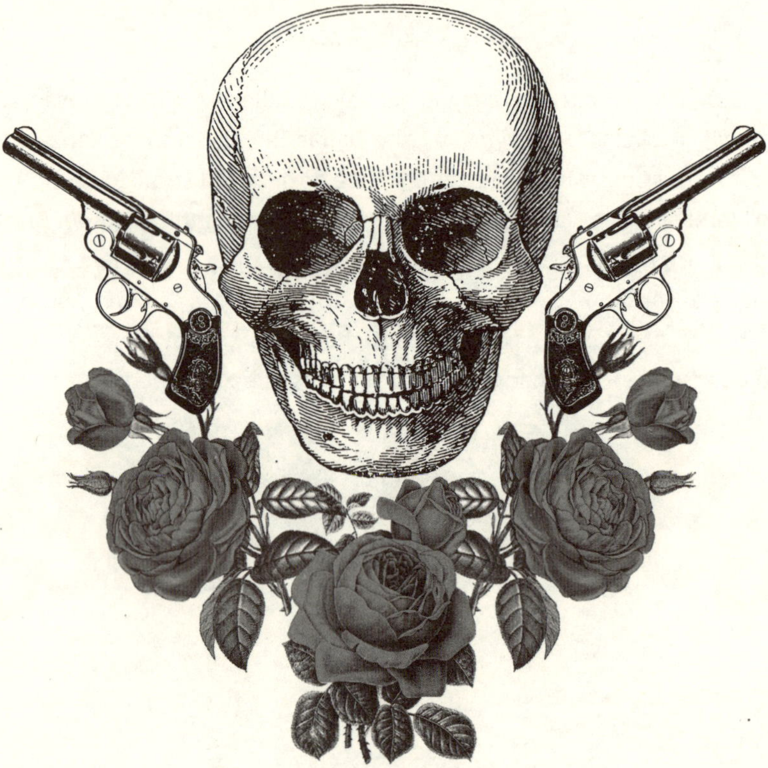

MEU APETITE POR DESTRUIÇÃO
SEXO, DROGAS E
GUNS N' ROSES

Este livro foi composto em Caecilia LT Std, com textos auxiliares em Bobbin Regular e Carnivalee Freakshow Regular. Impresso pela gráfica Edelbra, em papel Luxcream 70g/m² e Couché Fosco 115g/m². São Paulo, Brasil, 2015.